SALLY SEDGWICK

黑格尔研究译丛

黑格尔的康德批判：从二分到同一

Hegel's Critique of Kant: From Dichotomy to Identity

〔美〕萨利·西季维奇 著 胡传顺 译

上海人民出版社

996/1997），我长年待在柏林的那段时期，罗尔夫-彼特曼就是我的官方接待方，自那以后，他在多个场合非常迎我返回柏林。在长达20来年的时间里，尤其是，他和·图施灵成为鼓励和指导我的尤其持久的源泉。

发现了罗伯特·皮平（Robert Pippin）的著作《黑格尔论：自我意识的满足》(*Hegel's Idealism: The Satisfactions of iousness*）时，我对黑格尔的兴趣获得了更进一步的提升，自那后不久，特里·平卡德（Terry Pinkard）评注了黑格精神现象学》。熟悉那两位哲学家著作的读者很容易就会他们对此处我所辩护的黑格尔解释的影响。另外，罗伯特持续不断地提供各种不同的具体形式的支持。我的研究也他黑格尔研究学者的交流中充盈，主要是比尔·布里斯托ristow），蒂娜·埃蒙茨（Dina Emundts），埃卡特·福斯特t Forster），迈克尔·福斯特（Michael Forster），苏珊·哈usan Hahn），斯蒂芬·霍尔盖特（Stephen Houlgate），已约瑟夫·麦卡尼（Joseph McCarney），弗朗西斯卡·梅内（Francesca Menegoni），弗雷德里克·诺伊豪瑟（Frederick houser），安杰莉卡·诺佐（Angelica Nuzzo），保罗·雷丁l Redding），罗伯特·斯特恩（Robert Stern）以及珍妮弗·乌（Jennifer Uleman）。

我得向比尔·布里斯托（Bill Bristow）道谢，并再次感谢特·平卡德（Terry Pinkard），他们阅读了各个不同阶段的部分手的草稿，并提供了有价值的反馈。我也得感谢牛津大学出版社的位匿名审稿者，我相信，他们的诸多评论和建议引导了我对一些论的改进。我很感激彼得·蒙奇洛夫（Peter Momtchiloff），自我与他几年前首次讨论这个计划以来，他就耐心而又专业地鼓励我的计划。

就机构的支持而言，我得感谢芝加哥伊利诺伊大学（UIC）

致　谢

这本著作要献给曼利·汤普森（
哥大学，他就指导了我的学位论文，
研究。曼利对黑格尔少有兴趣，但是他
（Charles Peirce）的哲学。我愿这样想，
尔中发现了某种值得赞赏的东西。

我感激其他的康德主义者们，他们
长达 20 多年，特别是：卡尔·埃梅里科
雷德·鲍姆（Manfred Baum），格雷厄姆
斯蒂芬·恩斯特罗姆（Stephen Engstrom
Guyer）和艾伦·伍德（Allen Wood）。最近，
斯（Béatrice Longuenesse），汉娜·金斯伯格
和瑞秋·祖柯尔特（Rachel Zuckert）进行了
并从中获益良多。

再往后，20 世纪 80 年代中期，我开始定
有很好的机会与很多德国的黑格尔研究学者保
方向就变得更有意义了，这部分地得感谢克劳
Düsing），弗里德里希·富尔达（Friedrich Ful
得·霍斯特曼（Rolf-Peter Horstmann），克劳
Kaehler），路德维希·西普（Ludwig Siep），伯克
（Burkhard Tuschling），以及迈克尔·沃尔夫（Mich

的人文研究院，它于 2004 年秋同意给我一份研究员奖励金，并且，它于 2010 年春季学期给予我公休假。我也非常感激亚历山 vii
大·冯·洪堡基金会（Alexander von Humboldt-Stiftung）的慷慨，它资助了我去往德国研究的大笔差旅费，包括两期的长期留在德国的基金（1988/1989 年和 1996/1997 年）。

我感谢芝加哥伊利诺伊大学哲学系的同事们，他们提供了一种催人奋进和特别融洽的工作环境。就私人方面而言，我深深地感谢我的兄弟罗伯特·西季维奇（Robert Sedgwick）和彼得·希尔顿（Peter Hylton），前者在我的道路上的每一步都鼓励着我的专业努力，后者是我的家庭哲学家和最密切的合作者，在所有方面，无论是私人的，还是专业上的，都是如此。

我在这本著作中的讨论的早期版本已经散见于各处。第二章的第一节和第二节内容取自我的论文《黑格尔论康德的有机统一体的理念：耶拿手稿》(in *Metaphysik und Kritik: Festschrift für Manfred Baum zum 65*. Geburtstag, ed. Sabine Doyé, Marion Henz, and Udo Rameil（Berlin/New York: Verlag Walter de Gruyter, 2004）, 285—98)。在第三章中，我重新修改了和增加了三篇文章的内容:《黑格尔对康德先验统觉的处理》(*The Owl of Minerva* 23, no. 2（Spring 1992）: 151—63),《黑格尔〈耶拿手稿〉里的“真正的” vs “主观的”观念论》(in *Idealismus und Repräsentationalismus*, eds. R. Schumacher and O. Scholz（Mentis Verlag, 2001）, 233—45）以及《黑格尔对康德的批判：概观》(for *A Companion to Kant*, ed. Graham Bird（Blackwell Publishing, 2006）, 473—85)。 第四章基本上都借用了我的文章的第四部分:《作为原初统一的生产性想象力：黑格尔〈信仰与知识〉的先验演绎》(Akten des IX. *Internationalen Kant-Kongress*, Bd. 5（Berlin: Verlag Walter de Gruyter, 2001）: 343—52)。在第五章，我重新修改和增加了我的论文的内容:《承认作为一种手段：黑格尔在〈精神现象学〉导论

中的康德批判》(in *Hegels Phänomenologie des Geistes—Ein kooperativer Kommentar zu einem Schlüsselwerk der Moderne*, ed. Klaus Vieweg and Wolfgang Welsch (Suhrkamp Verlag, 2008))。我很感谢那些著作的出版商，他们允许我再版上文提及的文章内容。

目 录

缩　写

在这本著作的正文和脚注中，我提供的页码参考首先是英文版本的，而后是主要文本的德文版本。并且，我用斜线（/）把两种版本的页码分开。下面，我标示的是我所使用的康德和黑格尔著作的缩写。我列出了我最通常用的英文翻译版本（偶尔修改译文）。 xi

伊曼努尔·康德

参考的康德著作是科学院版（AK）的《康德全集》(德国科学院，柏林：沃尔特·德·格鲁特，1900/1942)，在《纯粹理性批判》的引用中，我分别提供了科学院版“A”版和“B”版的页码。

CJ　Critique of Judgment, transl. Werner Pluhar (Indianapolis: Hackett, 1987). Kritik der Urteilskraft. In Ak volume V.

CPR　Critique of Pure Reason, transl. and ed. Paul Guyer and Allen W. Wood (Cambridge: Cambridge University Press, 1998).
Kritik der reinen Vernunft. “A” edition in Ak volume III; “B” edition in Ak volume IV.

CPrR　Critique of Practical Reason, in Practical Philosophy, transl. and ed. Mary J. Gregor (Cambridge: Cambridge University Press, 1996), pp. 133—271.

Kritik der praktischen Vernunft. In Ak volume V.

G Groundwork of the Metaphysics of Morals, in Practical Philosophy, transl. and ed.
Mary J. Gregor (Cambridge: Cambridge University Press, 1996), pp. 37—108. Grundlegung zur Metaphysik der Sitten. In Ak volume IV.

Proleg Prolegomena to any Future Metaphysics That Will Be Able to Come Forward As Science, transl. Paul Carus, revised by James W. Ellington (Indiana/ Cambridge: Hackett Publishing Company, 1977).
Prolegomena zu einer jeden künftigen Metaphysik, die als Wissenschaft wird auftreten können. In Ak volume IV.

MFNS Metaphysical Foundations of Natural Science, in The Philosophy of Material Nature, transl. James W. Ellingon (Indianapolis: Hackett Publishing Company, Inc., 1985), pp. 3—134. Metaphysiche Anfangsgründe der Naturwissenschaft. In Ak vol ume IV.

格奥尔格·威廉·弗里德里希·黑格尔

xii 参考的黑格尔德文著作是《二十卷著作集》(ed. Eva Moldenhauer and Karl Markus Michel, Frankfurt am Main: Suhrkamp Verlag, 1970)

D The Difference between Fichte's and Schelling's System of Philosophy, transl. H. S. Harris, ed. H. S. Harris and Walter Cerf (Albany: State University of New York Press,1977).

	Differenz der fichte'schen und schelling'schen Systems der Philosophie. In Werke volume 2.
EL	The Encyclopaedia Logic, transl. T. F. Geraets, W. A. Suchting, and H. S. Harris(Indianapolis and Cambridge: Hackett Publishing Company, Inc. 1991). This is atranslation of the third edition of Hegel's Enzyklopädie (the Philosophische Bibliothek edition of 1830), an expanded version of his first edition published in 1817. Enzyklopädie des philosophischen Wissenschaften, erster Teil: Logik. In Werke volume 8.
FK	Faith and Knowledge, transl. Walter Cerf and H. S. Harris (Albany: State University of New York Press, 1977).
GW	Glauben und Wissen. In Werke volume 2.
LHP III	Lectures on the History of Philosophy III, transl. E. S. Haldane and Frances H. Simson(London: Routledge and Kegan Paul / NY: The Humanities Press, 1968).
VGP III	Vorlesungen über die Geschichte der Philosophie III. In Werke volume 20.
NL	Natural Law, transl. T. M. Knox (Philadelphia: University of Pennsylvania Press, 1975). Über die wissenschaftlichen Behandlungen des Naturrechts, seine Stelle in der praktischen Philosophie und sein Verhältnis zu den positiven Rechtswissenschaften. In Werke volume 2.
PH	Introduction to the Philosophy of History, transl.

Leo Rauch (Indianapolis and Cambridge: Hackett Publishing Company, 1988).
Einleitung zur Vorlesungen über die Philosophie der Geschichte. In Werke volume 12.

PhG Phenomenology of Spirit, transl. Terry Pinkard. Online draft: http://web.mac.com/titpaul/Site/Phenomenology_of_Spirit_page.html Phänomenologie des Geistes. In Werke volume 3.

PR Elements of the Philosophy of Right, ed. Allen Wood, transl. H. B. Nisbet (Cambridge: Cambridge University Press, 1991). Grundlinien der Philosophie des Rechts oder Naturrecht und Staatswissenschaft im Grundrisse. In Werke volume 7.

SL Science of Logic, transl. A. V. Miller (Atlantic Highlands, NJ: Humanities Press International, Inc., 1991).

WL I Wissenschaft der Logik I. In Werke volume 5.

WL II Wissenschaft der Logik II. In Werke volume 6.

导 论

这部著作研究黑格尔对康德理论哲学的批判。其主要目的就 1
是要辩护这一论点，即黑格尔对康德在“批判”时期（从 1781 年到 1790 年）论证的认知观念提供了一项令人信服的批判，并且提供了替代方案。本文考察了康德认定为我们认知模式的“推理性”特质的诸多关键性特征。黑格尔论证了这些关键性特征，判定康德理论哲学为怀疑主义和二元论，本文考察了黑格尔论证的各种理由。此项研究以一种同情的眼光呈现了黑格尔的主张是一种更高级形式的观念论，其线索源自某些康德学说，这一形式的观念论能更好地把握我们认知能力的本性以及它们与诸对象的关系。

在这篇导论中，我勾勒出了这部著作的整体轮廓，以及每个章节的论证。然而，我一开始会评述这个计划的最初动机。这个计划是我许多年前努力理解黑格尔对康德实践哲学批判的部分成果，尤其是，黑格尔指控康德的最高实践法则或者定言命令是一种空洞的形式主义。黑格尔对定言命令的批判也许是他的康德批判中最为著名的，但是一直没有得到很好的理解。我现在相信，没有得到很好理解的一个原因是，它是黑格尔对康德更大程度上批判的一种表现或者特殊的应用。例如，黑格尔对定言命令的批判与他反对康德把我们的知识限制在现象上，与反对康德观念论的“主观性”有关联，以及与他反对康德称为“先验统觉”能力的“空洞性”有关联，而这都是非常模糊不清的，这就是理解起来很困难的原因所在。

虽然，我的这个研究聚焦于黑格尔对康德理论哲学的处理，我打算——以一种有点迂回的方式——一开始简单地讨论他反对康德实践哲学的主要内容。我有很多理由支持以这种方式开启讨论。首先，这将能使我澄清这个研究计划的动机，并且，因此也突出了我们将要着手解决的某些问题。当然，我设定这些问题的特殊方式也是很重要的。它影响着我选择将需要回答的问题。因此，它也安排好了我们的探究将遵从的一般进程。从黑格尔的康德实践哲学批判出发的另一个理由是，我能传递这个计划的某些更加广泛的意义。尤其是，我能表明黑格尔对康德理论哲学的批判如何影响着他对康德实践哲学的批判。

2 在这个导论的第一部分，我的讨论将如下展开：在提供一份黑格尔批判定言命令的简略梗概之后，考察典型的康德式辩护思路。我将表明，为辩护康德的这些努力误解了黑格尔反对的真正靶子。情况如此，那是因为这些辩护无法理解黑格尔对定言命令的形式主义的批判所表达的是，他反对康德最基本的哲学承诺——关于自然和人类认知的限制，我们寻求认识的各种对象，以及当我们对我们的认知能力进行批判时，我们所从事的活动。康德在他的理论哲学情境中为这些承诺奠定了根据。

黑格尔指责，康德的实践哲学中的形式主义在三个最主要的方面造就了它的缺陷。第一，至高的实践法则的这种形式主义使得它作为派生具体义务的一种引导是无效的。康德论证到，这一至高的实践法则或者定言命令是这样一种法则，通过它，我们决定我们在特殊环境中应该如何行动。但是，仅仅只是要求我们的意图和行动符合普遍性的形式就可以了，按照黑格尔的看法，这一法则就太“空洞”了，以致不能充分履行它的这种职能。他声称，借助于辅助性的假设和“内容”，这个定言命令才能够引导派生出各种具体义务。[1]

第二，黑格尔质疑这一至高的实践法则在激发我们行动上的有效性。对于康德来说，我们只有在被定言命令激发的情况下才能获得道德的信用（并且，因此可能被说成拥有一个善良的意志）。按照他的看法，当我们出于定言命令而行动时，我们的行动必须是出于对普遍的目的或兴趣的敬重，也就是说，这些目的或兴趣是我们同一切理性属性所共有的。严格来说，如果最终决定行动的东西是反映我们的特殊的经验属性，我们的独一无二的历史和能力，我们个体的幸福观念的这些目的，那么我们的意志就没有道德内容。但是，正因为反映我们特殊性的这些目的在这个体系中不被允许算作道德事宜，黑格尔质疑，康德的路径是否有能力解释为何有任何行动者能被激发去进行道德行动。[2]

第三，黑格尔也被康德形式主义所蕴含的实现义务的前景所困扰。康德坚持认为，定言命令和出自它的特殊的实践准则必须在我 3
们的理性属性中有其基础。我们不可能从我们的经验属性中衍生出实践准则或义务，因为根据他的界定，我们经验存在的这些目的和兴趣都不是普遍地和必然地有效的。换一种说法，如康德所说，人类意志并不是一种“完美的”或“神圣的”意志。[3]虽然对我们

[1] 例如，黑格尔在1821年版《法哲学原理》第135节做出这种指控。也参见1802年至1803年论文《自然法》中的讨论（《论自然法的科学探讨方式，它在实践哲学中的地位及其与实定法学的关系》，NL 77f./461f.）。当然，康德提供了至高的实践法则的进一步阐述，并且进一步阐述的某些部分看上去并不同黑格尔挑出予以攻击的那样形式化。但是，康德在《道德形而上学的奠基》中也告诉我们，各种不同的阐述都是“同一法则”的阐述（G 436）。那么，我们要求的普遍性公式的应用所产生的结果就与任何一种公式的应用产生的结果完全相同。

[2] 这个控诉隐含在黑格尔《法哲学原理》第134节附录部分的评论中：“普遍性的善或者抽象的善，不可能作为一种抽象而被实现，它必须首先获得进一步确定的特殊性。”

[3] 康德在《实践理性批判》中写道，“神圣性”是指“感知世界中非理性存在者在其生存的任何时刻都能完美”。（CPrP 238）

来说，使得这些驱使我们成为属于自然领域的各种生物的目的和兴趣服从义务是有可能的，但那些自然的或者经验的各种目的和兴趣是不可能完美地与义务相和谐一致。出于这个理由，它们不合适于奠基道德动机或者正当行为。定言命令要求我们让经验属性服从于我们实践上理性属性的支配，但是我们的经验属性可能从来不会为义务提供基础。由于我们是这种类型的存在者，康德的这种“应当”在这个方面可能绝不会成为对我们而言的一种“存在”。[1]

一般而言，康德主义者对这些批判的回应在于，指责黑格尔的误解。他们回应了黑格尔担忧的最高法则在引导派生出特殊义务的充分性。他们指出，要么是黑格尔对精确地阅读康德著作没有兴趣，要么（更体谅式地）是黑格尔专注于康德理论的形式主义特征，而无视他的理论的其他特征，包括康德赋予经验内容的地位。他们指出，康德承认，定言命令的充分应用需要我们注意个体实例的偶然性处境。换句话说，康德认为，如果我们要恰当地表述我们的准则或者意图（在道德领域）以及恰当地描述我们的行为（在法权领域），那么，我们需要对经验的具体情形保持清醒。此外，康德主义者提到，关于我们经验属性的诸种事实限制了出自最高实践法则的各种命令的种类。如果我们的福利不需要关注的话——如果我们不是有限的、脆弱的生物的话——定言命令不会具体要求我们要关注自身及他人的福利。如果我们对源出于经验性的激情和欲望不做出响应，那么最高的实践法则也就不需要以一种命令的形式出现。根据康德，我们必须在道德上被命令，因为不同于“完美的”或者“神圣的”意志，我们被激情所支配，也被理性所支配。

[1] 根据康德的体系，黑格尔在《法哲学原理》中写道，“主观的意志”矗立于“一种善的关系之上，一种关系因此……它应当使得这种善成为其自身的目的，并且实现它”（131 节）。这里，黑格尔的看法是，因为这一“主观的”人类意志在结构上不能够与这种善完美一致，这种善就其自身而言必须总是被规定为一种“应当”，被规定为义务（133 节）。

关于动机的问题：康德主义者指出，尽管，正确的是，如果行为者的意志要有道德价值，那么它就必须被义务所激发，但我们不应该由此就得出结论，在出自义务的行为中，康德的道德行为者是一个冷血的和没有情感的算计者。康德论证到，在出自义务的行为中，对最高实践法则的“敬重”激发着我们。并且，他明确地告诉我们敬重是一种情感。[1] 敬重事实上是一种特殊类型的情感。根 4
据康德的解说，敬重只在回应普遍性的或者合理性的各种目的中被唤醒。但是敬重仍然是一种情感。

最后，在回应担忧义务不可能实现时，康德主义者论证到，康德的主张是，很显然我们不可能期望在此岸生活中获得道德的完美，但在他的理论中，这不是个缺陷，而是道出了他冷静的现实主义。他们告诉我们，这是康德路径的一个优点，他的路径从不忽视这样一个事实，我们不仅仅是理性的生物，而且也是自然的生物。这些生物被非社会性的力量支配，也被社会性的力量支配，它们有自私性的和破坏性的能力，也有善良的能力。他们坚持认为，这就是康德的功劳，而不是一种幻想的乌托邦，他对人类有限性的现实保持清醒。

正如我之前提到的，这些回应都令人相信，黑格尔要么没有意识到康德理论的某些细微差别，要么他不感兴趣。他们都认为，黑格尔忽视了人类本性的经验特征在康德实践哲学中所起到的作用。另外，他们还认为，黑格尔并不理解康德关注人类脆弱和有限的现实的各种优点。鉴于黑格尔的各种夸夸其谈的主张，这后一种指责特别容易理解，他主张我们潜在的能够获得“绝对”知识，以及获得对我们而言“合理性”和“现实性”的“同一”。诸如此类的各种主张给人留下的印象是，对人类有限性的事实，黑格尔不为

[1] 例如：参见 *Groundwork*（401n）和 *Critique of Practical Reason*（75f.）。

所动。[1]

但是，我们也应该注意到，以上概述的这些黑格尔的反对意见容许一种更加赋予同情心的解读。根据这些批判的更加赋予同情心的解释，让人想起康德的实践哲学允许经验内容起作用的各种不同方式，并不是一种安慰。例如，即使我们被告知康德意识到，在恰当地应用法则时，我们需要铭记人类本性的各种经验事实以及各种个体处境的独一无二的偶然性的经验事实，亦无裨益。即使我们承认康德把对法则的敬重归为一种情感，对实践法则激发效力的担心也不会得到平息。这些考察重点强调了康德理论的某些细微差别，但是它们也让这一理论基本架构保持完整。它们也并没有质疑康德的假设，即在我们的经验属性和我们纯粹的理性或“理智的”属性之间划出一条严格的界线。它们保留了康德的观点，即我们作为经验的人被一系列的法则（自然的决定论法则）所支配，并且我们作为理智的人是另一系列法则（自由法则）的立法者和创造者。它们印证了康德的下述主张，我们可能被两种不同的情感所牵动，其一是源自我们经验属性的那些情感，另一种是由纯粹实践理性所产生的那种特殊的敬重之情。[2]

5 这些观点在更为一般意义上的表述就是，我们刚刚已经审视过的对康德的这些辩护保留了他核心的哲学承诺。按照康德的观点，各种实践准则必须出自纯粹的实践理性。它们不可能奠基于迫使我们成为自然领域的生物的这些需求和激情。各种实践准则必须出自纯粹的实践理性，因为唯有纯粹实践理性能够提供普遍性的和必然性的各种有效规则，并且因此才具有法则的地位。此外，根据

[1] 用一句杰出的康德主义者的话来说，“一种黑格尔式的理性本质的观念，是不太可能忽视人类理性的有限性。”参见 Onora O’Neill, “Kant After Virtue”, 发表于她的文集 *Constructions of Reason: Explorations of Kant’s Practical Philosophy* (Cambridge, UK, New York: Cambridge University Press, 1989), 40n。

[2] 敬重是被纯粹意志的“活动”所唤醒（G 400f.）。它“唯独是由理性产生的”，如康德所说（CPrR 76）。

康德，各种实践准则必须在纯粹实践理性中有其各自的基础，因为唯有纯粹实践理性能够产生自由的法则。或者人类的本性是一种纯粹的“现象”，并且，我们在自身所有的所思和所行中被自然的决定力量所支配，或者，除此之外，我们还具有能力以超越自然法则，而遵从自由法则行动，自由法则是我们给予自身实践上的理性属性。康德论证到，虽然我们不可能知道我们是自由的，但是我们有合法的理由认为我们自身是自由的。在认为我们自身是自由的时，我们实际上得归因于我们自身具有纯粹实践理性的能力。这种能力（他也用来指“纯粹意志”）是一种特殊的、非自然因果性的力量。它有能力“自发性地”引发因果性系列，也就是说，“不需要被在先的另外一种原因引起”（CPR A 533/B 561）。它的自由或者自发的行为起源于一种外在于时间的立足点。[1]

以一种较为同情的方式来解读以上概述的各种批判来看，这些核心的承诺完全就是，黑格尔所质疑的问题即他指责定言命令是一种空洞的形式主义。黑格尔指责这一定言命令具有空洞性，不是因为他忽视了康德赋予经验内容的地位，而是因为他拒绝了康德的下述假定，即可能存在一种全然的形式法则，它源自一种全然的“纯粹的”实践理性的能力——这一法则具有充分的内容或者引导行为的特殊性。黑格尔的目标是要揭露这个事实，即康德自己对最高的实践法则的解释和应用实际上不只是依赖于可普遍化的形式要求。根据他的观点，康德预先假定了额外的各种假设或内容——最值得注意的是，那些假设是关于理性的本性以及其目的的。由于黑格尔确信，这些额外的假设是偶然性的，而不是普遍和必然有效的，他得出结论，这个定言命令并不是康德所主张的形式

[1] 当我认为我自己是自由的时，我预先假定，我除了是作为一种“现象”的“经验的”人而被自然法则所支配外，我还是一个“理智的”人。正如康德写道：“这个行为主体，作为一个理智的人，他并不会受任何时间条件的限制，因为时间仅仅是各种现象的条件，而不是事情本身的条件。”（CPR A 539/B 567）

主义。像我在这本著作中所要论证的那样，黑格尔实际上挑战了康德的假设，即人类的反思——即使是最批判性的类型——能够对我们探究的各种不同领域中这些绝对固定的和不可改变的条件产生洞见。黑格尔挑战了这个假设，因为他相信它赋予我们本不具有的抽象力量。

至于黑格尔担忧的最高实践原则的激发效力，并不是说，他
6 忽视了康德把敬重划归为一种特殊种类的情感。确切地说，他质疑康德的分类图式本身。对于康德来说，敬重这一情感在我们回应最高道德法则——纯粹实践理性——时被唤醒。因此，敬重源自一条法则，根据康德的解说，这一法则是由隶属于我们非经验性的或者“理智的”特质的一种能力产生的，这一种能力具有超自然的因果性力量。因此，康德的敬重这种特殊的情感的特征取决于这一假设，即我们可能在两种特质之间做出彻底的分离——即使只是在思想上对它们进行分离——一种是我们作为生物完全被自然所决定，另一种是作为纯粹的意志，能够从外在于自然的立场产生行为。由于黑格尔怀疑我们甚至能够在思想上进行这种分离，因此他对康德所遵从的分类图式提出了挑战。

最后，黑格尔对康德的道德完美是我们无法获得的这个主张进行了批判，这个批判并不能证明黑格尔自己对人类有限性的现实不清醒。黑格尔并不坚持，我们的力量是无限的，以及我们的意志是绝对善良的。像康德那样，他提请注意人类本性的黑暗面和懦弱性（例如，他把人类历史描述成为“屠宰场”）。[1] 黑格尔抵制康德的完美是我们无法获得的这项主张，仅仅是因为他对人类懦弱性程度的评估在他那里并没有产生他在康德那里发现的悲观主义的程度。他并不同意康德所确信的，即人类有限的或经验性的本性不能为实践的义务提供基础，并且，他对康德体系所蕴含的意义没有足够的

[1] 参见黑格尔的《历史哲学讲演录》的导论部分（PH 24/25）。

耐心，即道德的完美是一种理想，我们仅仅能够在超越此岸生活的另一种生活中实现它。[1]

在最基础的层面，黑格尔对康德的定言命令的具体特点和意蕴的反对表明了他对康德各种二元论的反对。黑格尔拒绝康德把人类本性划分为一种全然被自然决定论支配的主观性的经验形式和一种隶属于自由领域的“理智的”主体性。他拒绝与此相关的把我们的目的或兴趣划分为那些源自我们经验属性的东西和那些在纯粹理性中有其基础的东西。他怀疑康德的假设，即我们能够把自身作为被两种分离的因果性所支配，一种自然因果性和一种自由因果性。他对康德下述主张也有质疑，即除了支配我们行为的这些纯然偶然的和经验的规则或准则，我们对那些普遍和必然有效的诸种规则或准则做出回应，得归功于它们在纯粹理性中的起源。

当然，我这里只是表明，而不是论证，这一论点即这种更加宽恕式的解读的确是黑格尔批判所意向的。如我已经表明的，辩护这个论点的证据最终一定来自他对康德理论哲学的处理手法的思考。
这么说的理由是，黑格尔对定言命令的诸多述评完全是粗略的和模 7
糊不清的。尤其是，当我们把这些述评从黑格尔对康德更整体的批判中抽象出来思考时。这些述评并不清楚或者没有足够的信息支撑可靠的解读。幸运的是，他对康德理论哲学的诸多讨论的情形都是不同的。在大量的文本中，黑格尔提供给我们详细的和集中的对于康德核心学说的评论。他的反对意见的基础清楚而易于理解，而这一点在他讨论康德的实践哲学时并非如此。

如果我们考察黑格尔对康德理论哲学的各种评论，我们发现它们与黑格尔对康德实践哲学的这些反对意见是相似的。如同康德的实践哲学，黑格尔指责康德理论哲学同样受困于空洞的形式主义。

[1] 黑格尔非常明确地指责康德的悲观主义，例如，在《信仰与知识》中。因此，他写到了康德论“抱怨”和费希特论“罪恶世界”。这两个哲学家都提出了“一种悲观主义的哲学形式，并且系统性地证明了这个形式”（FK 178/GW 420）。

他在康德认为最终支配我们的自然经验的这些概念和原则中发现了空洞的形式主义，而这些概念和原则被预先假定源自先天的，也就是在纯粹理性之中。黑格尔在康德的主观性的“先验的”形式中也发现了空洞的形式主义，而康德认为它所进行的综合行为是所有人类认知的基础。并且，正如他抱怨康德实践法则的“应当”与有限的经验的人类本性之“存在”之间存在着一条无法逾越的鸿沟那样，同样地，他也被康德理论体系暗含的鸿沟所困扰。他抵制康德的这一论点，即我们无法保证，我们带入经验的这些先天规则或法则与事情本身的实在性相符合。

在挑战康德理论哲学的形式主义时，黑格尔动用的策略也存在着相似性。正如他在攻击康德的实践哲学时所作的一样，黑格尔开始让我们相信这些不同的方式，据此方式，康德理论哲学所谓的形式论证，显示为所谓的普遍性的和必然性的认知条件，都以内容为先决条件。黑格尔把这个指控指向了康德论证的大量关键环节——例如，包括康德从判断的诸种形式推导的诸种范畴，他对实体本性的解说，以及他对二律背反论证的处理。在提请注意康德预先假定的内容时，黑格尔的目的是要我们相信，在知觉和认识主体所谓的各种形式的或先天的条件与主体所寻求认识的各种客体之间的这一界线是不可能被整齐划出的。那么，他的目标就是要揭露康德各种不同的二元论的脆弱性。黑格尔这么做，就是希望他能够使我们免于我们必须同它们的各种含义相争辩的假设。例如，他能够使得我们释怀这一负担，即努力追求我们在知识和行为领域我们可能永远都无法获得的完美形式。

那么，我们从黑格尔对康德理论哲学的批判的细致研究中了解到的，他对康德定言命令的形式主义的攻击是他总体上拒斥康德批判体系的核心承诺的一个具体的实例，并且，不理解后者，也无法理解前者。在康德批判哲学的所有领域，黑格尔关注的罪魁祸首是二元论——一种把作为产生一种先天概念和法则的能力的人类心灵与完全外在于心灵的独立自存的客体割裂开来的二元论。如果我们要揭露黑格尔反对康德论证的具体内容，以及他提出的另一种 8
形式的观念论，我们首先必须理解他反对康德二元论的基础。我们必须考虑他对康德有关人类的认识及其与自然的关系的处理的基本假设。

那么，这就是我们论述的开始。在第一章中，我们考察康德认识理论的这些特征，这些认识理论为他的体系中各种不同的二元论奠定了基础。我们思考康德的论点即我们的认识模式是“推理式的”的意蕴。康德坚持，作为推理，对我们来说，是不可能通过运用我们的认知能力产生我们经验知识的内容和各种客体。与“直观”的认识模式不同，我们不得不在我们的自然认知中依赖于一种独立被给予的感觉内容。虽然，作为认知的更进一步条件，我们必须通过概念统一那种感觉内容，我们不可能知道我们的概念是否把握了那种内容的本性。完全是因为我们没有产生我们认知的内容或质料，我们没有理由假定，我们的概念和那种给予的内容之间获得了一种完美的和谐或契合。

在我们考虑黑格尔早期耶拿著作对这些学说的反思时，我们将得知，他着迷于康德的直观认知模式的观念。在那种观念中，他发现了我们自身各种认知能力的线索。黑格尔论证到，康德错误地坚持认为在我们的概念和被给予的感性内容之间的“绝对对立”或者“异质性”。事实上，我们可以知道，这种被给予的感性内容与我们的诸种概念相一致（并且，在这个方面是“同一的”）。根据黑格尔，我们可以知道这点，并不是因为我们确实具有产生感性内容或者各种直观的理智直观的能力，而是因为我们的诸种概念以康德并不理解的方式与那种内容相关联。

当然，确切地详细地说，黑格尔所思考的是，康德无法理解感性直观与概念的“同一性”，这并不是简单的事情。我将在这部著作中论证以反对两条指控黑格尔的解释思路，它们指控黑格尔用同一性取代二分的药方是要求我们倒转哲学的时钟，并且复活一种或另一种下述的“前批判的”立场：根据某些解释者，黑格尔所阐明的关于我们的概念或观念与直观或感性之间的关系是一种准莱布尼茨主义的叙述。这个叙述夸大了我们的思维能力的认知力。尽管，我们当然在我们照面自然的客体时经验到感性，根据这个解说，感性只不过是一种混乱的或不完美的概念类型。那么，感性是“同一”于概念的，那是因为它在产生知识中并没有做出真正的独立的贡献。当我们认识一个客体的概念时，我们就认识了这个客体。[1]

9 另一些人把下述这一观点归于黑格尔，我们的诸概念和诸直观的同一性遵从在相反方向上进展的一种还原。根据这个解释，黑格尔被认为复兴了洛克的观点，根据这个观点，所有我们的观念或概念之起源都在于我们被动接受的感性输入。根据这个理论，诸概念被“感性化”。它们不会被认为是人类知识真正的独立来源或条件。[2] 我们所认为的一切“合理的”东西最终都是“现实的”东西的一种反映，并且在这个方面，“合理的”“同一于”“现

---

[1] 在第一批判中，康德如下描述了莱布尼茨的这一观点：莱布尼茨“对所有事物的比较仅仅与它们的概念有关，并且觉得……没有别的差异，除了这种知性从另一种概念中区分出其纯粹的概念。他没有认识到感性直观的这些条件，它们呈现出各自原初的差异。因为按照他的观点，感性仅仅是表象的一种混淆的形式，并且不是表象的唯一来源”（CPR A 270/B 326）。

黑格尔的观念论否认感性或者直观的独立实在性，这个指控由来已久。现今，路德维希·费尔巴哈的经典构想中，黑格尔是一位“抽象的实在论者”，他坚持认为，思想是唯一的实在。对于黑格尔来说，“具体”“被塑造成为思想的述谓”。参见 1843 年的 Feuerbach's *Principles of the Philosophy of the Future*, transl. Manfred H. Vogel (Indianapolis: Hackett Publishing Company, 1986), §§29, 30。马克思在他的《1844 年经济学哲学手稿》之《黑格尔的辩证法及整个哲学的批判》中采用了这个解释线索。

[2] 我再次从康德处借用表述模式。莱布尼茨“理智化”了感性直观或者“现象”，而洛克“感性化”了我们的概念（CPR A 271/B 327）。

实的”。[1]

在第二章中，我们思考的是黑格尔耶拿早期的证据，他这时并没有接受这些还原的路径。他再次从康德那里发现的一个观念中获得启发——这一次是康德在《判断力批判》中引入的自然目的论或者有机体的观念——黑格尔在《信仰与知识》中写到，理智直观的这种“真正统一”是“有机的统一”(FK 91/GW 327)。康德所描述的有机体是一种统一体，在这个统一体中，整体及其部分的关系是相互规定的关系，诸部分的形式和实存依赖于整体，而整体相应地由其部分得以维系。在主张“有机统一体”是理智直观的“真正统一体”时，黑格尔似乎提出，我们应该以类比一个有机体的整体和部分之间的关系来理解一种认知的直观模式的直观和概念之间的关系。同一性和统一性的获得并不是因为认识的一个构成因素要么被清除了，要么被发现仅仅是别的种类的构成因素。理智直观的概念和直观是同一的，因为它们是分离的，但又是其认知模式的相互规定的构成要素。每一个构成要素以某种方式对其他要素的实存和本性都是必要的。

虽然，黑格尔在《信仰与知识》中的评论没有准确地解释他所认为的概念和直观之间是如何相互规定或者引起另一方，但是，这些评论支持这一结论，他并没有致力于还原性地解释这两种构成要素之间的关系。在这些评论中，黑格尔从来没有辩护，各种被给予 10
的感性直观仅仅是诸种概念的种类或者是不完美的诸表象，并且，他从来没有主张，我们的观念或者概念无非诸多感觉印象的被动接受的产物而已。相反，在敦促我们放弃这种绝对对立的论点时，黑

[1] 在政治哲学的语境中，这个论题引起了这种指责，即黑格尔在《法哲学原理》中把“合理的”还原为“现实的”论证。据此而言，他是这么做的，因为这种做法无异于为保守的普鲁士政府辩护。例如，参见 Karl Popper, *The Open Society and its Enemies* (New York: Harper and Row, 1962), 第 2 卷，第 12 章。至于黑格尔对自己项目的描述，参见《法哲学原理》第 3 节，他在这里清楚地告诉我们《法哲学原理》并不是“实证法权”的研究。

格尔希望我们理解，自然的客体，并不是如同康德认为的那样，是“唯一的事物”。也就是说，它们不是没有规定的感性内容，而必须获得“外在的”形式，例如，从一个思维着的主体获取。我们的诸概念也并非一个“纯粹”的主观性，或言同时也在某种意义上是“客观的”主观性的产物。如黑格尔在《费希特与谢林哲学之间的差异》一文中写到的，当我们理解了，恰如自然是一种“内在的观念性”一样，主观性也是一种“内在的实在性”，我们就认识到主体和客体、概念和直观之间的相互规定的关系，以及因此两者之间的“同一”（D 166/107）。

对于黑格尔来说，这种有机统一的模型不仅仅把握了理智直观的“真正统一”，而且它也包含了我们应该如何理解我们认知模式中概念和直观之间的关系这一问题的各种线索。那么，对于我们的认知模式来说，概念和直观的这种同一就是借助于相互规定而获得，而不是通过还原。因此，某种类型的二元论在黑格尔的人类认识论中就是健康的存在着。实际上，黑格尔赞赏康德坚持区分我们直观的能力（接受性）和我们概念的能力（自发性）对认知所做的贡献。他赞同康德的观点，直观没有概念则盲目，而概念没有直观则空洞（FK 68/GW 303）。尽管如此，黑格尔还是指责，虽然康德在某种程度上承认了这两种认知构成要素的紧密关系，但是他完全无法领会到这个方面的问题，即两个构成要素是同一的，而不是绝对对立的或者异质的。在第三章，我们思考了黑格尔的主张，即，使得康德无法领会到概念和直观的同一性的东西是，他认定的“主观的”观念论。另外，我们考察了黑格尔下述指责的诸理由，即康德观念论的“主观性”迫使其成为一种怀疑主义的形式。

第三章一开始，我就辩护，黑格尔在康德理论哲学中发现的怀疑主义意蕴实际上遵从了康德自己在《判断力批判》中所觉察到的，根据我们认知模式的推理性的本性，我们没有理由假定，我们带给独立地被给予的感性内容的纯粹或者先天的诸概念把握了那种内容自身的本性。我接着表明，黑格尔相信，我们可以避免这种怀疑主义的结果，并且继而通过替代康德概念形式理论的“主观性”的路径而发展一种“真正的”或者“绝对的”观念论形式。康德把我们的纯粹概念描述为“空洞的”，并且，如果概念没有被应用到特殊种类的内容上，也就是说，应用到空间和时间中（“现象”）被给予的对象上，它们就不可能实现它们的作用即作为诸条件的条件。然而，对于黑格尔来说，康德的纯粹概念还在另一个意义上受困于空洞性。而且，黑格尔认为，在这种进一步的意义上，这个纯粹概念的空洞性导致了它们的“主观性”。纯粹概念是空洞的，并不是因为它们不能独立地应用到现象上而产生认知。除此之外，它们是空洞的，原因还在于，如康德所界定 11
的，它们是“外在的”或者“绝对对立于”感性直观的。康德认可了概念形式的“外在性”这种论点，因为他假定，我们有些绝对的、先天的概念，这些概念是由一种绝对纯粹的思想能力所产生的。作为先天的，这些纯粹的概念或者“范畴”是前给予的和确定的。它们的本性或者起源并不归因于已知的客体。如黑格尔有时所说的，它们完全是内容的“另一面”。根据我这里辩护的解释，黑格尔提出的针对康德观念论的主观性和怀疑主义的纠正方案要求我们放弃对概念形式的外在性的这种承诺。我们思想的形式不仅仅是我们感性印象的接受性的产物，但是它们也不是源自绝对纯粹思维或自发性的行为。也就是说，它们的起源不可能追溯到一位思想者上，他能够占有一个完全独立于自然或在自然的“另一面”的观点。

正如我们在第四章中得知的，黑格尔在康德的先验范畴演绎中发现了证据，他意识到，为概念形式的外在性提供另一条替代方案是必要的。在先验演绎中，康德引入了这样一种能力的观念，即他的思想形式或者概念并不是“绝对对立的”或者“外在”于直观的。换句话，康德似乎承认，人类认知最终依赖于通过这样一种能力得以实现的综合行为，这种能力即不是一种纯粹的直观能力，也不是一种纯粹的概念能力。但是，虽然他引入的这种能力的观念，根据他自己的描述，是一种“原初的综合统一”，但他最终仍然正确地认可了二分或异质性。如黑格尔指出的，康德主张，所有的结合或综合都是一种自发性行为，是我们的概念（知性）能力所实现的。话说回来，他确定为一种原初综合统一的这种能力，终究被证明并不是一种真正的综合统一。

在第五章中，我拿出了进一步的证据以支持我的见解，即黑格尔拒绝了康德认可的概念形式的外在性。这一次，我探究了他对康德批判之本质的述评。康德相信，通过他批判性地探究我们各种不同的探究形式的可能性条件，他可以发现提供最终根据的各种法则和概念——这些法则和概念，是先天的，都是普遍和必然有效的。因此，康德认为，批判给予他通向永恒真理的路径，这些真理不仅仅是关于人类知识的诸种条件，也是道德、权利和审美判断的诸种条件。他认为，在践行批判时，他可以成功地抽象出仅仅是偶然的诸种假设，包括反映他自己的连接特殊历史现实的各种假设。换句话说，康德相信，他能够到达一个完全“外在的”有利点。因为黑格尔否认，我们能够成功地进行这种类型的抽象，所以他质疑康德所理解的批判能够获得什么。

在第六章，我通过检查我的解读的这些解释性资源而进行总
12 结。我辩护道，我的解读解释了黑格尔对康德根本性的和持久的抱怨的一个特殊事例——对康德的抱怨，也就是，康德的论证预先假定了内容，因此是无效的批判。在这个事例中，我考察了，黑格尔把这个指控指向康德二律背反论证的处理上。康德假定，在把他的批判方法运用到这些论证上时，他可以洞悉到人类认知的绝对确定的和普遍有效的各种条件。在假定他能够发现普遍和必然的条件时，他再次理所当然地认为，他的批判性反思允许他

跨越他的时代而进入到绝对永恒的立场上。因此，康德无法领会到这种方式，即他自己对这些论证的反思，以他所诉求的这些问题为条件，以这些预先假定的条件为条件，这些预先假定的条件反映了他自己对现实领域的依赖。在这个方面，他对二律背反的处理是不足的批判。

现在看来，显而易见的是，我将在这部著作中辩护，黑格尔从他的假设，即一个永恒的有利点对我们是无法获得的，获得下述的意蕴：我们不可能期望洞悉到关于我们各种不同领域探究的必然条件的真理。完全是因为"哲学……是被把握在思想中的它自己的时代"[1]，如他所说的，我们应该警惕一些哲学家，他们宣称他们已经一劳永逸地发现了我们知识的绝对不可改变的和普遍有效的概念和法则。相反，细致地研究观念史就会发现，存在着变动，以及因此存在偶然性，甚至在这种情形中也如此，即这些对我们显示出最稳固的和根本性的概念或范畴——这些概念如"存在""自由"和"权利"。[2]这段历史是有启示性的，不仅仅是因为它告诉我们，我们过去宣称认识的东西的局限性和偶然性。正如我所理解的黑格尔，它还表明，我们可能在未来期待更多地源自理性的运动或"辩

[1]《法哲学原理》序言，21/26。

[2]已经强调过黑格尔关于偶然性（甚至是我们的最基本的概念）论点的其他人包括，Michael Forster, *Hegel's Idea of a Phenomenology of Spirit* (Chicago: University of Chicago Press, 1988), 364; Songsuk Susan Hahn, *Contradiction in Motion: Hegel's Organic Conception of Life and Value* (Ithaca and London: Cornell University Press, 2007), 52; Stephen Houlgate, *The Opening of Hegel's Logic: From Being to Infinity* (West Lafayette: Purdue University Press, 2006), 13; Joseph McCarney, *Hegel on History* (London: Routledge, 2000), 第 11 章；Terry Pinkard, *Being with Oneself: Hegel on the Final Ends of Life* (Oxford: Oxford University Press, forthcoming), 第 1 章；Robert Pippin, *Hegel's Idealism: The Satisfactions of Self-Consciousness* (Cambridge: Cambridge University Press, 1989), 36, 259, 以及 *The Persistence of Subjectivity: On the Kantian Aftermath* (Cambridge: Cambridge University Press, 2007), 12; Paul Redding, *Analytic Philosophy and the Return of Hegelian Thought* (Cambridge: Cambridge University Press, 2007), 229。

证法”。[1]

13 相信黑格尔的运动或辩证法存在的那些人（例如我）中，甚至相信在我们科学的基础层面也存在着运动或辩证法的那些人中，存在着一些分歧，主要是关于什么推动了这种运动。根据某些人的说法，黑格尔坚持一个起初抽象和无规定的概念借以实现其最初仅仅是隐含内容的这一进程，可以归因于思想本身（或者“概念”）——根据其自身的蒸汽动力而运行。[2] 相反，我辩护道，黑格尔至少部分地把这个辩证的进程归因于这个事实，即人类的思维发生于历史之中，而不是外在于历史。对于他来说，这就具有这种意蕴，即这种不断进步在某种程度上就是对历史力量的一种回应。它不是由践行着自由或自发性的“纯粹”理性所推动的，这种自由

---

[1] 当然，黑格尔毫不避讳地告诉我们，他知道概念的运动或者“辩证法”在其发展进程中的必要性。但是，无论如何，他通过这种主张可能意指的是，他也许相信可能与他的这种论点相一致，即一个外在的有利点对我们来说是无用的，并且，没有哲学能够“超越它那个时代的世界”（PR 21f./26）。

根据我的理解，黑格尔对概念必要性的这个论点的承诺应该不被理解为对这一观点的支持，即我们概念（或者真实的历史事件，或者自我意识）的辩证运动是事先设定好的（以及如果我们能够获得一种跨越-历史的视角，它们是可能被我们所认识的）。我们的概念（以及历史等等）的发展，对于黑格尔来说，依赖于约瑟夫·麦卡尼的好话所言的“不可抗的”偶然性（参见，McCarney's *Hegel on History*, 90）。从我们现在的地方回顾下这个发展。当我们这么做时，我们发现了一些确定的方式（因此，一种确定的逻辑或者必然性）。根据麦卡尼的描述即黑格尔相信我们从我们对意识的历史的研究所得知的东西，例如，我们发现，“意识的运动”是“朝向更加广泛地同化客体，以其所理解的方式更加丰富和具体化客体，并且提高对认识自身的特征和活动的反思性”（p. 88）。回过来看，我们能够使得意识的各种不同阶段或者运动之间的进步成为合乎理性的、易于理解的。在这个意义上，我们能够述说这种发展之必然性的历史。在 *Hegel's Phenomenology: The Sociality of Reason* (Cambridge: Cambridge University Press, 1994, 267) 中，特里·平卡德（Terry Pinkard）就是沿着这些相同的思路解释了黑格尔对概念必然性的承诺。

[2] 借用约翰·麦克道尔（John McDowell）的名言，思想按照这个观念的运思就是“在虚空中的一种无摩擦的旋转”（*Mind and World* [Cambridge, MA: Harvard University Press, 1994], 11）。

或自发性决不能归因于现实的领域。另外，我还辩护这一观点，即人类思维的这一观念不仅仅是纯粹自发性的，而且部分地也是接受性的，这是黑格尔策略的关键所在，他要让我们相信概念和直观，主体和客体是“同一”的。

黑格尔对康德的讨论在他耶拿时期（1801/1803）的两部著作《信仰与知识》和《费希特与谢林哲学之间的差异》中尤其丰富多彩。因此，我的很多讨论聚焦于这些早期的著述，特别是在本书开始的两章中。随着讨论的不断进展，我逐步地引用了黑格尔的各种不同的文本和讲义，包括他的 1807 年《精神现象学》，1812—1813 年《逻辑学》（以及 1832 年的第一卷修订本），1820 年的《法哲学原理》和 1830 年版的《哲学科学百科全书》。当然，黑格尔自己的思想在这些年也有所发展。早期著述所包含的仅仅是一些后来成为其成熟地回应和替代康德的痕迹。黑格尔对康德的二元论体系如何让位于同一性理论的理解也有发展，但是，黑格尔对康德解释和批判多年来没有重大的变化。黑格尔的异议很好地展现在其早期文本中，并且，虽然他在接下来的著述中勾勒出不同方面的异议，但是那些异议在本质上仍然是相同的。黑格尔在不同语境中以不同的方式不断重复他对康德的反对，这个事实被证明是对读者的一个恩赐，因为它有助于这样一个过程，即把黑格尔通常高度抽象和神秘化注解的个别片段拼凑成一个一致性的、普遍性的叙述。

第一章

黑格尔批判导论：康德批判哲学中知性的直观形式 VS 推理形式

康德在其批判时期的著述中，开始于 1871 年的《纯粹理性批判》，就辩护了这个论点，即人类认知本性上是推理性的，而不是直观性的。我们的知性，作为推理性的，它在下述方面是一种依赖性的认知模式：在我们认知自然时，我们必须依赖于感性直观所给予的质料或者内容。我们缺少这样一种理智直观的能力，这一理智是“直观的”，并且同样不能通过践行其认知能力就产生对质料的认知。 14

黑格尔非常好奇康德的一种知性直观模式的观念。他对这个观念的兴趣最明显的文本证据就是我们将在这个章节中所要关注的，1801—1802 年耶拿时期的著述。但是，黑格尔在后期著述中也表达了他对这个观念的兴趣。在 1816 年的《逻辑学》中，他写道：

> 一直那么引人注目的是，康德哲学如何意识到思想与感性实在性之间的关系……仅仅是与现象的一种相对的关系，并且完全得到很好的认识，并且清楚表达出了两者（思想和感性实在性）的一种更高的统一，……例如，以知性直观的观念。[1]

在 1830 年的百科全书版《逻辑学》中，黑格尔告诉我们：

[1] 这段出现在这个部分，“概念通论”（SL 592/WL II 264）。

> 《判断力批判》是令人印象深刻的，因为在这本书中，康德表达了这种观念的表象，甚至是这种观念的思想。一种理智直观的表象，内在目的性的表象，等等，都被普遍地认为自身同时就是特殊的。在这些表象中……康德哲学表明自身就是思辨性的。（EL §55）

在指明后一段落中康德理智直观的观念是“思辨性的”时候，黑格尔的意思是要指出，相反于康德的意图，知性直观的这种模型完全把握了人类的认知（至少是某些特征）。然而，康德无法意识到这个洞见，并且坚持把知性的一种推理性模式的能力归于我们。

1804 年以后，黑格尔明确地引用理智直观这个观念的频率减少了，但是，他从这个观念中所获得的启发，在他所辩护的这种认知模型里，甚至是在他最成熟的著述中，仍然可以发觉。1801—1802 年的早期著述揭示了这些线索，它们包括了黑格尔对康德的失望，也包括了黑格尔最终发展的另一种人类认知模型。[1]

---

[1] 关于康德对理智直观的概念的接受，有一段有趣的历史不仅仅被黑格尔述说，也被那个时代的杰出人物（如：费希特和谢林）述说。我这里不关注述说这个历史，但可参见 *Cambridge Companion to Hegel* , ed. Frederick C. Beiser (Cambridge, UK: Cambridge University Press, 1993) 中的下述论文：H. S. Harris, “Hegel’s Intellectual Development to 1807,” 25—51; Beiser, “Introduction: Hegel and the Problem of Metaphysics,” 1—24。也参见 Kenneth Westphal, “Kant, Hegel, and the Fate of ‘the’ Intuitive Intellect,” 载于 *The Reception of Kant’s Critical Philosophy: Fichte, Schelling, and Hegel*, ed. Sally Sedgwick (Cambridge: Cambridge University Press, 2000), 283—305; 以及 Klaus Düsing, “Die Entstehung des spekulativen Idealismus: Schellings und Hegels Wandlungen zwischen 1800 und 1801,” 载于 *Transzendentalphilosophie und Spekulation: Der Streit um die Gestalt einer Ersten Philosophie* (1799—1807), vol. 2, ed. W. Jaeschke (Hamburg: Felix Meiner Verlag, 1993), 144—63。对于歌德对康德理智直观感兴趣的探究，参见 Eckart Förster, “The Significance of §§76 and 77 of *the Critique of Judgment* for the Development of Post-Kantian Philosophy (Part 1),” *Graduate Faculty Philosophy Journal* 30 (2009), 1—21。“Die Bedeutung von §§76, 77 der Kritik der Urteilskraft für die Entwicklung der nachkantischen Philosophie (Teil 1),” *Zeitschrift für philosophische Forschung* 56, no. 2 (2002), 169—90，这篇论文最初是以德文发表的。

我已经将这章的内容安排如下：在第一节中，我关注的是，黑格尔评论康德的人类推理性观念的四个基本特征，并且介绍了康德对这些特征的解说。在第二节和第三节，我解释了这种推理性的论点和康德其他进一步的学说之间的关系。康德辩护到，得遵从这个事实，即我们的知性是推理性的，而不是直观的，在我们对自然的认识中，我们必须把自然思考为系统的统一体，并且是被最高的理智合目的性地组织的。在第二节中，我回顾了康德在《纯粹理性批判》中对这些主张的首次论证，而后，在第三节中我回顾了《判断力批判》中的论证。在第四节中，我重点强调了康德认可的这种推理性论点的意义所在，他告诉我们，他在第一批判中的首要目标就是：提供方案以解决这些矛盾或者二律背反，它们威胁着理性的运用，因此威胁着形而上学的可能性。我试图传递的是，这种推理性论点在他整个批判计划中的核心性：因为他的项目“拯救着”形而上学。因为他努力反对怀疑论，努力阐明我们实际上具有某些必然的有内容的或非分析的知识，并且，因为他把我们的知识限制到“现象”上。

在第五节的总结中，我们回过头来关注黑格尔以及某些文本段落，在这些段落中，他指出，他不仅仅意识到康德借以区分推理的和直观的认知模式的这些特征，而且也意识到推理性论点对于康德批判哲学的其他核心学说的意蕴所在。我考察了黑格尔的评论，他以此评论意指的是康德错了，至少，他没有赋予我们理智直观以某些力量。我提出，黑格尔对理智直观感兴趣，原因在于理智直观能够获得一种“思想”和“感性现实”的“高度统一”，在这种统一中，概念和感性直观的二元论或者“异质性” 16
得以克服。我的结论表明的是，然而，黑格尔对知性直观模式的模型感兴趣，并不就意指他否认在我们对自然的认知中，我们必须依赖于概念和感性直观。更确切地说，黑格尔寻求的是，挑战康德对我们认知形式的这两种基本构成要素的本质所进行的特殊解说。[1]

一　知性的直观形式 VS 推理形式：导论

在《费希特与谢林哲学之间的差异》和《信仰与知识》这两部著作中，黑格尔对康德的理智本质上是直观的而不是推理的这个观念，遴选出下述四个特征：第一，这种理智直观既不依赖于概念，也不依赖于感性直观。第二，这种理智直观以对对象进行直观的形式让对象成为实存的。第三，这种理智直观知道，仅仅可能的对象和现实的对象之间没有区别，因为所有的对象都是必然现实的。第四，对于这种认知的直观模式而言，在对象如何被给予或者在对象与对象之表象之间的关系中，不存在偶然性。在这个部分，我关注黑格尔评论每一个特征的文本，并且提供康德对此解说的一项简要介绍。如我已经提到的，这里，我的目标之一就是要确定，黑格尔准确地呈现了康德对知性的直观模式和推理模式的区分。另一个目标就是要对康德予以人类推理的关键特征提供一个初步的解说。当前部分应该被理解成导论性的——为第二个部分开始的康德推理观念的阐述做准备。

（一）对于理智直观而言，概念和直观“消失了”

在《信仰与知识》中，黑格尔释义了《判断力批判》§76

[1] 黑格尔不是要着力于否认概念和直观在认知中的作用，更确切地说，而是要批判康德特殊地解说概念—直观的区分，这点已经得到罗伯特·皮平（Robert Pippin）强调，例如，“Concept and Intuition: On Distinguishability and Separability,” *Hegel-Studien* 39/40, ed. Walter Jaeschke and Ludwig Siep (Hamburg: Felix Meiner Verlag, 2004/5), 26。

［402］中的下述这段话：

> 如果我们的知性是直观的……那么，概念（仅仅关注一个对象的可能性）和感性直观（给予我们某种东西，但不允许它作为对象被认识）两者就会消失［wegfallen］。[1]

首先，关于康德定义的术语“概念”和“直观”的某些初 17
步评论。对于康德来说，诸概念就是诸法则，它们产生于知性［Verstand］的能力。它们是普遍的表象，根据它们的普遍性，其作用在于把杂多的表象［Vorstellungen］统一到一个共同的一之下（CPR A 68/B 93，A 320/B 376f）。这些表象可能是其他的概念（如当我把这些概念“仁慈”和“诚实”等分类到“德性”这个概念下）。然而，作为“可能判断的谓词”，诸概念最终与某种被判断的事物相关，与某种对象相关（CPR A 320/B 94）。它们并不直接与对象相关，而是仅仅凭借某种“可能是几个事物共同的”“标志”或者属性而与对象相关（CPR A320/B 376f）。

康德把直观描述为仅有的另一种完全不同的认识来源（CPR A 50/B 74）。如我们所看到的，概念产生于知性的能力，而知性的能力“不是一种直观能力”（A 68/B 92）。不同于概念，直观是“单一性的［einzeln］”“表象［Vorstellunger］”，也就是说，个别性的表象（例如，我对一棵树的知觉，或者对一个三角形的几何表象）（A 320/B 376f）。直观表象的这种单一性符合于包括部分的表象（树的主干和分叉，三角形的边）。直观与概念还有不同，因为它们与对象相关，不是凭借几个事物共同的“标志”，而是直接的相关（A 19/B 33，A 68/B 93）。根据一些评论者的说法，康德的

［1］在这个释义中，黑格尔写到康德的“Idee eines anschauenden Verstandes,” “für welchen Begriffe (die bloss auf die Möglichkeit eines Gegenstandes gehen) und sinnliche Anschauungen (welche uns etwasgeben, ohne es dadurch doch als Gegenstand erkennen zu lassen) beyde wegfallen” (FK 88/GW 324)。黑格尔几乎逐字逐句地借用了康德的文本，仅仅是删除了“würden beyde wegfallen”的“würden”。

意思是，我们现象学式地理解这个直接性的标准，就是指一种直观直接“呈现在脑子里”[1]。康德进一步把直观描述为“所有的思想的目的所有指向的东西”（A 19/B 33）。我们的概念必须“最终要与直观相关”，因为没有直观，我们的概念就会没有予以思考的对象（A 19/B 33，A 51/B 75）。最后，康德主张，我们的直观形式是“感性的”：对象以直观的形式被给予我们，它凭借的是感性的能力（A 19/B 33）。然而，他意识到，直观也可能有非感性的或者“理智的”形式。[2]

在上面所引用的《判断力批判》的段落中，康德断言，对于一种不同于我们的本质上非推理性的或者“直观的”知性的形式而言，直观就“消失了”。注意，他并不是主张理智直观就没有直观。也就是说，他没有断言，其认知完全就是没有内容的或者
18 没有对象的。他说的“消失”的东西，是理智直观对感性直观［sinnliche Anschauungen］的依赖性。康德在第一批判的 CPR B 72 提到，如果直观的一种形式是感性的，那么它在认识自然时得“依赖”“对象的实存”。（这个语境中的“对象”，他的意

[1] 这里我引用的评论者是查尔斯·帕森斯（Charles Parsons）。参见他的论文“The Transcendental Aesthetic,”载于 *The Cambridge Companion to Kant*, ed. Paul Guyer (Cambridge, UK: Cambridge University Press, 1992), 66。如帕森斯在这篇论文中提到的，康德很少解释这种“直接性”的条件。例如，康德所意指的这种直接性条件只是一种单一性条件的必然后果，如雅克·辛迪卡（Jaakko Hintikka）所辩护的（p. 64），这并不是很显然的。

[2] 康德在第一批判的 B 版演绎的 §24 写道：纯粹概念（范畴）一般而言与“直观的对象”相关，不管是否感性的。对于我们的知性形式而言，纯粹概念必须应用到感性直观的对象上，如果它们的作用在于可能知识或认知［Erkennen］（与仅仅是思想［Denken］的谓词相对），§22。他把可感性定义为“我们的心灵因受到某种方式的激发而接受表象的接受性”（CPR A 51/B 75）。

康德在 CPR B 307 确认了“非-感性的”和“理智的”直观。他也在 B 72 暗示了这个确认，他在此处写道：因为“派生的”而非“原初的”，我们的直观模式是“感性的”，并且，因此不是一种理智的直观。

思是感性对象或感性经验的对象。[1]）直观的一种感性形式“仅仅是可能的，如果主体的表象能力被对象所激发”。然而，一种理智直观的诸直观并不是源自感性激发。“通过自身”（也就是说，通过这种理智直观的直观活动），“这种直观之对象的实存是被给予的”。根据康德的解说，一种理智直观的诸直观因此就是“原初的［ursprünglich］”，与“派生的［abgeleitet］”相对。理智直观的直观不是源自感性激发，那么感性直观对它来说就“消失了”。

在我们开始的段落中，康德同时也主张，概念对于这种理智直观也“消失了”。初看起来，他的观点似乎是，理智直观根本不运用概念。这在他的 CPR B 145 的评述中得到表明，在那里，他告诉我们，概念是对于一种思维的知性来说是法则，而不是对知性的直观而言的。概念就是

> 对于一种知性来说的法则，这一知性的全部力量由思想所构成，构成，也就是说，这样的行动，由此它对来自其他地方的直观所给予的杂多的这种综合带来了统觉的统一，统觉，即一种能力。因此，这一能力仅仅结合和安排知识的材料，也就是说，这一直观，它是被对象给予它的。

因此，“知识的材料”是感性的或者“被对象所给予的”，同时，它必须是对一种非直观的或推理的知性形式而言的，材料必须是“被结合和安排的”。这样的结合相应地要求思想，因此也要求思想的作用（也就是说，概念）。

---

[1] 也就是说，康德这里写到的是支配我们认知自然对象的这些条件，而不是数学。我们数学对象的认知也依赖于感性的直观，但是康德并不坚持认为，数学的认知依赖于“对象的实存”。在数学认知中，感性直观是“纯粹的”，而不是“经验的”。数学认知的这些直观并不依赖于“对象的实存”，因为，作为纯粹的，这些直观的内容或者问题并不是感性所给予的（CPR A 20/B 34）。相反，我们对自然对象的认知“依赖于对象的实存”，因为直观的问题是感性所给予的。参见康德在 CPR B 34/A 20，以及 §22 中对这些要点的讨论。

然而，实际上，康德在概念对于理智直观的作用上的观点与此有细微的差别。因为在一些段落中他表明的是，并不是这种理智直观无论如何都不运用概念，而是说，它运用的这些概念指的是与我们的概念有着重大差别的概念。如他有时候说的那样，它们是“综合性的”普遍物，而不是“分析性的”普遍物（CJ §77［407］）。作为一种“概念的能力”[1]，一种推理的知性提供的只不过是些概念（“分析的普遍物”），它的感性直观必须是独立地被给予的。然而，康德写到的这种理智直观，“在这个术语
19 最普遍的意义上，是一种知性［Verstand］”（CJ §77［406］）。这种理智直观要更加“普遍”，也许是因为从其“直观的彻底自发性”而言的，另外，它提供特殊物。特殊物以某种方式被产生于其特殊的概念（“综合普遍物”）。并且，由于这个知性直观的这些直观产生于其特殊的概念，它的诸多直观是作为已经形成的或者综合的被给予的。不同于一种知性推理模式中的直观，理智直观的这些直观因此不需要（推理的）概念提供的“综合的特殊行为”。[2]

因此，对于这种理智直观来说，“消失”的东西似乎就是推理的概念。由于理智直观有塑造其直观杂多的力量，（推理的）概念（包括康德称为“范畴”的这些先天概念）对于它来说就“没有意义”［keine Bedeutung］：

> 我所希望考虑的一种知性是自身直观着的（例如，一种神圣的知性，它自身并不表象被给予的对象，而是通过它的表象，对象本身同时被给予或被产生），对于这样一种知识的模式来说，这些范畴就*没有什么意义*。（CPR B 145，着重

［1］CJ §77［406］。

［2］康德主张，“一种特殊的综合行为”对于这种“人类知性”来说是必然的，这种知性“仅仅运思并且不去直观”（CPR B 139）。

强调）[1]

康德这里似乎暗示，这种知性直观知道其杂多性，没有必要践行“一种综合的特殊行为”，因此没有必要运用（推理的）概念。然而，我们知性形式的这些被给予的感性直观得到我们的认知，仅仅是曾经服从于一种概念规定的“特殊行为”。[2]

---

[1] 在这段中，康德似乎把这种知性直观等同于一种似神的知性，在创造其对象时，这种知性就是“世界的原因”（如他在 CJ §77［410］所说的）。然而，如艾卡特·福斯特（Eckart Förster）提到，康德在其他地方对这种知性直观的描述没有标明这种等同。参见福斯特的论文，“The Significance of §§76 and 77 of the *Critique of Judgment* for the Development of Post-Kantian Philosophy (Part 1),” 特别是 pp. 6—9。我在注释 12（原文注释）中进一步讨论了这点。

[2] 为了阐明对康德观点即这种理智运用这些种类的概念的讨论，参见沃纳·普卢哈尔（Werner S. Pluhar）的《判断力批判》译本的导论文章，xci—xcii。也参见肯尼思·韦斯特法尔和碧翠丝·朗格尼斯（Kenneth R. Westphal and Béatrice Longuenesse）在我的编著《康德批判哲学的接受》（*Reception of Kant's Critical Philosophy*）中的论文（前者的论文，特别参见 pp. 284—285，后者的论文，特别参见 pp. 261—262）。在“Thought and Being: Hegel's Critique of Kant's Theoretical Philosophy,” (*Cambridge Companion to Hegel*, 200) 中，保罗·盖耶（Paul Guyer）写道：这种理智直观具有“概念”，“它们本身就是特殊物的来源以及所有它们的规定物的来源”。（在他的注释 21［原文注释］中，他描绘了这种理智直观，在 CJ §76—§77 中，它被描述为“一种知性，它的特殊的对象以某种方式源自其概念”。）

有些人已经表明，康德知性直观的模型来自柏拉图主义和新柏拉图主义的启发，这个传统把一种至高或者神圣之知性的这些表象描述为“理念”。克劳斯·杜辛（Klaus Düsing）在他的论文“Ästhetische Einbildungskraft und intuitive Verstand. Kants Lehre und Hegels Spekulative-Idealistiche Umdeutung,” *Hegel-Studien* 21 (1986), 105f., 以及“Naturtheologie und Metaphysik bei Kant und Hegel,” 载于 *Hegel und die "Kritik der Urteilskraft"*, eds. Hans-Friedrich Fulda and Rolf-Peter Horstmann (Stuttgart: Klett-Cotta, 1990, 145.) 中辩护了这个观点。也参见曼弗雷德·鲍姆 (Manfred Baum) 的“Metaphysik und Kritik in Kants theoretischer Philosophie,” 载于 Klaus Held and Jochem Hennigfeld, eds., *Kategorien der Existenz. Festschrift für Wolfgang Janke* (Würzburg: Verlag Königshausen und Neumann, 1993, 13—30)。鲍姆让我们想起第一批判中“理念通论”这个部分的一些段落，在那里，康德表达了他对柏拉图学说的称赞，根据这个学说，自然产生于一种“至上知性”的“诸理念”（CPR A 317/B 374）。

（二）理智直观从整体（从“综合普遍”）的直观进展到部分或特殊

20 同样是在《信仰与知识》中，黑格尔引用了第三批判 §76 和 §77 的一些段落，康德在此提请我们注意下述这个事实的进一步后果，即理智直观形式的这些直观是“原初的”，而不是“派生的”。根据康德的解说，我们恰恰明白了，感性杂多或者知识的材料对于任何一种推理的知性来说，都必须是“被结合和安排的”，为了成为思想或者知识，也就是说，这种杂多首先必须被归类到推理的概念或者“分析的普遍”下（CJ §77［407］）。然而，对于知性的直观形式来说，不需要这样的归类。相反，康德认为，这种理智直观“从综合普遍进展”，并且部分或者特殊则是作为其直观活动的产物而出现的（CJ §77［407］）。如黑格尔在他释义康德时写到的，这种直观的或者“原型的”理智并不“从普遍进展到特殊，以及因此不会进展到个别（通过概念）”。也就是说，它并不把概念应用到独立被给予的感性部分或者特殊上。对于这种理智直观而言，“诸部分的可能性”不是感性直观给予的，而是“依赖于整体的”（FK 88f./GW 324f.）。[1]

---

［1］如亨利·阿利森（Henry Allison）所解释的，一种推理的知性不可能把整体思考为先于部分或者以部分为条件，它只可能把整体思考为由部分所构成和被部分所制约。也就是说，它只可能把整体思考为一种聚合物。这从下述事实可推知，即推理的理智，对于康德来说，不可能产生出自综合普遍的部分或者特殊：部分或者特殊必定是独立地在感性直观中被给予它的。参见阿利森的论文“Kant’s Antinomy of Teleological Judgment,” *Southern Journal of Philosophy* XXX (The Spindel Conference 1991 Supplement), (1992), 35。至于对我们推理性的这些特征的进一步有益的考察，参见同一卷的 Rudolf A. Makkreel, “Regulative and Reflective Uses of Purposivenesss in Kant,” 56ff.。

如我在上面注释 10（原文注释）中指出的，康德把理智直观的特征描述为一种“完全自发性的直观”，并且，因此就描述为具有“神的知性”的创造力量，这是不同于他把理智直观描述为认知从整体（从“综合普遍”）的直观（转下页）

（三）对于理智直观来说，可能性和现实性是统一的

用黑格尔的话来说，康德“以理智直观的观念来表达理性的理念”，“对此而言，可能性和现实性是统一的”（FK 88/GW 324）。这里，黑格尔再次指出了我们之前考虑过的《判断力批判》§76 中的这段话。在这段话中，康德写到，可能性和现实性之间的区别仅仅适用于要求“完全异质的”能力的认知形式，这种能力一方面是 21
概念能力，另一方面是感性直观能力。[1] 黑格尔再次引用这个段落，这次他没有省略：

> 如果我们的知性是直观的，那它除了现实的对象，就没有别的对象。概念（仅仅关注一个对象的可能性）和感性直观（给予我们某种东西，但不允许它被认为是对象）两者都将消失［wegfallen］。（CJ §76［402］）

如我们前面提到的，康德获得了这个结论，这种理智直观不需要概念，因为它假设，它从其直观活动中产生它的对象。概念（也就是说，推理的概念）仅仅对一种知性的形式而言是必然的，这种知性的形式是感性的，并且它同样依赖于独立被给予的感性直观。为了被思想和认知为对象，独立被给予的感性直观需要“被结

（接上页）进展到诸部分或者特殊。换句话说，从综合普遍进展到部分或者特殊的理智的理念并不就必然暗示，如此这般的一种理智就具有神圣心灵的这些因果性力量。埃卡特·福斯特希望我们领会，康德在这两种不同的描述之间“摇摆”。如果我理解的没错的话，福斯特强调这一点，是因为他想要我们记住，虽然后康德主义者们如歌德和黑格尔被康德理智直观的理念所迷惑，但是他们并不辩护这个观点，即人类的心灵具有似神的“世界之原因”的力量。参见福斯特的论文：“The Significance of §§76 and 77 of the *Critique of Judgment* for the Development of Post-Kantian Philosophy (Part 1),” esp. 6—9。

［1］康德在 CJ §76［402］中写道：对于我们的认知形式而言，一个仅仅是可思考的东西（作为一种可能的概念）和现实的东西之间存在着区别。但是，他主张，我们不可能假设，“思想和直观是*每一个*认知存在者践行认知能力的两种不同的条件”（补充强调）。

合和安排”（通过概念）。但是，虽然概念对于提供综合行为是必要的，没有综合行为，感性杂多就不可能被思想或者认知，按康德的观点，概念不足以规定对象的实存。（经验的）对象不是源自或者产生于概念。如他在上面引用的段落中所说的，概念“仅仅关注一个对象的可能性”。对于我们的知性形式而言，只有被应用到感性直观时，概念才允许认知现实的对象，而不仅仅是逻辑上可能的对象。[1]

很显然，康德在可能与现实对象之间的区分是依附于他对概念和感性直观之间的区分。对于理智直观来说，可能性和现实性“是统一的”，如黑格尔所说的，原因在于这个事实，即对于理智直观而言，概念和感性直观这两者“消失了”。因为这种理智直观的活动给予自身对象的实存，它的诸多对象不仅仅是可能的，而且是必然现实的。因此，这样一种知性有权宣称，用康德的话来说，“我认识的一切对象，都实存”（CJ §76［403］）。

（四）理智直观的表象与其对象之间的关系不是偶然的

我们已经看到，黑格尔引用了第三批判 §77［403］中的段落，在那里，康德写到，理智直观并不“通过概念，从普遍进展到特殊”。但是，黑格尔的引用并没有止于此，他继续：

> 自然产品的特殊法则与［直观的］理智之间的一致［*Zusammenstimmung*］并不取决于它。（FK 88/GW 325）

22 再者，黑格尔提请我们注意一个重要的方面，即根据康德的解说，在这个方面，知性的直观模式或推理模式是不同的。很显然，康德坚持，一种推理的知性与“自然产品中的特殊法则之间

[1] 参见康德在 CPR B xxvi 中的关于逻辑的和实在的可能性之间区分的注释。

的关系是偶然的”。事实上，康德辨识出了两种偶然性与努力认识的推理理智相关联。第一，对于我们知性的推理形式而言的，“[这些被给予的特殊物] 在我们知觉之前出现的各种方式是偶然的”(CJ §77 [406])。这点遵从这个事实，一种非直观的或推理的知性必须在努力认知自然时依赖感性的激发。其对象或内容，不是源自或者产生于其认知活动，而是独立被给予的。如康德所提出的，推理知性的这些概念不会“规定”任何有关“特殊的多样性”的东西。

从这种偶然性来看，感性直观“可以在我们的知觉之前出现的”，它遵从的是另一种偶然性，也就是说，康德在 CJ §77 的段落中指出的偶然性，黑格尔引用了这段话。这就是“自然的产品”和“理智”之间的关系中的偶然性。如黑格尔在《费希特与谢林哲学之间的差异》中所表达的，对于我们认知的推理形式而言，“诸概念与自然之间存在的偶然正如同自然与这些概念之间的偶然”(D 164/104)。因为我们的推理知性没有理智直观的能力以“通过自身”“给予对象实存”，如康德所说的，不仅仅我们不能够规定杂多感性地呈现自身于我们的方式，而且我们可能仅仅认知到，凭借概念或者分析的普遍而独立地被给予的杂多。作为推理性的，我们的知性形式必须把感性特殊物归入概念名下，它这么做是通过把被给予的知识材料分类为种或者属。然而，由于我们的知性不能够规定，特殊物如何可能被给予，我们就没有办法认知到，我们的分类与“自然的产品”保持一致。这个事实即“我们的知性必须从普遍进展到特殊”，因此就有了这个“随之而来的后果”，康德写道：“根据普遍 [被知性所提供]，特殊同样包括了某种偶然的东西。”(CJ §76 [404]) 然而，理智是直观的，并且“它（凭借概念）并不从普遍进展到特殊以及因此到个别，对它来说，自然产品根据特殊法则与知性和谐一致的偶然性就不可能存在”（CJ §77［406］）。[1]

23 在这点上，两个一般性的考察是合乎道理的。第一，我们不应该无视，黑格尔呈现的康德对理智直观的解说与康德自己的讨论多么紧密相关联。由于黑格尔在耶拿的这些著述中给予我们的描绘基本上都依赖于引用和释义，我们几乎没有什么根据得出结论（至少根据我们所审视的材料），他误解了康德。第二，随着我们研究的深入，应该变得越来越清晰，康德的这个主张，即对于理智直观来说，在其表象和对象之间没有偶然性，这对黑格尔具有关键意义。无须多言，黑格尔的兴趣不只是给这些不同的特征编排目录，凭借这些特征，康德区分了直观的认知模式和推理的认知模式。如我前面所意指的，他不满意的是，康德对这些差异的内涵的看法。尤其是，他拒绝了康德解说的下述观点的局限性，即应该遵从的事实是我们的知性形式是推理的，而不是直观的。渐渐地，情况就很明朗了，黑格尔发现，这种认知的直观模式启发人们的兴趣，完全是因为他拒绝了康德对我们的推理性所蕴含的这些局限的特殊解说。

---

［1］这里，自然而然地出现的一个问题就是：根据康德，这种在普遍和特殊之间获得的偶然性是否就是经验概念和特殊之间或者我们的纯粹概念或范畴与特殊（或者两者）之间的一种偶然性？由于感性直观无论怎样都不会在纯粹概念或“范畴”的形成中起到任何作用，似乎很清楚，康德一定是认可了这个观点：在诸范畴和被给予的感性特殊之间的关系中存在偶然性。至于经验性的概念，根据康德的观点，它们不是简单地从纯粹概念或者知性的诸原则中演绎出来的。但是，它们也不是简单地由经验性的直观所给予的。（根据康德的解说，感性直观本身并不呈现给我们预先划分好的经验分类。）因为经验性的概念并不是简单地由感性直观给予我们的，对康德来说，他也许坚持的是：在它们与感性特殊之间的关系上也存在着偶然性。

如拉尔夫·梅尔伯特（Ralf Meerbote）觉察到的，这个“合适的偶然性”问题在康德解说的资料和真理中就是一种“实在论的和后天的”构成要素的证据。对于康德来说，我们的认知成就仅仅部分地依赖于我们引入的知觉的概念。如果认知单单依赖于我们的概念分类，那在我们的概念和被给予的感性素材之间就不会有“鸿沟”。参见梅尔伯特的论文：“Systematicity and Realism in Kant’s Transcendental Idealism,” *Southern Journal of Philosophy* XXX (The Spindel Conference 1991 Supplement), (1992), 132ff。

目前为止，我已经简单地提及了黑格尔遴选的这些特征，它们是康德区分知性的直观模式和推理模式的基础。然而，我没有试图解释黑格尔对这个区分的关注，我也没有大胆地猜测为什么他发现康德坚持的人类知性的这种推理特征是不可接受的。要获得黑格尔批判中潜在的最终的根本动机，我们将需要考虑，更充分地解说康德在遵从我们推理性的这个事实中所蕴含的意蕴。这些意蕴对康德批判哲学的影响是多么深远，这是没有办法夸大的。如我在之前提到的，关于自然与我们认知形式的局限这个基本的假设形成了他的完整体系。它与他如何确认我们知识的恰当对象相符合。它规定了康德回应那些否认我们的自然知识可能是必然的人的选择。黑格尔认为，它允许康德解决这些威胁着理性天职的冲突或者“二律背反”。最后，康德的推理性的论点为他实践必然性的诸观念的论证奠定了基础，诸如神圣智慧或者至高的存在者以及自由意志等观念。

在下面的第二节到第四节中，我依赖《纯粹理性批判》和《判断力批判》两本书进一步揭示康德的推理性论点的意蕴。在本章最后一节（第五节）中，我提供证据证明黑格尔已经准确地呈现出了进一步的意蕴。

二 《纯粹理性批判》中体系性的统一、合目的性以及至高的存在者

从上面的讨论来看，我们获悉康德把下述的诸特征与我们的 24
推理联系起来：作为推理的或者非直观的，我们的知性形式是“依赖性的”，而不是“原初的”，因此必须在其认知自然时依赖于一种独立地被给予的感性内容。完全是因为一种推理的理智不可能规定感性内容是如何给予它的，那种内容以何种方式被给予它对它而言

是“偶然的”。而且，一种推理的知性必须结合和安排这种感性的杂多，并且它这样做是通过概念的应用。由于它不可能规定感性杂多是如何被给予的，与此同时，它必须在概念和给予的杂多之间的关系中处理好偶然性。那么，一种推理的知性，如我们的知性，就不可能确信这种给予的杂多容易受到其概念安排的影响。

在《纯粹理性批判》中，康德不得不多次谈到我们推理的这些意蕴，并且在这一节中，我们将把注意力集中于其中的三个意蕴。第一，虽然一种推理的理智可能确信，这种被给予的杂多容易受到其概念安排的影响，它必须预先假定，这是其有用的一个条件。如康德表达的这点，一种推理的知性必须预先假定，自然承认体系性的统一。第二，预先假定体系性的统一，对于康德来说，实际上就是要假定自然是合目的性的。第三，要预先假定自然是合目的性的，就是要把自然想象成为好像它是一个“智慧的和全知全能的世界创造者的”创造物（CPR A 697/B 725）。

在第一批判的“先验辩证论”的附录中，康德通过还原的方式论证了这些观点。一开始，他就要求我们思考，如果我们假设，被给予的感性直观的这些特殊不易受到我们概念规定的影响，那么我们知性的模式会有什么后果。设想他追问，在巨大差异的各种现象中，我们假定“许多不同的力量就造成很多不同的后果”吗（CPR A 648/B 676）？换句话说，设想我们假定，在经验中发生的每一事情都是被一个唯一的力量所引起的吗？那么，我们如何可能产生对自然现象之活动的经验概括呢？缺少了进行概括的必要条件，我们如何可能假设或者探究自然的运行呢？

康德指出，如果我们在杂多的现象中揭示某种相似性，如果我们把现象划分为属和种，那么，我们只能产生经验性的概括或法则。因此，我们谈及自然现象的活动必然被一个“逻辑公理”所指导：这个公理即“我们应该尽可能地还原这个似是而非的多样性，通过把［这种现象］与另一种现象相比较，而探究它们背后的同一性”（CPR A 649/B 677）。康德继续道，这个“理性的逻辑原则”要求我们“尽可能彻底地实现这样的统一”。为了实现这个统一，我们寻求根据一系列的“比较意义上的”根本性的力量来解释自然现象。最终，我们把这些力量归入到这种理念之下，即“一种 25
单一的绝对的根本性力量”。[1] 通过我们的逻辑公理的指导，我们寻求揭示，我们的知识不仅仅是一种“偶然的累积，而是根据必然法则的一种相互关联的*体系*”（补充强调）。在依赖这个理念即自然的体系被根本性的力量所支配时，我们实际上也依赖于康德所描述的这种理念，即“知识整体的形式——整体是先于这种确定的部分知识，以及包含这些条件，即先天地规定每一个部分的地位以及它与其他部分之间的关系”（CPR A 645/B 673）。[2]

康德继续辩护，虽然我们不可能知道，这样的比较意义上的根本性力量和绝对的根本性力量实际上存在与否，但是我们知道以及必须预先假定他们存在（CPR A 649/B 678）。在寻求把特殊的诸规则归入其下的普遍性原则时，按照康德的话，我们“预先假定”，

---

[1] 在这个释义中，康德提供了下述的例子来阐述，这种要求我们把多样性还原为同一性的逻辑公理如何指导我们认知。我要求我们去思考这种方式，以此方式，我们对我们的各种不同的精神意向进行分类。乍看起来，他解释的是，我们可能被引诱去追寻“感觉、意识、想象、记忆、才智、辨别力、欲望、嗜好，等等”。每一种都可溯源到一种不同的原因。然而，在我们的逻辑公理指导下，我们判断，这些不同的现象实际上是这些相同的根本性力量（康德意指，能力，也许是“知性和理性”）的不同表现。我们的逻辑公理敦促我们继而去发现众多的“比较意义上的根本性力量”中的同一性。换句话说，我们要把自然原因的这种多样性还原为某种“单一的彻底的……绝对的根本性力量”（CPR A 649/B 677）。

[2] 康德进而把这种普遍的指导一切经验探究的“逻辑公理”具体化分为三种不同的原则。他在 CPR A 657/B 685 中概述了他对这三个原则的讨论：“因此，理性为知性准备这个领域：（1）通过把杂多的同质性［Gleichartigkeit］原则置于更高的属之下；（2）通过把同质物的多样性的原则置于更低的种之下；以及（3）为了完成这种体系性的统一，一种进一步的法则，即所有概念的亲缘性——这一法则通过逐级增加多样性而规定每一个种向另一个其他种的连续转变。”

“众事物的本性就是为理性的统一提供质料，并且，这种似是而非的无限多样性不会阻碍我们假定，在这个多样性背后，存在着一种根本性属性的统一”（CPR A 652/B 680）。[1] 康德断言，我们必须假定，如果理性不是要“违背自己的职责”，统一本质上是可以发现的：

> 因为有权进行推理的东西，在其逻辑运用中，呼吁我们把自然中展现出来的这种多样性仅仅当作一种伪装的统一，并且尽可能地从一种根本性的力量中获得这个统一——如果可以自由地承认，所有力量都可能是异质的［ungleichartig］，并且承认其获得的这个体系性的统一不可能与自然相一致，理性如何可能做到这个呢？（CPR A 651/B 679）

按照康德的说法，因此，要求我们寻求体系性的统一的这个逻辑公理预先假定，一条“*先验的原则*……借此，这种体系性的统一先天地被假定为*必然内在于诸对象本身*［als den Objeckten selbst anhängend］”（CPR A 650f./B 678f.，补充强调）。要避免违背理
26 性的职责，我们被要求不去寻求体系性的统一。我们必须再另外假定，自然是承认体系化的。我们必须假定，“诸原则上的简化不仅仅是理性的一种简洁要求，而且是自然的一条内在法则”（CPR A 650/B 678）。[2]

下面，我们将更仔细地考察康德辩护的这个先验原则的地位

［1］他写道：“每个人都预先假定，理性的这种统一符合于其自身的本性。”（CPR A 653/B 681）

［2］康德的德文是，我们预先假定，诸原则的这种简化“nicht bloss ein ökonomischer Grundsatz der Vernunft, sondern inneres Gesetz der Natur”。这里，我没有用盖耶（Guyer）和伍德（Wood）1998 年版本的翻译，这个版本把“inneres Gesetz der Natur”表达为“其［如理性的］自然的一条内在法则”。虽然康德在这里写到的这个诸原则的简化实际上是对理性的需求或者是理性的法则，他在这个文本中的意思是强调这个事实，即这个原则是先验的。同样，我们假定的东西是，这个统一不仅仅是理性的一条原则，而且也存在于自然之中。（再参见，CPR A 650f./B 678f.。）

（“客观性、有效性”）。然而，在此之前，我们应该注意，按照他的观念，体系性的统一这个理念是必然的，不是简单地为了确保经验概括或法则的可能性。“先验辩证论”部分的附录包括了这些段落，康德在这些段落中也表明，我们必须预先假定体系性的统一甚至是形成经验性概念可能性的一个条件。他写到，“缺少了同质性，经验概念就是不可能的，并且，因此经验就是不可能的”（CPR A 654/B 682）。再者：

> 如果在这些呈现自己予我们的诸现象之间存在如此众多的多样性，以至于即使最敏锐的人类知性决不可能通过比较它们而觉察出最细微的相似性……*我甚至不应该有种的概念，或者实际上，不具有任何其他的普遍概念*，并且不得不独自处理这些概念的知性本身也不会存在。（CPR A 653f./B 681f.，补充强调）

如果我们考虑了康德在“先验感性论”部分中如何定义“概念”，我们可以在这个段落中重新建构他的推理。“每一个概念”，他在 CPR A 25/B 40 中写道：“必须被认为是一种表象，它被包含在无限量的各种可能的表象中（作为它们的共同标准［Merkmal］），并且因此［作为一种表象］把这些涵盖在自身之下。”根据这个解说，一个概念因此是一种“共同的标准”，它被“无限量”的诸多表象所共享，这些表象都被归入其下。如我们已经看到的，康德指出，可能没有这样的归类，除非我们首先把诸多现象划分为种和属，除非我们在给予的多样性中发现了相似性。我们必须在这些现象中寻求把多样归入其下的统一，那么我们必须运用这种“逻辑公理”，“它要求，我们尽可能地还原［这些］［现象］中的似是而非的多样性，通过比较各种不同的现象而觉察它们背后的同一性”（CPR A 649/B 677）。进一步而言，我们必须预先假定，这样的同一性或者统一性在自然本身中是可以发现的。再者，康德对逻辑公理和先验公理这两者的不可或缺的作用的论证不仅仅是指，每一个都是经验概括或者法则的必要条件，如他在上文的段落中所说的，如果我们没有在现象的多样中发现相似性，我们可能根本就没有属的概念。

现在，更仔细地考察康德赋予这两条公理的认识论地位：我
27 们在自然中寻求秩序的这种“逻辑”公理和要求我们把这样的秩序当作在自然中被奠基的先验公理，这两者都是“主观的原则”，因为它们都源自“理性的兴趣”，而不是源自自然本身的建构。根据他的说法，这两个公理“远远超出了经验或者观察可能证明［gleichkommen］的东西”（CPR A 668/B 696）。但是，虽然关于它们的起源（作为理性的原则）是“主观的”，尽管如此，他说，这两个公理仍然有“某种［einige］客观有效性”（CPR A 664/B 692）。如所证明的，康德赋予这些公理以客观有效性与他称其“调节性的”功能的必然性有关。如与纯粹理性的所有原则的情形相同，综合统一的这个原则在先天地规定“运用上的完全统一”时（CPR A 665/B 693）调节着知性的能力。康德主张，这个原则是“客观的”，因为它表明了“知性经验的和确定的运用这个过程可能与其自身完全和谐一致”（CPR A 665f./B 693f.）。康德在下面的段落中最明确地把综合统一原则的这种客观有效性与其必要的调节作用结合起来：

> 要求我们寻求这个统一的理性法则，是一条必然的法则，因为没有它，我们就根本没有理性，并且，没有理性，就没有执行的连贯运用，以及缺少这个，就没有经验真理的充分标准［Merkmal］。为了确保后者，因此我们必须预先假定自然的综合统一是客观有效的和必然的。（CPR A 651/B 680）

如康德在这里写到的，综合统一的这个法则或者原则是理性“运用”的一个必要条件。没有它，“我们可能根本就没有理性”。我们可能就“根本没有理性”，也许是因为它就是理性的任务，根据康德的观念，它的任务就是统一知性的这些运思。如我们在之前

所看到的，理性统一知性的这些概念是要确保，知性的知识不只是“偶然的累积”，而是“根据必然法则而关联的体系”（CPR A 645/B 674）。不预先假定自然的统一，不把现象划分为属和种，我们可能既形成不了经验的法则，甚至也形成不了经验的概念。按照康德的话，因此我们就不可能“连贯地运用知性”，以及因此“经验的真理就没有充分的标准”。

根据康德的解说，虽然客观有效性是我们认知自然的不可或缺的条件，纯粹理性的诸原则不同于纯粹知性的诸原则，它“从来不允许任何构成性的运用”（CPR A 644/B 672）。他主张，它们的功能限于调节性的功能，即“把知性导向一个确定的目标”以及“确保其最大可能的扩展”（CPR A 644/B 672）。假如康德坚持纯粹知性的诸原则和纯粹理性的诸原则都是经验的客观有效的诸条件，那么，在何种意义上，前者是“构成性的”而后者不是呢？

要回答这个问题，我们首先需要回顾康德赋予纯粹知性诸原则的地位。他把这些原则分类为经验得以可能的“先验的”和“先天 28
的”法则（例如，在 CPR A 148/B 188）。他告诉我们，这些原则是纯粹概念或者范畴应用于“现象”上的（也就是说，应用到空间和时间中被给予的对象上）。例如，康德所指出的作为“第二类比”的纯粹知性的这个原则表现出了这种因果性范畴在诸现象上的应用。第二类比指定了一个先天的规则以支配现象的时间序列。根据康德，只要我们判断我们知觉的连续序列是必然的或者是不可取消的（也就是说，只要我们判断我们知觉的对象是一个事件），我们就把这个因果性的范畴应用到了现象上。那么，第二类比就是这个规则，即它表现了因果性范畴的经验运用。没有它，我们不可能判断有关自然的这种因果关联性。我们不可能经验性地概括经验对象的这些属性或者行为。我们不可能形成经验性的概念，例如动力的概念。

那么，纯粹知性的原则与纯粹理性的原则一样都是我们经验形成的不可或缺的诸条件。但是，知性的原则是构成性的，而纯粹理性的原则不是构成性的，因为知性的先天规则针对的对象是现象（在空间和时间中被给予的对象）。因此，我们有权谈谈知性的原则，它们可以在经验直观中被例证或者表现出来。回到我们刚刚回顾的例子中，第二类比以下述方式在经验中被例证，当我们判断一系列的现象是一事件时，我们就能在因果性范畴应用的经验直观中获得实例。

另一方面，按照康德的观点，纯粹理性的原则“对于经验性概念，从来都不是构成性的”（CPR A 664/B 692）。它们与现象没有直接的关系，更确切地说，它们掌握着知性本身的能力（CPR A 644/B 672）。像知性的原则，它们也是经验不可或缺的条件，没有它们，我们可能没有“经验真理的充分标准”。[1] 尽管如此，纯粹理性的诸原则不可能有合法的经验运用。因为它们表现出的是体系性统一的理念以及一切知性行为的完整性，它们指向的对象可能从来不会在知觉中遇到（对象，例如经验的总和，或者经验的目的或者不受限制的和最终的原因）。纯粹理性的诸原则“对于经验性概念从来都不是构成性的”，那么，因为它们的对象可能不在直观中表现出来。[2] 如康德所提出的，“与它们相符合的感性的图式不可能被给予”（CPR A 664/B 693）。[3]

29 我们也必须考虑，康德发现的体系性统一的原则和自然的合目

[1] 体系性的统一的这个原则，虽然是调节性的，但是它是经验探究的一种不可或缺的条件，这一点被亨利·阿利森在他的论文“Is Kant's Critique of Judgment 'Post-Critical'?”（载 *The Reception of Kant's Critical Philosophy*, 82）中强调。

[2] 康德在 CPR A 671/B 699 中告诉我们，纯粹理性的理念，包括体系性的统一的这个理念，都是“启发式的”概念，而不是“例证式的”概念。这些理念并不支配经验直观中对象的构成。事实上，它们的对象根本不出现在经验直观中。纯粹理性的诸理念是启发式的，因为它们指导知性能力获得其概念的彻底统一。

[3] 对于清楚阐明康德区分纯粹知性的构成性原则（和范畴）和理性的调节性理念和原则的研究，参见迈克尔·弗里德曼（Michael Friedman）的论文“Regulative and Constitutive,” *Southern Journal of Philosophy* XXX (The Spindel Conference 1991 Supplement), (1991), 73—102。

的性理念之间的关联。我们没有回顾过他做出这种断言的根据，即作为体系性统一的自然的这种理念要求我们假定至高的存在者的理念。康德对这些主题的讨论在《判断力批判》中得到更加充分的发展，但是在第一批判中，他只提供了推理的初步提示。

一个很好的出发点就是"先验辩证论"篇名下的"人类理性自然辩证法的最终目的"章节的部分段落。在那里，康德写到：

> 理性的这种思辨兴趣就是使得它必然把所有的世界序列当作好像它已经起源于一个至高理性的目的。（CPR A 686/B 714）

在之前的论述中，康德提醒我们，体系性的统一的这个原则是调节性的，而不是构成性的。然后他继续坚持，"理性不可能认为这个体系性的统一同时期望给予这个统一的理念一个对象"——他继续，一个对象"不可能通过［durch］经验被给予"（CPR A 681/B 709）。这个对象，我们因之而被"约束"［genötigt］以假定与一系列现象的统一相关联，后面几页中，康德告诉我们，它就是"上帝"（CPR A 677/B 705，A 686/B 714）。他写到，理性命令，

> 世界上的所有联系都被看成与体系性的统一的这些原则相一致——好像所有这些联系的根源在于一个单一的无所不包的存在者，作为至高的和全能的原因。

如他之前在这个部分表达的这个观点，"世界上的事物必须被看成，好像它们从一个最高的理智获得它们的实存"（CPR A 671/B 699）。

那么，在把自然思考为一种体系性的统一时，我们实际上是把它思考为合目的地安排的或者思考为"诸种智慧目的的结果"（CPR A 687/B 715）。要把自然思考为合目的的安排，就要假定"世界上的事物"，"从一个最高的理智获得它们的实存"。以这个方式，自然作为一个体系性的统一的理念就意指，一个"世界的创造者"，它对这个统一负最终的责任（CPR A 687/B 715）。

三 《判断力批判》中体系性的统一、合目的性以及至高的存在者

在《判断力批判》中，康德对这些主题的讨论基本上是以相同的步骤进行的。他通过溯源推理的知性的诸特征而开始讨论体系性统一
30 的这个调节性理念的必要作用。而后，他辩护，要把自然思考为一种体系性的统一，实际上就是要把它思考为合目的的和根据一个“原初知性”或者“世界的原因”的智慧意图而被创造的（CJ §77［410］）。这就是一种知性模式，其认知能力远远超出我们自己的。

依次来看看这些要点：在《判断力批判》中，康德再次关注了遵从这个事实的意蕴，即我们的知性是推理性的或者是一种“概念的力量”。如我们看到的，当我们首次考虑第一部分的这些段落时，他重点强调了偶然性，推理的知性必须面对这种偶然性。首先，“在我们的知觉之前［被给予的感性特殊］可能出现的多样方式中，存在着偶然性”（CJ §77［406］）。其次，在我们的概念（或普遍）与感性被给予之间的关系中，存在着偶然性（CJ §77［406］）。后面的这个偶然性遵从这个事实，正如他指出的，对于我们的推理的知性而言，“特殊［das Besondere］不是被普遍所规定，以及因此它不可能单单就源自普遍”（CJ §77［406］）。[1] 如果我们的知性是直观的，那么它就必须直面这两种偶然性。对于这种知性直观而言，只不过，在“根据特殊法则的自然产品与之和谐一致”的方式

［1］亨利·阿利森如下清楚表达了这点：对于我们的推理知性而言，“普遍的原则不足以规定归摄于其下的特殊”。在《康德神学判断力的悖论》（“Kant’s Antinomy of Teleological Judgment,” p. 34.）中，拉尔夫·梅尔伯特以相似的方式清楚阐明了康德的观念。梅尔伯特写道，根据康德的解说，知觉的内容“自身没有同一的诸条件而呈现于我们面前”。另一方面，在《康德先验观念论中的体系性和实在论》（“Systematicity and Realism in Kant’s Transcendental Idealism,” p. 132）中拉尔夫·梅尔伯特写道，概念“推理式地构成一些相似性以作为同一的诸条件，清理了许多其他的特征。所有这些谈论中的相似性和特征都不可根据知觉的参照单独被定义，并且我们的知性彻底简化着知觉方式呈现的东西”。

中，就没有偶然性（CJ §77［406］）。

正是鉴于这两种与认知的推理模式相关联的偶然性，康德进而辩护了公理在调节我们经验探究中的作用。第一批判中的这个“逻辑公理”要求我们寻求自然多样性中的统一性，它在《判断力批判》中的出现是作为支配这一能力的规则，现在，他把这个能力确认为“反思性判断力”。[1] 康德在《判断力批判》的第二导论中提到了反思性判断力，它寻求的是多样性的统一性。在寻求统一时，“它的义务就是把自然中的特殊上升到普遍”（CJ，第二导论，IV［180］）。相应地，反思性判断力“要求一个原则”——一个给予“自身”的“先验的原则”。康德写到，这个原则，即“人类按照特 31
殊的（经验的）自然法则洞见到的偶然性的东西仍然包含着……一个法则支配的统一”（CJ，第二导论，V［183f.］）。反思性判断力必须假定，“自然多样性中的特殊必须（通过概念和法则）与普遍和谐一致”，他告诉我们，“以至于特殊能够被归入普遍之下”（CJ §77［406f.］）。没有这个和谐的假设，“我们的经验认知不可能与整体经验的形式完全一致”（CJ，第二导论，V［183］）。

本质上而言，康德在这些段落中的推理再现了第一批判中的相应讨论。如果我们没有把自然的现象划分为属和种，我们可能

［1］康德赋予反思性判断力这种作用，即把被给予的感性特殊的多样性还原为同一性，以及寻求把种的多样性归入某种一般的概念或者普遍的概念。“如果……特殊被给予，并且判断力必须为它找到普遍，那么，这个力量就只能是反思性的［reflektierend］”（CJ，第二导论，IV［179］）。在寻求某种把被给予的杂多归入其下的普遍时，反思性判断力寻求把特殊的诸原则或法则统一到更普遍的原则之下。其作用相反于“规范性［bestimmende］判断力的作用”，根据康德的解说，它是“归摄性的［subsumierend］”。规范性判断力开始于某种普遍（某种先天的规则、法则或者原则），并且把特殊归入其下（CJ，第二版导论，IV［179］）。例如，规范性判断力把所有自然的对象都归入纯粹知性的原则之下。所有自然的对象必须遵从（被归摄于）这个法则，例如，“一切事情都有原因”（CJ，第二导论，V［183f.］）。

形成不了经验的概念，也形成不了经验的法则或者概括。[1]那么，我们需要预先假定，自然认可这样的划分，它在其特殊的规则内有确定的秩序，因此就是一个体系性的统一(CJ，第二导论，V［184］)。凭借一条“先验的原则”，我们假定，“自然与我们认知能力相和谐”，因为，“没有预先假定这个和谐，我们根据经验的法则可能就没有自然的秩序，因此就不能指导我们在经验中使用那些法则以及探究自然的多样性”(CJ，第二导论，V［185］)。康德进一步辩护道，要假定“自然多样性的特殊必须……和谐于普遍”，就要“根据我们认知能力的一条合目的性原则……思考自然”(CJ，第二导论，V［184］)。按照康德的观点，正是凭借这个先验的合目的性原则和“建基于”它的更具体的公理，一种自然的可认知的秩序根据［经验的］法则就是可能的（CJ，第二导论，V［185］)。

> 一条像这样的原则在下述命题中表现出来：(在自然中）有一个我们可以理解的属和种的次级秩序，每一个属……通过一条共同的原则而通向每一个其他的属，以致从一个种过渡到另一个种是可能的，因此，从一个种过渡到一个更高的种是可能的。虽然，最初，它似乎要求我们的知性不可避免的假定，每一个具体的差异在自然的结果中就是许多种类的因果性，然而，这些结果可能属于少量的原则。(CJ，第二导论，V［185］)

如同第一批判，康德在《判断力批判》中也坚持认为，合目的性的这个原则是一条“判断力的主观性原则（公理）”(CJ，第二导论，V［184］)。这个原则对于任何知性的推理形式都是必要的，

[1] 至于清楚讨论康德解说的反思性判断力在经验概念形成中的作用，参见 Hannah Ginsborg, “Reflective Judgment and Taste,” *Noûs* XXIV, no. 1 (1990), 65—7; Henry Allison, “Is Kant's *Critique of Judgment* ‘Post-Critical’?,” 83—6; Rachel Zuckert, *Kant on Beauty and Biology* (Cambridge, UK: Cambridge University Press, 2007), 第二章；以及 Paul Guyer, “Reason and Reflective Judgment: Kant on the Significance of Systematicity,” *Noûs* XXIV, no. 1 (1990), 17—43。

但是我们没有办法知道，它也对其他的认知形式有效。因此，我们就没有理由假定，这个原则“附属于客体，而不仅仅是作为主体的我们自己”(CJ §75 [399])。根据康德，自然中的目的，“不是客体给予我们的：我们实际上无法在自然中观察到目的……但是我们只是在我们的思想中补充这个概念”(CJ §75 [399])。因此，这个 32
合目的性的原则就是这样一条原则，反思性判断力不是用它规定自然，康德说，而是规定自身 (CJ，第二导论，V [185])。正是一条启发式原则的具体化，自然无论如何都可以根据其普遍法则而被安排，对其经验法则的任何探究应该遵从这个合目的性的原则和建立在它基础上的这些公理，因为仅仅在这个原则应用的程度上，我们能够在使用我们的知性于经验时取得进步，以及获得“认知”(CJ，第二导论，V [186])。

根据康德的解说，虽然理性的一条原则是“主观的”，但是合目的性的这个原则同时也是“客观的”。他在第二导论的这些段落中谈到，它“既是客观的又是偶然的 [zugleich objektiv und zufällig] ”(CJ，第二导论，V [185])。合目的性的这个原则对于我们正审视的诸理由是偶然的：我们最多能够阐明其条件的必然性，也就是说，它对于推理知性的必然性，例如我们的推理知性。我们没有理由假定它对其他认知形式的有效性。虽然如此，康德坚持，这个原则是客观的——并且他在第一批判中提供了相同的理由。与所有的纯粹理性的这些原则相同，这个合目的性原则对我们的知性推理形式来说是经验探究的不可或缺的条件。如果我们不预先假定，自然是合目的的，换句话说，如果我们不假定，被给予的感性特殊与我们的认知能力相和谐，“我们根据经验的法则就没有自然的秩序，以及因此就不能在经验中指导使用这些法则和在自然的多样性中指导探究自然”(CJ，第二导论，V [185])。

最终，康德断言，如果我们“思考它，以及同样思考世界，把它作为理智原因（上帝）的一个产物”，我们才可能使得这个合目的性的理念成为我们“可以理解的”（CJ §75［400］）。他继续辩护道，要把自然思考为一个理智原因的一个产物，就要把它思考为，它似乎是被一个知性的形式所创造的，这一形式不受我们自己的局限性所束缚。[1] 按照他的说来话，这个知性就是这样一种知性，对它来说，因此“在自然的产物根据特殊的法则与它相和谐的过程中”，没有偶然性（CJ §77［406］）。

在《判断力批判》的这些段落中，康德清晰地把他所认识到的知性形式确认为理智直观的形式。对于理智直观而言，在其特殊的法则和自然产物之间的关系中没有偶然性，因为这个理智直观，如我们所知道的，它是一种“完全独立于感性的”认知形式（CJ §77［406］）。因为感性直观对它来说“消失了”，它不需要思想的功能（概念）（CJ §76［402］）。它不是凭借概念“分析的普遍”来认知，更确切地说，而是从“综合性地普遍（作为整体的这种整体之
33 直观）到特殊”而认知的。对于这个知性的形式（康德有时候也把它当作“原初的理智”或者“原初的知性”，它是“世界的原因”）（CJ §77［410］）而言，“诸部分得以可能，按其特征和结合，得依赖于整体”（CJ §77［407］）。[2]

---

［1］“自然合目的的理念的这个显著特征关注的是我们（人类）知性的特性，这个知性与判断力及其对自然事物的反思有关。但是，如果真的如此，那么，我们这里必须预先假定这个理念，即可能有某种知性不同于我们人类的知性。”（CJ §77［405］）

［2］一并考虑的话，这些段落似乎再次意指，康德确认了这个理智直观和神圣的知性或者“世界的原因”。然而，根据他自己的解说，一个直观的或非推理的理智是一种产生其自己的对象或者直观的理智。这个定义并不是指他认可这个观点，即这种理智直观的这些直观必须是等同一个神圣心灵的诸多直观。因此，一种知性直观可能有其他的模型与康德自己定义的这个“原初的”而非“依赖性的”知性模式相符合。

四　推理之为拯救形而上学之关键

自然的这些理念有一种体系性的统一、合目的性以及一种“理智原因”的产物——根据康德的分类体系，这些是“理性的所有理念”。同样，它们的对象在经验领域不可能被发现，并且，因此可能从来都不会被我们认识。虽然，我们有理由期待在经验中发现，对于自然中发生的一切、某种在前的因果条件或者一系列条件而言，经验可能绝不会证明这个判断，即自然的这些对象是“有意地被产生的或者作为目的而被产生的”（CJ §77［405］）。经验也不可能确证我们对一个“理智原因”或者“全能的自然创造者”之存在的信念。

如我们已经看到的，尽管如此，康德在第一批判和第三批判中都坚持，即使理性的诸理念“远远超越了经验或者观察可能证实的东西”，但是它们是客观有效的（CPR A 668/B 696）。它们的客观性源自它们的作用，对于我们的知性形式而言，它们是经验探究的必要条件。我们别无选择，只能假定，自然是一个体系性的统一，并且其部分被支配，不是被盲目的机械力，而是被合目的的因果性所支配。正是由于“理性的命令”，“世界上的一切联系都被看成与体系性的统一的这些原则相一致”，进而，我们没有别的选择，只能假定世界上的一切联系被看成，“似乎［它］的起源在于一个单一的无所不包的存在者，作为至高的和完满的原因”（CPR A 686/B 714）。

那么，康德的理性诸理念的这种客观有效性，源自它们是经验探究不可或缺的条件。在第二节和第三节中，我们已看到，根据他的观点，我们必须依赖这个理念，因为我们的知性是推理的，并且同样，它依赖于在认知中被一种独立被给予的感性事物或内容所激发。如果我们的知性是直观的，以致它可能从其认知能力（出于综合的普遍或者整体）产生其对象，那么我们就根本不需要理性的诸理念。我们不需要它们，因为，对我而言，在我们的表象和它们对象之间的关系中没有偶然性存在。如康德在《判断力批判》中辩护的，如果我们的知性是直观的，我们实际上将把自然经验为必然与我们的认知能力相和谐。我们甚至都没有目的的概念（CJ §77［407］）。[1]

34 我们对这点的讨论应该足以解释康德在我们的推理事实和他赋予理性理念的具体作用之间建立的这种联系。再者，这个核心的点在此：我们推理的结果正是，我们不得不把自然思考为合目的性地被安排的和知性的神圣形式或者直观的形式的产物。然后，重点要提到的是，人类认知的具体特征和理性理念的作用之间的这个联系仅仅开始于，揭露康德批判哲学的这种推理性论点的意义。因为他也辩护，如果我们无法承认我们的推理这个事实，那么，就会导致不可解决的冲突或者“二律背反”——这些冲突威胁着理性的职责，以及因此威胁着形而上学的可能性。那么，我们的推理这个事实在康德所告诉我们的东西中就起到了根本性的作用，康德在第一批判的序言中告诉我们，它的初步目标是：解决理性的这些二律背反，以及在此过程中“拯救”形而上学。

在这个部分，我们将简略地看看第一批判和第三批判中二律背反的具体例子，并且思考康德解决它们的策略。这将让我们进一步强调这个推理性论点对于他的整个批判理论的意义。然而，在我们回顾这个特殊的例子之前，概述下他的处理方式的一般样式将是有益的。

康德主张，理性的二律背反产生于我们过高地估计了我们的认知能力。也就是说，当我们错误地假定，不是在空间和时间中被给

[1] 这点被曼弗雷德·鲍姆在他的论文中强调了，参见：“Kants Prinzip der Zweckmäβigkeit und Hegels Realisierung des Begriffs,” 载于 *Hegel Und Die “Kritik Der Urteilskraft,”* ed. Hans-Friedrich Fulda and Rolf-Peter Horstmann (Stuttgart: Klett-Cotta, 1990), 168, 以及“Metaphysik und Kritik in Kants theoretischer Philosophie,” 30。

予的对象的诸概念指的是我们可能认识的对象，那二律背反就出现了。在犯这个错误之时，我们实际上就把知性的一种直观形式的认知能力归属于我们自己，我们认为自己有权从仅仅我的对象的表象就推出对象的真正可能性。康德辩护道，纠正这个错误就是要承认我们理论知识的限制，我们的理论知识遵从这个事实，即我们的知性是推理的，而不是直观的。

我们已经回顾了康德所描述的一部分限制的特征。我们知道，因为我们的知性是推理的，我们就不能仅仅通过践行我们的认知能力就有能力产生对象。不像知性的直观形式那样，我们不得不依赖一种独立被给予的感性内容，并且把这种内容归于概念之下。进而，我们知道，我们必须作为经验探究可能性的一个条件而预先假定，被给予的感性特殊物与我们的概念安排相和谐或者容易受到我们的概念安排的影响。换句话说，我们必须假定自然是合目的的。

但是，康德把一个更深层的特征与我们的认知形式联系起来，而我们还没有直接考虑过这个特征。他在第一批判的“先验感性论”部分辩护了这个特征。此外，事实上，我们的知性是推理的，它必须在认知自然时依赖独立被给予的感性内容，进一步的情形就是，感觉中被给予我们的东西必须以一种确定的方式被给予。它必须通过我们的先天的“直观的形式”，即空间和时间，呈现给我们。换句话来说，康德论证以支持对我们如何被感性地激发进行必然地限制。他主张，如果感觉上被给予的东西对于我们来说是一 35
种理论知识的可能对象，那么，它必定受到我们空间和时间的直观形式的限制。那么，理论知识的这些对象对我们来说被限制到在空间和时间中被给予的东西上（康德称之为“现象”）的这个意蕴就遵从我们认知形式的这两个特征。第一，遵从这个事实，即我们必须依赖于独立被给予的感性内容。第二，遵从这个事实，即感性内容必须通过我们的先天直观形式给予我们。一并来看，这两个特征造就了康德“先验的”观念论的核心论点（有时指的是他的“限制论点”)：对于我们的知性形式而言，理论知识被限制到“现象”上。[1] 我能够认识的仅仅是在空间和时间中显现于我们的东西，我们不可能认识到，当我们把先天的直观形式抽象出来时，还剩下什么。也就是说，我们不可能认识到，康德称之为“自在之物”的东西。

毫无疑问，在现象和自在之物之间区分的这个解说中，在人类经验领域范围内可发现的对象和超越这个领域的对象之间的区分的这个解说中，康德意识到的知性模式的逻辑可能性不同于我们自己的认知。一方面，他坚持我们知识形式的这些界线。另一方面这个限制引起人们对知性的可能性的揣测，这一知性不同于我们自己的，它根本不需要依赖感性的激发。[2] 一种非推理的或者直观模式的知性能够认识对象，对于我们来说，这些对象仅仅是可认识的或者逻辑上可能的。从不同的地方来看这点，在划出人类知识的界线时，康德从两个不同的观点对对象进行思考：从人类知性和知识的立场，以及从对我们仅仅是可思考的但能够被一种非推理的或者直观的知性所认识的东西这个立场。在第一批判和第三批判中，关于两种不同的看待对象的立场为他的坚持提供了基础，他坚持，我们得记住我们可能在经验中照面的对象与超越我们可能经验的界线的对象之间的差异。同样，存在着这种区分，即具有一种构成性运用的概念或原则与仅仅是调节性的理念或原则之间的区分。

[1] 在“先验感性论”第 1 节，康德把现象［Erscheinung］定义为“经验直观的未被规定的对象”。康德在感性论中的目标就是要展现对象以感性直观的方式被给予我们的先天条件。现象给予我们必须通过我们先天的直观形式，即空间和时间。在这个语境中，它们缺少规定性指的是，康德在提供这些条件时也没有介绍范畴的作用，没有这些条件，现象不可能成为思想的对象。

[2] 另外，康德认为有这种可能性，即，可能有这样的存在者，它们的认知模式是推理的，以及因此和我们一样依赖于感性直观，但是它们的感性直观形式是不同于我们的形式。康德写道，尽管可能如此，一切有限的思维存在者凭借着同我们相同的直观形式而直观着，“我们没有办法判断这是否是真实的情形”（CPR B 72）。

现在，转向康德在《纯粹理性批判》中处理的二律背反， 36
他在第二版序言中告诉我们，如果形而上学要走上“科学的可靠道路”以及不仅仅是“胡乱摸索”，纯粹理性的批判就是必要的（CPR B vii，xv，xxx）。他主张，形而上学现在（以及一直都是）处于危机的状态中，完全是因为上文提及的问题：哲学家们失败于为知识划分恰当的界线，在经验主义和理性主义传统中也同样如此，他们无法从不可被认识的对象中区分出可能被我们的知性形式所认识的对象。根据他的观点，正是这个失败导致了这些二律背反，它们威胁着理性的运用以及把形而上学还原为“胡乱摸索”。康德宣称，他不仅仅发现了这些错误导致的冲突，而且也发现了纠正它们的手段。事实上，他告诉我们，他的特殊的观念论形式即先验观念论，独一无二地适合从他指出的“怀疑主义的绝境”或者纯粹理性的“安乐死”中拯救哲学（CPR A 407/B 434）。

康德辩护道，当我们思考理性的诸理念是构成性的而不仅仅是调节性的——当我们把它们当成是“真实事物的诸概念”时——它们就“在它们的应用中成为超越的，以及正因此，理性可能是虚妄的或者是辩证的”（CPR A 643f./B 671f.）。如康德所说（CPR A 670/B 698），当被认为是真实事物的诸概念时，我们假定理性的诸理念所指的对象是“绝对的”[schlechthin]，而不是“在理念中的[in der Idee]”。康德争论道，这个错误直接导致了这些冲突或者二律背反，它们混淆了纯粹理性以及威胁着瘫痪纯粹理性的运用。

如果我们回想第一批判中的也许是最为常见的二律背反的例子，我们能够更好地领悟康德关注的这个威胁：自由和自然必然性论题之间的这个冲突。这个二律背反的论题表达了对一种特殊的因果性形式即自由因果性的认可。这个论题主张，自然本身（现象的诸系列）必须有一个最初的开端或者“绝对的自发性”，“按照必然性法则，其自身不被另一个在先的原因规定”（CPR A 446/B 474）。相反，反题断言，“世界上的每一个事物都是按照自然法则而发生”，并且“没有自由”存在（CPR A 445/B 473）。因为这两个论题是相反的，两者都不正确。两者也都不能根据自己的条件来考虑，都不能被阐明是错误的。康德推理，尽管如此，一旦我们意识到，这个冲突的每一方都依赖于一个“幻象”，这个二律背反就可以得到解决（也就是说，消失了）。根据他的解说，每一方都认可“辩证的幻象”，因为每一方都认为占有了一个对象的知识，而这一对象可能在经验中从来没有被给予。一旦我们承认了这个幻象，他说，我们可以自信地得出结论，这个二律背反的每一方都是“虚假的理性”或者是荒谬的。

这个辩证的幻象在主张自由的这方面最为明显。在那里，理性的对象（一种因果性的形式，它是“自发的”或者其本身不是在时间中被给予的）很显然不是任何经验或者观察可以发现的东西。然而，康德坚持认为，自然必然性这个方面同样是幻象的。因为它意图要认识的内容，并不是自然中发生的每件事情都必定有一个在先
37 的因果条件，而是自然本身——作为一个整体的系列现象——也是有原因的。在假定自然作为一个整体可能是人类知识的一个对象时，自然必然性的立场，等同于自由的立场，它也假定一个对象的实存超越了人类的经验的这些界线。因此，二律背反的这两方面都混淆了，康德所说的，仅仅是“理念中”的一个对象和一个被认为是“绝对的”对象。否则，情形就是这样，两个方面都把充其量仅仅是调节性使用的理念当作构成性的理念。

这里我们不应该无视，康德提出的这个解决方案以两种不同的方式依赖于我们所观察的对象：一方面，能够在经验中被发现或者被例证；另一方面，超越经验的领域。他在第二版《纯粹理性批判》序言的下述脚注中赞美了这个解决方案的诸多优点：

> 现在，在检验纯粹理性的诸原理时，尤其是，当它们冒险超出可能经验的一切界限时，就不可能（像在自然科学中那样）对理性的对象做出任何实验：因此，对于我们先天假定的

> 那些概念和原理所能做的只是，把它们如此这般地加以安排，使我们能够从两个不同的方面来看待这些对象，即一方面看作对经验而言的感官和知性的对象，但另一方面却又看作仅仅是我们思想的对象，它充其量是对于鼓励的、推进到超出经验界限之外的理性而言的。既然现在的情况是，如果我们从这种双重的观点来考察事物，就会和纯粹理性的原则相一致，但从单方面的观点看就会产生理性与自身的不可避免的冲突，那么这个实验就判定了那种区分是正确的。（CPR Bxviiif.［注释］）

这里，如康德告诉我们的，从两种不同的立场来看这些相同对象的一个优点就是，它解决了理性的这些冲突。一旦我们意识到，二律背反的两个方面都不指向感性的对象，而是超出我们知识界限的对象，这些冲突就被揭示出要依赖一种幻象，因此冲突就消失了。

当然，这两个立场的策略没有先验观念论的核心要义就是不可能的：人类的知识以现象为界限。划出人类知识的界限具有“消极的”益处，康德说，即揭露出这些二律背反仅仅是虚假理性的论证：每一方都主张超出了我们可能经验对象的知识。但是，划出人类知识的界限也具有“积极的”益处，根据他的解说，即合法化了诸理念恰当地被确认为具有一种必然的调节性的使用（CPR B xxivff.）。关于理性的这些理念，我们之前已经回顾了，因此康德相信，那么他有权辩护，不仅仅我们“受束缚”而假定一种（不可认识的）“自我存在的理性”，“通过它，最大的和谐和统一的理念就是宇宙的原因”，而且，对于我们来说，这么做是合法的（CPR A 677/B 705f.）。我们得牢牢记住的合法事实就是，这个理性的存在者（Vernunftwesen）仅仅是一个理念，它不能被假定为某个绝 38
对实在的和自在存在的事物，而是尚有疑问的推测的东西……以致我们可能把感性世界的一切事物之间的联系看成好像它们在如此这般的存在者中有了根据。因此，在这进程中，我们唯一的目的就是

要确保体系性的统一是理性所不可或缺的。（CPR A 681/B 709）

同样，康德告诉我们，我们有理由断言，自然是合目的地被安排的。如果我们理解这个理念指的是“在理念中”实在的东西，而不是“绝对的”，我们不需要担忧做出下述主张时自相矛盾，即一方面主张自然唯一可发现的原因是盲目的机械力，而另一方面主张我们别无选择，只能把自然思考为合目的地安排。

如在第一批判中那样，康德在《判断力批判》中寻求了相同的路径予以辩护，我们把自然思考为合目的的这个必然性，即使如他一而再地提醒我们，经验可能从来都无法证明我们所做的。在 CJ §§70—78 中，他最大程度地讨论了他在第一批判的“人类理性的自然辩证法的最终目的”的部分提出的问题中的其中一个。这一问题就是，我们如何调和下述两个事实？即我们必须作为经验探究的可能性的一个条件而把自然产物思考为有意地被产生的这一事实，以及“自然中的目的不是被对象给予我们的”这一事实。“我们实际上无法把自然中的目的看成是有意的”，康德断言，“而是仅仅把这个概念添加到我们思想中的［自然产物］上”（CJ §75［399］）。如在第一批判中，康德对目的论地思考自然的这种必然性的辩护与下述的警告一同出现：我们不能错误地认为我们的自然理念的情形就是一种合目的性的统一。如果我们认为这个理念指的是一个可以被我们认识的对象，一个我们可能经验到的对象，那么我们就陷入了自我矛盾或者二律背反之中。

康德在 CJ §70［387］中呈现的目的论判断力的这个二律背反，不是理性的两个理念（如在第一批判中）之间的冲突，而是判断力的两个公理之间的冲突。正题的一方是这个公理：“事物的质料和其形式的所有产物仅仅根据机械法则必须被判断为是可能的”。反题的一方是这个公理：“物质自然的某些产物仅仅根据机械法则不可能被判断为是可能的（判断它们要求一条完全不同的因果性法则——也就是说，终极因的法则）”。根据康德的分析，仅当我们没有认知到这些公理都是调节性的，而不是构成性的，这个二律背反才出现。那么，在《判断力批判》中，康德解决二律背反的一般策略本质上而言与《纯粹理性批判》中的策略相同。再者，构成性的和调节性的这个区分才是关键所在——只不过，这里它指的是判断力的运用，而不是理性的运用。并且，正如在第一批判中，康德把他的构成性的 / 调节性的区分建立在其对这个假定的基础上，即人类的经验不可能是经验所具有的唯一形式。

但是，把上文中判断力的两个公理都描述为条件性的，意味着什么呢？这个问题对于正题的公理特别紧迫，因为，为什么我们不应该把构成性的情形赋予要求我们机械地判断自然的这个规则上呢？难道这个公理不正是第一批判的第二类比的原则的另一种表达 39
吗？这一原则说的是我们必须把每一个发生在自然中的事情判断为因果性地被规定的。难道康德事实上不是把这个第二类比确认为一条“在经验方面构成的”原则吗（CPR A 664/B 692）？那么，为什么他在第三批判 §70 中主张，我们应该把目的论判断力的这个二律背反的整体当作仅仅是调节性的呢？

在回答这些问题时，牢牢记住这个关键点，与我们开始所假定的相反，第二类比的原则和目的论判断力的二律背反的正题不是同一的。[1] 目的论判断力的二律背反的这个论题讲述的是，我们必然机械地判断自然。第二类比详述的一个规则是，我们在机械地判断自然时必然地运用这一规则：我们把发生在自然中的每一件事情都当作因果性地被规定的。在断言我们必须机械地判断自然时，目的论判断力的这个二律背反重点强调了这个事实的诸结果，这个事实，即我们的知性是推理的，而不是直观的。正是因为我们的知性是推理的，我们不得不依赖于被给予的感性特殊，并且把它们归入

[1] 亨利 · 阿利森在他的论文中强调了这点，参见 “Kant’s Antinomy of Teleological Judgment.”（《康德的目的论判断力的二律背反》），阿利森的分析非常有助于我这里的讨论。

到概念之下。正是因为我们的知性是推理的，我们进而必须，在我们认知自然时，从部分进展到整体，而不是从综合普遍或整体进展到部分或者特殊。作为推理的，我们的知性因此可能仅仅认知到“自然中实在的整体”，康德说，是“其各个部分的共同动力的结果”（CJ §77［407］）。因此，当他在目的论判断力的二律背反的文本中告诉我们，我们必然根据机械法则判断自然，他的目标就是要关注这个方面，即我们的推理知性相反于理智直观。

当我们无法承认我们机械地判断自然的这个要求是一个仅仅支配我们的认知形式的必然规则时，我们就把这个在目的论判断力的二律背反的文本中正题的公理当作是构成性的，而不是调节性的。在无法承认这个时，我们实际上就是假定了“独断的”机械论者的立场。机械论者假定，一种推理的知性或者人类的知性形式是知性所具有的唯一形式。那么只有这样，我们的公理真正地与反题的这个公理相冲突，因为反题的主张是，机械地解释不足以解释自然中需要解释的一切。这个反题断言，我们也需要根据合目的的因果性来思考自然。

如我们之前所观察的，康德目的论判断力的二律背反的解决方案要求，我们把正题和反题的这些公理都当作调节性的，而不是构成性的。把反题当作仅仅是调节性的就要承认，实际上，我们不可能期望发现或者观察到自然中的终极原因或者目的；就要承认，我们没有更多的理由期望发现自然中的目的，同样，我们也没有更多的理由主张，机械的解释足以解释自然中需要被解释的每一件事
40 情。我们可以以及必须合法地把自然思考为合目的性的，康德辩护道，因为我们的知性形式是推理的。由于它是推理的，我们就不能够从我们自己的认知活动中产生特殊，我们必须依赖一种独立被给予的感性内容。这就是，对于我们的知性形式来说，为什么在被给予的感性特殊和我们的概念之间存在着偶然性。完全是因为我们缺少一种认知的直观形式的能力以从综合普遍或者整体进展到部分或

者特殊，我们必须作为经验探究的可能性的一个条件而依赖作为一个合目的的统一的自然之理念——作为其部分的原因或者根基。

我在这个部分的目标是要把康德坚持的我们认知模式的推理性特征与其批判哲学的主要计划——拯救形而上学的计划——联系起来。他说，他在第一批判的第二版序言中最清楚地指出的这个形而上学"危机"，根源在于哲学家们失败于承认人类知识的界限。如我们已经看到的，康德确信，完全得由这个失败来对这些反常的失败负责任，这些冲突就是纯粹理性的潜在的"安乐死"。他告诉我们，不承认我们知识的界限在于现象，我们就不可能明明白白地掌握这些冲突。我们通过承认下述这两个前提来获得这个关于我们知识的界限的结论：第一，一个前提是，我们推理的理智依赖于一个独立被给予的感性内容。第二，另一个前提是，我们的推理知性如何额外受到先天限制的束缚，这种先天限制约束着哪种感性内容必须如何被给予。要被我们所经验或者认识，这种感性杂多必须通过我们先天的直观形式即空间和时间而显现。

五　结论：黑格尔对康德理智直观的描述

在第一节中，我们回顾的这些段落表明，黑格尔通过康德对知性的直观形式和推理形式的区分而正确地确认了一些特征。按照黑格尔的说法，对于康德的这种推理知性而言，"概念"对于自然来说是偶然的，正如自然对于概念来说也是偶然的（D 164/104）。如我们所看到的，黑格尔在这个段落中提及的就是康德要点的意蕴，这在第三批判 §77 中最明确地被指出，即我们认知的推理模式不能使感性特殊成为现实。对我们来说，感性特殊必须是独立地被给予的，并且它们必须被归入概念之下，以作为我们认知它们的一个条件。那么，对我们来说，不可能简单地从我们的概念中产生或者派生出感性特殊。当他引用《判断力批判》§76［401］时，黑格尔提醒我们这点：“理智是就概念而言的，感性直观是就对象而言的——它们两者是完全不同的异质性的部分。”（FK 89/GW 325）

41 因为这种理智直观可能从其自己的直观活动中产生对象，然而，他在认知中既不依赖感性直观也不依赖（推理的）概念。它不依赖感性直观，因为它的直观并不是源自感性而被激发，相反，它们是“原初的”。作为“原初的”，它的直观就不需要被归入概念之下以作为它们认知的一个条件。这个理智直观从对整体的直观（从综合普遍）进展到部分或者特殊。对此，黑格尔提醒我们，“部分（它们的属性和联系等）的可能性依赖于整体”（FK 88f./GW 324f.）。[1] 如我们所看到的，康德认为理智直观的认知能力的这个特征意味着，对它来说，在“自然的产物与知性和谐的”情形中，“没有偶然性”存在（CJ §77［406］）。

这就概括了我们在上文第一节中思考的素材。然而，不应该无视，黑格尔也意识到了我们在第二节和第三节审视的推理的这些意蕴。他意识到了康德的一些主张，我们推理知性的一个特征恰恰就是我们别无选择只能假定体系性统一的这些理念，假定自然是合目的性的以及是被一种不受我们自己限制而被知性的形式所创造的理念。例如，在《费希特与谢林哲学之间的差异》中，黑格尔写到，因为，对于康德来说，“特殊现象的这种多样性尚未被我们的推理知性所规定”，它们“必须被思考为被另一种知性所规定”（D 143/80f.）。在《信仰与知识》中，他表达了他意识到的康德主张，即概念和直观的统一、可能性与现实性的统一、机械论和目的论的统一的这些理念就是“判断力的能力进行反思”的理念。按照黑格尔的说法，反思性判断力的原则要求我们认为，“好像一种具有意

［1］黑格尔在 EL §55 中也注意到这一点：“一种理智直观的原则被归为反思性判断力的能力，也就是说，被归为这样一种知性，因它，特殊将通过这个普遍本身而被规定——作为在艺术和有机自然的产物中被经验到的。”

识的理智规定着自然”（FK 91/GW 327）。再者，在《费希特与谢林哲学之间的差异》中，黑格尔告诉我们，

> 康德……假定对象未被（知性）规定。他呈现的自然是主体—客体，因为他把自然的产物思考为，自然的目的，没有目的概念的合目的性，没有机械论的必然性，概念和存在的同一。

康德坚持自然的这个理念是有效的，黑格尔继续指出：“仅仅是作为我们人类知性的有限推理思维的一个公理”：

> 对于一种感性直观而言，未被规定的自然和知性的规定之间的综合被认为仍然仅仅是一个理念，对我们人类来说，应该不可能的是，机械论的解释应该与合目的性的和谐一致。（D 163/103）

在这些评论中，黑格尔正确地把体系性统一的、自然的这些理念确认为作为反思性判断力的理念的合目的性（等等）。进而，他精准地觉察到，对于康德来说，这些理念既是“绝对必然的”，又是“尚有疑问的”（FK 89/GW 325）。它们依赖于构想另一种知性 42
形式的可能性，但是如黑格尔所觉察到的，“没有任何办法断言这个理智的实际存在”（D 143/81）。反思性判断力要求我们认为：“好像一种具有意识的理智规定着自然。”按照他的说法，这就是一种这样的理智，“可能性和现实性对于它而言是绝对同一的”（FK 89/GW 326）。另外，对于这一理智而言，自然的机械论和合目的性之间是一致的或者和谐的。再者，黑格尔这次释义了康德《判断力批判》的§80，他写道，

> 康德认识到……自然的机械论和合目的性的一致［*zusammentrifft*］本身并不是不可能的，但是，对于我们人类来说，它是不可能的。对这个一致的认知要求的是一种直观，而不是感性。它将要求规定性的认知自然的理智根基，通过它，根据特殊的法则给予现象的机械论一个根基甚至是可能

的。所有这一切都完全超越了我们的能力。（FK 91/GW 328）

我已经审视了黑格尔在《费希特与谢林哲学之间的差异》和《信仰与知识》中评论的章节，我应该传达了这种深刻印象，即黑格尔精准地表达了康德解说的人类推理的本性和意蕴的核心特征。[1] 我的目标就是要传达这个深刻的印象，并且我已经带着此目标从黑格尔的诸多文本中选取了诸多段落。我一直致力于避免任何过早地拒斥他被下述假设激发而对康德的处理，这个假设即他的处理是一种不可接受的粗心大意和误解。很显然，我们到目前为止所审视的所有素材中没有一项能确凿地澄明对黑格尔的这些指控。（也可能是他误解了康德在其他地方呈现的。）但是，上面的讨论应该改变了这个假设而对黑格尔有利。

无论如何，我们在这本著述中的目标并不是要建构出黑格尔对康德的精确描述。我也试图以一种同情的眼光来表达他的批判性反思，以及逐渐地拼凑出黑格尔自己的另一种对人类认知的观念的解释。在这些问题之中，我们将最终需要考虑的是这些问题：黑格尔是如何看待康德的"感性直观之外的直观"的理念，以及机械论和目的论在其中相一致的自然的理念，并且黑格尔要如何用它们来让我们相信康德批判项目的缺陷？他如何从康德理智直观的理念中获得启发，以启发他自己评估我们知识的恰当界限，并且启发他自己

[1] 埃卡特·福斯特辩护道，黑格尔在《信仰与知识》中犯了个错误，他误解了康德理智直观的理念，狭隘地认为，它只是神圣的心灵。但是，如我在注释12（原文注释）中所提到的，福斯特承认，康德自己并不是很清楚地区分了这两种，并且，有时候他似乎意指，一种从综合普遍进展到部分的理智必须是一种神圣的知性，它是自然的起因。参见福斯特的"The Significance of §§76 and 77 of the *Critique of Judgment* for the Development of Post-Kantian Philosophy (Part 1)," p. 8。在这篇文章的续篇中，福斯特关注了黑格尔早期对康德知性直观理念之思考的发展，并且，他多次说到歌德（Goethe）在这个发展中所起到的重要作用。参见他的论文："Die Bedeutung von §§76, 77 der *Kritik der Urteilskraft* für die Entwicklung der nachkantischen Philosophie: Teil II," *Zeitschrift für philosophische Forschung* 56, No. 3 (2002)。

的观念论样式？ 43

我们一直聚焦的两个文本《费希特与谢林哲学之间的差异》和《信仰与知识》，包含的不仅仅是黑格尔努力表现或者重构康德哲学的诸特征，而且，也是他批判性的反思。在我的总结中，我审视了其中的某些批判性的评论，并且，在接下来的章节中，从这两个文本获取一些线索以指明我们讨论的方向。

黑格尔在《信仰与知识》中引用了《判断力批判》§76，他写到，虽然一种直观的或原型的理智的这种理念出现在康德哲学中，并且，被他判断为是“必然的”，

> 实在性一定不是它的述谓。相反，我们必须一劳永逸地接受这个事实，即普遍和特殊不可避免地和必然地是有区别的。“这个理智是就概念而言的，感性直观是就对象而言的——它们是两个异质性的部分”。(FK 89/GW 325)

黑格尔继续讲到，康德在没有赋予人类认知以理智直观的能力时犯错了。相反，他写道：“关于推理的知性，它是……绝对的”——“人类理性的绝对稳固地不可超越的有限性。”对于有限的人类知性而言，根据康德，“对于理性的知识而言，普遍和特殊是同一的”，它必定是“超越的”(FK 90/GW 326)。[1]

这些完全就是黑格尔的批判者们怀疑的主张。黑格尔的真实意思难道不可能是意指，康德应该已经确实地赋予人类认知以全能的理智直观吗？他对康德坚持的推理的反对就意味着拒斥康德对我们对于自然的认知必须被感性激发的假设吗？难道黑格尔的意向真的是意指，像知性的直观形式或者神圣形式，我们有能力产生的不仅

[1] 这种类型的评论贯穿黑格尔著述始终。例如，参见我们在这章节由此开始的1816年《逻辑学》的段落。在那里，黑格尔提到，康德在理智直观的理念中认识到一种思想和感性实存的“更高的统一”，但是仍然承认这个观点，对于我们的认知模式而言，概念和实在必定永远都是分离的(SL 592/WL II 264)。黑格尔在这几页中表达了他对这个事实的担忧，对于康德来说，理性的诸多理念最多只有一种调节性的运用(SL 590/WL II 262)。

仅是这个形式，也是通过践行我们的认知能力产生对象的质料？难道他不承认这个观点，即对我们来说，所有可能的或者构想的对象同时是现实的吗？如果这些问题中的任何一个回答是“是”，那么将不清楚我们如何避免这个结论，即黑格尔极大地高估了人类认知的能力，并且因此招致了过分夸张和难以置信的标准指控。

可能没有疑问的是，黑格尔相信康德理智直观的观念的诸确定特征把握了我们知性形式的本质，而康德自己却并不承认这点。因为这个理由，黑格尔认为，这些特征值得被称赞为真正地“思辨
44 的”。但是，我所希望的将从我们的研究中出现，它就是黑格尔对理智直观的思辨性特征的赞同并不等于就是他否认，在我们努力地认识自然时，我们不得不依赖感性直观和运用概念。事实上，黑格尔从来没有着手改变这个论点，即对我们的知性形式而言，感性直观和概念都“消失了”。相反，他试图说服我们，康德对它们的本性提供了有缺陷的解说。尤其是，黑格尔挑战了康德对这个论点的承认，即感性直观和概念是“两种完全异质性的部分”，以及特殊和普遍因此是“不可避免地和必然地有区别的”（FK 89/GW 325）。黑格尔被理智直观的理念以及被康德作为体系性统一的自然的观念激起了好奇心，这种统一必定被构想为，自然好像是根据一个至高的存在者的智慧目的而被创造的，因为他相信，这些理念表明了概念和直观之间的异质性是如何以某种方式被克服的。

这是相当复杂的问题，它们需要在接下来的章节中给予诸多澄清。在这点上，我们已经确定的仅仅是，黑格尔对康德没有赋予我们以理智的直观形式的能力而失望。我已经提出的正是，黑格尔没有否认我们必须依赖感性直观和概念两者，他寻求以某种方式辩护这个论点，即“未被规定的自然和我们知性的规定性之间的综合”可能对我们来说（如对我们的理智直观而言）不只仅仅是“一个理念”，也因此可能是，对于我们来说，“机械论的解释应该和谐于合目的性”（D 163/103）。

当然，主张黑格尔并不否认我们必须依赖概念和感性直观还需要辩护。在第二章中，我为我的下述解释奠定根基，即黑格尔在挑战康德承认的概念和直观的异质性时的想法。我试图详细说明黑格尔所推崇的在认知的直观模型中和谐或者统一的完美本质。

所期望的是：在《信仰与知识》中，黑格尔把理智直观的“真正统一”描述为一种“有机的统一”(FK 91/GW 327)。他正确地提到，康德否认我们的推理知性是这种统一。换句话说，康德否认了黑格尔所说的我们的“理性知识，对它而言，这种有机体……是更高的自然的原则和普遍与特殊的同一”(FK 90/GW 326)。我们在第二章中的目标就是要澄清那个自然作为有机体所呈现给黑格尔的统一的本质。因为如我们所表明的，黑格尔相信这是一个人类的认知能够获得的统一体。

第二章

有机统一之为理智直观的“真正统一”

二分灭亡，哲学通过绝对同一重生。 45

（《费希特与谢林哲学之间的差异》，195/137）

在第一章中，我们思考了康德区分推理形式的认知和直观形式的认知的主要特征。我们发现了这种意义，根据他的描述，理智直观是“直观的一种完全自发性”：它从自身的认知活动中制造或者产生诸多直观（CJ §77［406］）。另外，我们发现，由于这种理智直观产生诸多直观（从“综合普遍”产生，如康德所说，或者从直观一个作为整体的整体产生），所以它的诸多直观就不需要被归类于推理概念之中（归于“分析的普遍”中）（CJ §77［407］）。知性直观的这些直观的诞生，实际上，已经是作为形式化的或者概念化的内容。我们也看到，康德认为它遵从这个事实，即我们的认知模式是推理的，而不是直观的，我们必须依赖独立被给予的感性直观，并且为了认知它们，我们必须把这些直观归类于（推理的）普遍或者概念之下。康德主张，我们没有理由假定被给予的感性特殊和我们的概念之间是必然和谐的，但是他辩护，我们必须作为经验探究的一个认知而假定这样一种和谐存在着。因为我们的认知模式是推理的，换句话说，我们必须预先假定，自然是一种体系性的统一体或者合目的性地被安排的整体。

进而，我们也审视了康德批判哲学这个论题的意蕴。从我们推理性的这个事实出发，以及从这种相关论点即独立被给予的感性直观必须激发我们（也就是说，通过我们的“直观形式”即空间和时间）出发，康德总结道，我们的知识被限制于“现象”。然而他提到，这个限制不需要适用于一种不同于我们的认知形式，这种认知形式不依赖于一种独立被给予的内容。他承认，在空间和时间中不显现于我们的诸对象以及因此不可能是我们知识可能对象的诸对象，事实上，可能不被非推理的或者直观的认知模式所认识。此外康德辩护，虽然，我们的知识被限制于现象，但这个界限具有重要
46 的积极益处。因为这个限制以及其所依赖的“现象”和“自在之物”之间的这个区分，完全就是为他相信的形而上学所陷入的“危机”提供一个解决方案，这个危机威胁着摧毁人类理性本身。康德辩护，只有我们承认了我们知识的恰当界限，并且认为自在之物对我们来说是不可能认识的，我们才可能从自我矛盾或二律背反中拯救理性。那么，这个关于人类推理的论题就是康德用于论证拯救形而上学的一个根本性的前提。

在我们总结第一章时，我们重点强调了，黑格尔在其中显示了他与康德学说相似性的段落。我们也审视了这些评论，在这些评论中，他批判康德认为推理的认知模式是“绝对的”，并且康德否认了我们至少有某些理智直观的能力（FK 77/GW 313）。我意指，黑格尔自己对于人类认知的解说从这种直观的模型中获得启示，因此我们可能从他自己的自然观和我们知识的界限中获得些思路。

在本章中，我的任务是进一步确认这种理智直观的诸特征，它启发了黑格尔自己对人类认知的本性的理解。到目前为止，我已经指出，在我们对自然的认知中，他没有确定，对我们来说，不使用概念或者不使用感性直观是可能的。相反，他挑战了康德对这个论点的认可，即对我们而言，概念和感性直观是“两个完全异质性的部分”（FK 89/GW 325）。我意指的是，黑格尔对这种理智直观的

观念感兴趣完全是因为，它表明了概念和直观之间的异质性在这种认知模式中得以克服。如我们所看到的，康德认为，作为经验探究的一个条件，我们必须预先假定被给予的感性特殊和我们的概念规定性之间的和谐或者统一。按照他的观点，只有一种理智直观能够真正地把自然认识和经验为概念和直观的一种统一。在我们总结第一章时，我已经提到，黑格尔的兴趣是把这种理智直观的“真正统一”描述为“有机的统一”（FK 91/GW 327）。他说，在康德的有机统一的理念中，我们获得了一种“普遍和特殊的同一”的一种模型（FK 90/GW 326）。[1]

在这一章中，我们的核心目标就是要确定，康德有机统一的 47
模型对于黑格尔通过理智直观获得这种“真正统一”意味着什么。本章第一节开始于，简要地描述康德有机体的定义，尤其是《判断力批判》§64 和 §65 中的有机体。如我们应该看到的，一个有机体的部分和整体，对于康德来说，处于一种合目的的相互规定的关系中。部分与整体相关联，好像合目的性地被安排或者规划的，而整体与部分的关联，就好像合目的性地被它们所维系的。

[1] 黑格尔不仅仅是在康德的有机统一的理念中发现了克服异质性的线索。黑格尔也谈了很多有关康德对美的理念的处理。例如，在《信仰与知识》中，他写道，在康德的审美经验的处理中，“直观和概念的对立形式消失了”（FK 87/GW 323）。虽然康德坚持，一种推理知性可能把自然认知或经验为美的，以及认知与经验为合目的性被安排的是一样的，他对于审美判断力（像他对我们判断自然中目的的解说一样）的解说表明了，概念和感性直观异质性的另一种情形。对于我们的认知模式而言，康德主张，美不是在自然中被给予的。但是，当我们判断晚霞之美时，我们认识它就是理性理念（美的理念）的一种直观表象。也就是说，我们认为这种特殊的经验就是已经被形式化了的，是已经展现了或者表象了普遍的。

因为，黑格尔从康德有机体的统一的理念和美的理念中获得的启示在本质上是相同的，我要避免在本章中赘述，而我注意力集中限于讨论有机体的统一上。对于黑格尔处理康德解释的审美判断力的谈论，参见罗伯特·皮平的 §VI 和 §V, “Avoiding German Idealism: Kant, Hegel, and the Reflective Judgment Problem,” 载于 *Idealism as Modernism* (Cambridge, UK: Cambridge University Press, 1997)。

在本章第二节中，我回顾康德的这个观点即诸目的不可能是人类知识或者经验的诸对象。自然作为经验探究的一个条件，虽然，我们必须认为自然就是一个合目的地被安排的整体（作为一个有机的统一体），按照他的观点，我们没有根据以期望发现自然中的诸目的。如果诸目的终究被认识或经验到了，它们被认识或经验只能是通过一种认知的模式，对这种认知模式来说，自然的理念和自然的部分之间存在着一种必然的和谐。正是一种非推理的或者直观的认知模式，它在认知它们的活动之中产生其对象。

在本章第三节中，我返回到黑格尔着迷的有机统一体的理念，包括他是如何认为人类的认知能够获得普遍和特殊、概念和直观同一的关键所在。我表明了，获得同一性对于黑格尔来说，既不是剥夺概念和直观在人类认知中所起到的作用的问题，也不是把认知的一个构成要素还原为另一个的问题。相反，根据他的观念，我们获得同一性是通过承认这个方式，即这两种构成要素彼此之间处于一种相互规定的关系之中。

在本章第四节中，我考察黑格尔《费希特与谢林哲学之间的差异》一文中的段落，以进一步充实他对概念和直观的解说，他把它们解释为人类认知互为条件的诸要素。跟谢林一样，黑格尔辩护，我们应该意识到概念和直观（或者理智和自然）并不是绝对异质性的或者对立的，更确切地说，而是各自的“主体—客体”。正如自然是一种“内在的观念性”，他写道，因此理智或主体性就是一种“内在的实在性”（D 166/107）。

最后，我在本章第五节中依赖《费希特与谢林哲学之间的差异》一文以解释，黑格尔认为我们应该如何看待主体和客体（理智和自然）的这些科学。黑格尔警告，毋须努力把一门科学还原为另一门科学，也毋须让一门科学优先于另一门科学。他辩护道，康德和费希特无法意识到两门科学的这种统一，因为他们两位哲学家实际上都让理智的科学优先于自然的科学。黑格尔主张，理智科学的这个优先性对他们观念论的最终“主观性”负有责任。我们从审视《费希特与谢林哲学之间的差异》一文中的这个讨论了解到，对于黑格尔来说，以同一性取代异质性的这个关键，要求（在其他事情中）我们放弃我们观念论的这个“主观性”。

一 《判断力批判》中作为有机体的各种自然产品

首先，我们自己需要熟悉康德讨论有机统一体发挥效应的文 48
本。他于《目的论判断力批判》§64 开始着手解释，比在《纯粹理性批判》中要详细得多。他认为自然的诸对象（或者“自然的诸产物”，这里他这样称呼它们）是合目的的（作为“自然的诸目的”）。如我们应该看到的，他辩护道，当我们认为自然的诸产物就是自然的诸目的时，我们认为它们具有特殊的因果性属性。康德告诉我们，作为自然的目的，一个自然产物，就是“其自身的原因和结果”。他接着指出，当我们以这个方式来思考自然的诸产物时，我们把它们当作“自我组织的”存在者或者有机体。

依次来看看这些观念，康德通过解释一个事物可能是一个目的意味着什么而开始了 CJ §64：

> 为了能够看出一物只有作为目的才是可能的，也就是看出它的起源的原因必须不到自然的机械作用中去寻求，而是到一个由概念规定其发生作用的能力的原因中去寻求。（CJ §64［369］）

在何种意义上，一个原因能够被“概念所规定”呢？康德通过要求我们想象沙地里几何学图形的痕迹去阐释他意识到的东西。他说，我们不要去判断这样一种图形是被任何非理性的原因或者仅仅是被自然法则所产生的。相反，用他的话来说，我们要假定其原因就是，“如此这般的一种对象的概念，这一概念仅仅是理性可以提供的”(CJ §64 [370])。对此，他似乎意指的是，我们要假定，这个图形不是把其形式和实存归于盲目的机械力，而是归于理性行为者的这些意图。

当然，沙地上画的一幅几何学图形是一件艺术产品，而不是一个自然的目的，自然目的 [Naturzweck] 的这个观念正是康德在这些段落中最终关注和阐述的。他说，我们不仅仅认为沙地里的图形是被一个理性的而不是纯粹机械的原因所产生，而且也认为是被一个区别于这个图形本身的理性原因所产生。换句话说，在这个人工制品的事例中，我们不假定，它们的部分本身无论如何都会对整体的形式或者目的负责任。这个理性的计划或者原因规定着沙地里这个图形的产生，它在图形自身的部分之中无论如何都不可能被发现。更确切地说，我们假定，这个图形的原因根本不是自然（甚至不是自然的目的），而是如康德所说的“艺术”(CJ §64 [370])。那么，在这个人工制品的事例中，这个事物的目的，如他所指出的，就是一个原因，它“区别于事物的质料”或者“区别于一个事物的部分”。(CJ §65 [373])。

然而，一个事物的这种显著的特征被认为是一个自然的目的，就是指，它“自在的和内在可能 [*in sich selbst und seiner inneren Möglichkeit*]”的与目的有关系（CJ §65 [373])。用康德的话来说，一个自然的目的，不是要被一个“理性存在者的概念的因果性”所规定，它是“一种被组织的和自我组织的存在者”(CJ §65 [374])。康德承认，自然目的的这个观念作为“自我组织的”，是
49 神秘的或者“不可理解的”。一个自然的目的“本身既是原因又是结果”。同样，用他的话来说，它被一个因果性的形式所支配，这种因果性“与我们所认识的所有因果性都没有任何类似之处”(CJ §65 [374])。

通过运用一棵树的例子，康德概述了三种方式，以这三种方式，一种自然的目的可能被认为具有这种特殊的因果性能力，以致

它可能被描述为本身既是原因又是结果。第一，一棵树作为种以下述方式既产生又被自身产生：通过自然法则，一棵树产生（从其种子中）另一棵树。意义就在于，在引起或者产生第二棵树时，第一棵树也引起自身。在产生第二棵树时，第一棵树作为一个种再造自身。以这个方式，康德解释，第一棵树（作为种）既是自身的原因又是自身的结果。第二，这棵树是作为一个个体产生自身的。它这样做仅仅是通过成长。成长，康德指出，它不仅仅是根据机械法则引起的事物的尺寸或者质料的增长。成长也是一个凭借下述方式的过程，即一个“分离和结合”的事物的部分以一种特殊的方式增加质料，以这一产生或者引起这个事物成为一个种的个体成员的方式（CJ §64［371］）。最后，一个自然的目的既是自身的原因又是结果，因为它的部分是为了实存而彼此相互依赖。一棵树的这些树叶就是这棵树以及其枝干的产物。但是，一棵树的成长依赖于其枝干上树叶的结果。如康德所指出的，反反复复地落叶最终会杀了这棵树。树叶虽然“被树所产生”，但是这棵树的这些树叶也“相应地维系这棵树”。（CJ §64［371f.］）

我们可以如下概述康德处理自然目的的主要关键点：对于一个事物要算作一个自然目的，必须获得两个条件。第一，它的原因必须“不是在自然的机械论，而是在一个被概念规定的原因中”被寻求（CJ §64［369］）。有时，康德表达了第一个条件，他告诉我们，要被认为是一个自然目的，一个事物的部分的可能性“（就作为其实存的形式而言）必须依赖于它与整体的关系”。部分在这个意义上依赖于一个整体，即作为自然目的的这个事物“被一个概念或者观念所统摄，这一概念或观念必须先天地规定这个事物所包含的一切”。（CJ §65［373］）。这里，康德关注的是，自然目的和人工制品共有的一个特征：它们的部分不仅仅是偶然地或者意外地相关联，而且也是根据某种规划或者计划而相关联。也就是说，自然目的的这个形式和实存不可能依据盲目的自然力而被充分地解释。如果我们单单依赖机械论的解释，康德写道，我们就不得不谈论有关（例如）鸟的翅膀的结构，“完全偶然的”是，这些翅膀被构造成这样以致鸟可以飞翔。（CJ §61［360］）。

第二，我们假定，自然的诸目的是自因的或者自我组织的。在这个方面，自然的诸目的不同于人工制品。在人工制品的情形中（例如沙地里画的一幅几何图形），部分被说成是依赖于整体的，这个整体是某种理性的计划或原因的产物——如康德所说，这一计划或者原因是“不同于事物的质料的”。尽管如此，如我们所看到的，人工制品的这个因果关系一定不是在“自然的机械论”中被寻求的，而是在“概念”中，我们对这个人工制品的产物的解释与机
50 械论解释共同之处就是，都得依赖一个动力因的因果关系。在机械论的解释中，我们说，一个结果依赖于一个原因，而不是相反。如康德指出的，在我们纯粹的机械论解释中，我们认为因果关系是根据一个下降的系列：“这些是结果的事物，因此预先假定其他事物是其原因，不可能自身相应地是这些其他事物的原因。”（CJ §65［372］）然而，在自然的目的的情形中，某物的结果也是这个事物的原因。不同于人工制品，自然的目的是自我组织的。它们在自身范围内凭借下述这点而具有一种“构造的”力量，即它们能够保持和产生自身（并且自然最终作为一个整体）（CJ §65［374］）。它们的计划和目的，而不是“区别于这个事物的质料”，以某种方式自身内在于自然的进程中。[1]

［1］我把这个构想归因于克劳斯·杜辛（Klaus Düsing）。参见他在“Naturteleologie und Metaphysik bei Kant und Hegel,”（p. 142）中对这些观点的讨论。康德有时候这样来表达这个观点，他说，有机体的这些目的是“固有的”（如，参见 CJ §65）。根据这个事实，即有机体的这种合目的性不是由一个外在的理智行为者提供（如在人工制品的事例中），另外，我们能够认为有机体的合目的性是“没有一个目的”的（意思是，没有一个外在地被提供的目的概念）。参见 CJ §10［220］，以及朱科特（Zuckert）在《康德论美与生物学》（*Kant on Beauty and Biology*, pp. 76—86, p. 119）中对这些观点的讨论。

那么，在解释自然目的时，我们不得不依赖某种其他的动力因模型之外的东西。按照康德的说法，当我们诉求自然目的的一种因果关系时，“这里，我们可能称一个事物是某个事物的结果，并且仍然也有权称它是某个事物的原因，如这些上升的系列”（CJ §65［372］）。[1] 因此，作为自然的目的，一个自然的产物“既是自身的原因又是自身的结果”（CJ §64［370］）。每一部分的实存都是作为整体的结果，因为每一个部分都为其“实存”和其“形式”而依赖于整体。但是，在其他的方向上也有因果关系存在。另外，每一个部分都必须被认为在整体中起到了重要的作用。康德写道，我们要把每一个部分都“当作一个产生其他各部分的器官（因此，各个部分都相互产生对方）”（CJ §65［375］）。一个自然目的的诸部分必须“在它们的形式和结合上相互产生”，以这种方式，“它们产生一个整体”（CJ §65［373］）。[2]

［1］如鲁道夫·马克雷尔（Rudolf Makkreel）对它所描述的，自然目的的一个因果关系涉及因果关系的“前溯的和倒推的”观念。在我们解释探究自然的动力因中，涉及倒推的因果关系（如在机械论的解释中）。因为一个作为自然目的的事物之诸部分被认为也是相互的原因（以及自然最终作为一个整体），所以它就涉及合目的的或者终极的因果关系。参见他的论文《康德对合目的性的调节性和反思性运用》（“Regulative and Reflective Uses of Purposiveness in Kant,” p. 52）。对于康德“机械论”的不同意义的清晰讨论，参见汉娜·金斯伯格（Hannah Ginsborg）的论文的第二部分，“Kant on Understanding Organisms as Natural Purposes,” 载于 *Kant and the Sciences*, ed. Eric Watkins (New York: Oxford University Press, 2001), 231—58。

［2］在 CJ §65［373］的评论中，康德好像做出了一些相互冲突的主张。一方面，我们必须认为一种自然的目的是“被一个概念或者理念所统摄，这一概念或者理念必须先天地规定这个事物所包含的一切”。但是，他说，我们也必须认为这个“整体的理念”不是以一个自然的目的引起“所有部分的形式和结合”。然而，一旦我们牢记他在这些评论中所关注的是要区分自然目的和人工制品，这些明显的不一致就会消失。如通过人工制品的事例，一个自然目的（或者有机体）的诸部分的这种可能性“必须依赖于与整体的关系”，因为一个自然目的必须被“一个概念或理念统摄，这一概念或者理念先天地规定着这个事物所包含的一切”。但是，这个“整体的观念”在下述这种意义上并不引起一个（转下页）

51 好像是在最后一次试图阐明他的自然目的的观念中，康德要求我们考虑这种方式，一种“特定的联合”的诸成员与作为一个整体的联合关联起来。在§65的耐人寻味的脚注中，他提道，最近，“一大群人彻底地转变成为一个国家，”并且，如下描述这个组织：“在这样一个整体中，每一个成员事实上都应该不仅仅是一个手段，而且也是一个目的”。并且，“每一个人都贡献自己的力量以使得这个整体成为可能，同时，这个整体的观念应该相应地规定成员的地位和作用。”康德在这里并没有阐明下述的精确意义，即这个国家和其成员“使得彼此成为可能”。他仅仅指出，这个例子阐明了这种因果关系的互惠关系，按照他的观点，被组织的自然产物中的部分与整体之间关系的特征就是这种互惠的形式。

在这点上，我们可能想知道，康德会把这种自然目的的构成性能力及其部分延伸多大程度。根据他的解说，这种自然的自我组织的能力包括产生或者生产这种组织原则本身的能力吗？一个作为合目的性的事物，如他所说，“就被一个概念或者观念所统摄，这一概念或者观念必须先天地规定着这个事物所包含的一切”（CJ §65［373］）。但是，这个概念或者观念源自哪里呢？康德指出，作为自然的目的，一个事物的计划不应该起源于某种不同于其质料的原因。这就是为什么康德这样写，自然目的所享有的因果关系的这种形式不是“根据任何已知的物理能力的任何类比

（接上页）自然目的诸部分的“形式和结合”：一个自然目的不是被“整体的理念”所引起，仅仅是因为必须规定部分的这个概念或者理念没有在概念的某种因果关系中被发现，“*外在于*它的理性存在者具有诸概念的因果关系”（补充强调）。不是“区别于事物的质料”的一个概念或者理念的诸产物，而是自然的诸目的或者有机体，如理查德·阿奎拉（Richard Aquila）恰当地指出的，“以其自身的方式被建构为整体”。参见他的“Unity of Organism, Unity of Thought, and the Unity of the *Critique of Judgment*,” *Southern Journal of Philosophy* XXX, Supplement (1991), 144。

而是可想象的或者可解释的……甚至也不能根据完全适合于人类艺术的类比”（CJ §65［375］）。如果我们要以我们思考艺术产品的方式来思考自然的诸目的，他告诉我们，我们所谈论的就“太肤浅了”。我们谈论的太肤浅以至于都无法把握自我组织的这个观念，因为，如我们已经看到的，艺术产品不是自我组织的。如果我们要以思考生命的方式思考自然的诸目的，那就没有比这更好的了。因为，如果我们辩护这个主张（“物活论”），物质以某种方式被一种“内在的生命原则”所支配（例如，一个“世界灵魂”），以及我们应该认为物质是具有精神的能力和意向性，我们就相悖于康德所坚持的“物质的基本属性”，也即是说，“无生命……惰性”（CJ §73［394］）。因为这个理由，物活论也并不提供给我们切实可行的对自然目的的描述。[1] 康德进而拒斥，生命或者灵魂的模型以某种形式“被结合”到物质上以作为一种相异的原则。这个模型在理解自然诸产物的自我组织的特征时不可能 52
成功。如果我们以这个方式把自然目的思考为类比于生命，他说，那我们还是无法把它们与人工制品相区别。

稍后，在 CJ §81，康德转向了自然的组织原则的起源问题。他拒绝偶因论的路径，根据偶因论，某种至高的原因直接就给予物

［1］在《有机体和科学的统一》（“Organisms and the Unity of Science”）中，保罗・盖耶表明了，关于这个物活论假设的可行性，康德似乎在《遗著》中改变了自己的想法。盖耶在《康德与诸科学》（*Kant and the Sciences*, ed. Eric Watkins, New York: Oxford University Press, 2001, 277）中引用了康德下述的段落：“一个有机体预先假定一个组织原则，不管是内在的还是外在的。后者［这个组织原则］必须是简单的，因为，否则它自身就需要一个组织。作为简单的，它不可能是物质的一个部分（因为物质每一个部分都总是其自身的构成部分）。因此，这种有机体的这种组织原则必定是一般而言的外部空间的。然而，它可以在一个方面是内在有效的，同时在另一个方面是外在的，也就是说，另一种实体，世界精神。”对于深入考察康德对 18 世纪物活论的观点，参见约翰・H. 扎米托（John H. Zammito）的《康德〈判断力批判〉的起源》*The Genesis of Kant's Critique of Judgment*, Chicago and London: University of Chicago Press, 1992）第九章。

质以组织。也许，他对这个路径的拒斥与这个事实相关联，即它有损于自然目的的这种自我组织的特征。似乎，他更同情前建构的和谐理论，这种理论认为，这种至高的存在者仅仅把这种倾向给予有机统一体。在各种变形的前建构的和谐假设中，他支持后成论 (epigenesis) 的假设。根据这个观点，个体的肉体自身具有构成性的力量和能力以确实地产生（而不仅仅是发展一种前给予的）有机统一体。这个观点受到偏爱，康德说，因为它"尽量减少了对超自然之物的诉求"。他继续说到，"开端之后，它就把一切都留给自然"（CJ §81［424］）。[1]

二　理智直观所经验的自然

到一定的时候，我们将揭露康德这种观念对于黑格尔而言的意义，即一个有机体的整体和诸部分之间存在着一种合目的的、互惠的、因果性的关系。到目前为止，我们仅仅知道，这种特殊的因果关系应该被刻画为，在被组织的自然产物中，诸部分彼此之间以及部分与整体之间的关系，这种关系与黑格尔主张的"理智直观的有机统一体"的"真正统一"相符合（FK 91/GW 327）。康德反复提醒我们，这个统一体对我们的推理知性而言仅仅是一种调节性的理念或者公理。按照他的观念，如果有机的统一体终究能被经验或者被认识，那它只是被不同于我们自己的一种知性形式所经验或者认识，这一知性形式是直观的。

根据这个事实，即黑格尔反对康德时所着手确定的，我们至少能够获得某种理智直观的认知成果，我们需要一幅尽可能完整的有

［1］很明显，关于康德对自我组织的自然的观点，有大量的讨论。对于进一步的评论，如参见克劳斯·杜辛《康德和黑格尔的自然目的论与形而上学》（"Naturteleologie und Metaphysik bei Kant und Hegel," 尤其，p. 141）。

关康德理解这些成果之本性的蓝图。如正提到的，一种理智直观把自然经验为一种有机的统一体。这种理智直观的经验究竟如何与我们自己的不同呢？

我们可以从我们在第一章审视的素材中获得更多的答案。我们知道，对于一种非推理的或者直观的理智而言，部分或者特殊，不是独立被给予的，是产生于“综合普遍”的，产生于“对作为整体的这个整体的直观”（CJ §77 [407]）。对于知性直观而言，（推理 53
的或者普遍的）概念和感性直观这两者都“消失了”。概念消失，也许是因为这些被理智直观产生的直观是作为已经形式化或者综合化而被给予的。而且，由于这个理智直观从这个被直观的整体中产生部分或者特殊，故而对它而言，在部分或者特殊如何被给予中或者在它们与整体的关系中，都没有偶然性存在。如我们所看到的，对于如此这般的一种知性而言，仅仅是逻辑上或者概念上可能的东西和实在的东西之间都不存在任何区别。因为这种理智直观的直观活动产生了其对象的实存，其所有的对象都必然是现实的（CJ §76 [403]）。

在第一章中，我们也看到，根据康德的解说，对于这种理智直观的形式而言，机械论和目的论（没有区别，如康德指出的，是在“自然的机械论和自然的技术之间，如在目的方面它的联系”）没有什么区别（CJ §76 [404]）。对于我们来说，必定存在一个如此这般的区分。因为，虽然我们在认知自然时必然依赖体系性的或者合目的性地被安排的统一体这个理念，但是对这个理念而言，机械论不可能提供证据性的基础。换句话说，机械论不可能在感性地直观我们的普遍或者概念时提供给我们以被给予的特殊之必然一致的观念。对于我们的知性模式而言，如我们在本章第一节中提到的，机械论的解释为每一发生的事情寻求在先的因果性条件。它为一棵树的成长提供一种自然力量和要素的解说，但是它不可能解释这个过程，即这棵树何以使用它成长所需的诸要素和力量，因此茂盛或者产生自身。换句话说，机械论不可能解释，这棵树的成长和自我保存的能力如何好像是被规划的而不仅仅是偶然的。[1] 如果我们单单依赖机械论的解释，我们因此就没有办法认为一个自然产物的这些属性就是不仅仅从动力因进行的，而且也从它自己的自我繁殖的能力进行的。根据机械论解释的模型，因此，一个自然产物就仅仅是结果（盲目的机械力的结果），它不可能被认为“它本身既是原因又是结果”。[2]

54 这就是为什么康德辩护，对于我们的推理知性而言，自然作为一个体系性的统一体或者合目的地被安排的整体的这个理念，“把理性引入诸事物的一个秩序中，它们完全不同于纯然的自然机械论的秩序”（CJ §66 [377]）。目的这个概念超越了机械论，因为“自然实存的这个目的本身必定在自然之外被寻求”（CJ §67 [377]）。这

[1] 康德坚持，我们认为自然的诸目的似乎是被规划的，相关的有益讨论，参见汉娜·金斯伯格（Hannah Ginsborg）论文的第一部分，“Kant on Aesthetic and Biological Purposiveness,” 载于 *Reclaiming the History of Ethics: Essays for John Rawls*, ed. Andrews Reath, Barbara Herman, and Christine M. Korsgaard (Cambridge/New York/Melbourne: Cambridge University Press, 1997), 329—60。

[2] 在汉娜·金斯伯格的论文“Kant on Understanding Organisms as Natural Purposes,”（p. 235）中，她觉察到，我们使用的有关自然的诸产物的合目的性的这个观念，对于康德来说，并没有严格地解释。如他在 CJ §65 [375] 所说的，当我们认为自然的诸产物是诸目的时，我们这么做并不是为了“知识”。他在 CJ §78 [411] 中说到，这个合目的性的原则是一条“启示性的原则”，没有它，我们不可能把自然思考为体系性地被安排的。

另外，金斯伯格对下述这个问题提供了有说服力的回答：为什么康德坚持，一个自然目的的自我保存或者产生的这种能力不可能被机械论地解释呢？她意指，对于康德来说，要把一个自然产物理解为一个目的，就要在下述意义上不仅仅援用机械论的解释形式：就是要把自然产物理解为遵从规范性约束的（支配这个组织和这个事物应该有的功能）；而且，如她指出的，我们可以把一个事物思考为遵从规范性约束，也不承认我们自己的任何地位，据此地位，这个作为组织的事物何以产生（或者，据此，什么引起它的规划）。（尤其参见 pp. 249—251）。金斯伯格在后来的文章中又回到这些问题上，参见“Kant's Biological Teleology and its Philosophical Significance,” 载于 *A Companion to Kant*, ed. Graham Bird (Oxford, UK: Blackwell Publishing Ltd., 2006), 尤其 , pp.464—5。

里，黑格尔提醒我们，我们没有理由从这个事实推理出，对我们来说，认识如此这般的一种统一体的自然是可能的，这个事实即我们必须，作为一个经验探究的条件，而把自然思考为一个被诸目的的因果关系支配的体系性统一体。不同于自然的动力因，终极因或者终极目的不可能是人类经验的诸对象（CJ §75［399］)。这个主观的公理即“世界上的每个事物都是有益于某事物或者其他事物，没有什么东西是完全没有必要的”，康德写到，“仅仅是用作一个指导，它允许我们根据一种新的法则掌管的秩序来思考自然物，把它们当作一种已经被给予的规定着它们的基础［一个目的］”。(CJ §67［379］) 这个公理对我们的探究是调节性的，但是我们没有理由断言它对自然本身是构成性的。

进一步，康德提醒我们要牢记，我们的推理性这个事实仅仅意指，不援用诸目的的一个因果关系，我们不可能把自然产物思考为自然目的或者有机体，——也就是说，没有预先假定一个“超越自然”的或者超感性的基础，以及没有预先假定诸现象是有意地被产生的（CJ §75［398］)。[1] 仅仅对我们而言，目的可能从来都不可能是经验的诸对象。但是，从这个事实“我们需要目的这个理念”来看，不能就得出：“每一个思维的和认知的存在者从属于这个相同的作为一个必要条件的需要。”(CJ §75［399］，补充强调）一种理智直观所要求的不是如此这般地诉求一种特殊的因果关系。由于它从一种“综合的普遍”中产生部分或者特殊，那么一种知性直观就经验到理念或者普遍与部分之间的一种必然和谐的关系。

总而言之，我们可以把这种理智直观之经验的特征描述为如

［1］这点即一个目的的因果关系对康德而言具有“一个自然之外的基础”，并不是不符合他把有机体描述为自我组织的特征。如我们看到的，根据康德的解说，有机体组织自身凭借的是目的的一个因果关系，并且，这些目的是一些“不同于事物之质料”的原因（CJ §65［373］)。同时，根据康德，终极原因或者终极目的不可能是经验的诸对象。虽然，并不“不同于事物的质料”，但是它们还是具有一个超感性的基础或者一个“自然之外”的基础。

下：这种理智直观，作为自然本身的构成性，它经验的是自然的部分与作为一个整体的自然之间的一种必然的和谐。这个和谐对它来说不是其认知自然的必然的一个条件性的理念。相反，根据康德的观念，这种理智直观有理由假定，自身本来就完全与其认知的能力相一致。这种理智直观所经验的就是这个一致性或者统一，我们也
55 可以说，不是作为有意地被一个外在能力产生或者引起的，而是作为一个自然自己的法则的产物。其对自然的知识或者经验，如我们自己的知识或者经验，绝不会依赖于一个超感性的基础。[1]

根据康德，这就完成了我们对此问题的讨论，即这种理智直观对自然的经验如何不同于我们自己的。这个理智直观把自然经验为一种有机的统一体，经验为部分与整体之间的一种必然以及相互维系的和谐。因此，自然作为一个有机统一体的理念对于康德来说，就详细说明了理智直观的认知或者经验的这个对象。然而，不仅如此，自然作为一个有机的统一体这个理念也为理智直观的认识模式提供了一种模型。[2] 这至少在三个方面是很显然的：第一，在一个有机体之中，用康德的话来说，一个事物之部分的可能性“(如关注它们的实存和它们的形式)必须依赖于它们与一个整体的关系”(CJ §65 [373])。相似的是，这种理智直观的诸直观不是独立被给予的，它们产生于“综合普遍”——产生于“对作为整体的整体的直观”(CJ §77 [407])。第二，因为一个有机体的各部分是被这种“似乎”所规划以维系和再生它的整体所规定，各部分就处于与这个整体的必然和谐的关系之中。同样，对于这种理智直观而言，在诸部分和综合普遍之间没有偶然性存在或者两者之间

[1] 在 CJ §77 [405f.] 中，康德谈论道，我们不应该排除一种不同于、“高于”我们自己的知性的可能性，对它而言，自然的机械论规定了自然产物的合目的性。他在 CJ §80 [418] 中再次谈到这点。

[2] 理查德·阿奎拉也在其论文中指出了这点，上文已经引用过，“Unity of Organism, Unity of Thought, and the Unity of the *Critique of Judgment*”, 144。

不匹配。在认知这种理智直观时，部分与整体之间有一种必然的和谐，因为部分或者特殊产生于其“对作为整体的整体的直观”。最后，根据康德的意见，一个有机体在自我组织和自我维系上不同于一个人工制品，它的组织并不是通过诉求一个外在的规划者而被解释，其原因并不区别于其质料，如康德所说的（CJ §65［373］）。同样地，这种理智直观的认知模式是非依赖性的或者是“原初的”（CPR B 72）。它所依赖的不是任何别的什么东西，而是它自己的认知活动，此活动即是对诸直观的这种产物和规定而言的。[1]

三　从异质性到同一性

现在，我们已经更详细地了解了这种理智直观的认知能力以 56
及其经验的本性，我们可以返回到我们在这个章节开始的一些段落中提出的这个问题：为什么黑格尔批判康德否认我们的这种知性的直观形式的能力？以不同方式表述这个问题就是，为什么他主张，康德的错误在于把我们的知性的推理形式当作是“绝对的”（FK 77/GW 313）？更早时，我提到许多我们没有严格对待黑格尔挑战的理由。我提到，至少初看起来，它们似乎预先假定了对人类认知

［1］在《康德理论哲学中的形而上学和批判》（“Metaphysik und Kritik in Kants theoretischer Philosophie,” pp. 28—30, pp. 28—30）中，曼弗雷德·鲍姆表明了，我们应该根据类比的直观的空间形式和我们知觉的空间部分，来理解理智直观的综合普遍和部分或者特殊之间的这种关系。如鲍姆指出的，康德坚持，空间作为一种直观形式，是一个整体，它不是由空间的各个部分构成的累积物。相反，没有先天的空间形式，我们对空间之部分的知觉或者规定，都是不可能的。同样地，被这种知性直观所产生的这些部分或者特殊依赖于对这个整体的先天直观，并且，这个整体（或者综合普遍）并不是一个独立被给予部分的累积。如我们希望理解康德的这种理智直观的产生能力的模型，鲍姆断言，我们最好研究研究他对于几何构图的解说。如鲍姆在第 28 页提到的，康德在 CJ §77［409］中明确地对这种理智直观的产生活动与几何构图进行比较。

诸能力的过高评估。它们似乎表明，根据他的看法，我们的知性根本不依赖于独立被给予的诸直观，因为在认知（或者直观）它们的行为中，它能够产生诸对象。黑格尔的挑战可以进一步被解释为，表明了他相信，我们以知性的直观形式分享每一个论证，以主张我们的诸概念（甚至是康德要归类为超感性的诸对象的概念）总是把握住了“实在”的而不仅仅“逻辑”上可能的东西之本质，而且我们有理由假定我们的概念和对象之间的一种完美和谐。

但是，我已经提出了另一种方式，以此来解释黑格尔对这种直观模型的赞赏。尤其我已经表明了，我们没有假定，他着手确定了我们的知性在下述的方面像一种理智直观那样：对于我们来说，如对于这种理智直观来说，概念和感性直观两者都“消失”了。我相信，如果我们相反去认为他挑战了康德有关我们的概念和感性直观（以及与它们相一致的这些能力）的功能和本质之特殊看法，我们对于黑格尔批判的理解大部分是正确的。这个意见到目前为止是相当模糊的，我对这点没有提供任何支持。到目前为止，我仅仅是关注了几个段落，这些段落包含了我们重新理解黑格尔批判应该如何进展的一些线索。

在一个这样的段落中（我们回顾过的《信仰与知识》中的一个段落），黑格尔反对了康德极力主张的，即对于我们的知性而言，“普遍和特殊是不可避免和必然是有区别的”。黑格尔释义了康德在CJ §76［401］中的谈论，“理智是就概念而言的，感性直观是就对象而言的——它们是两种*完全异质的*部分”（FK 89/GW 325，补充强调）。注意，这些谈论不需要被解释为质疑康德的这个假定，即人类认知必须依赖知性和直观这两种能力（普遍和特殊的能力）。换句话说，不明显的是，黑格尔传达的这个信息是，我们通过摧毁两种能力和其功能之间的区别，以及通过把一种能力还原为另一种能力，获得同一性。很明显的是，在这个和许多其他的段落中，黑格尔的挑战指向了他认为的“异质性”的这种假定。我们也不知道就此他的意思是什么，我们知道的仅仅是，他以他所说的“真正的”两者“有机的”统一反对普遍和特殊的这种“异质性”，这种统一就是理智直观的统一（FK 91/GW 327）。我们知道，按照他 57
的观点，这种有机统一的模型，以“普遍和特殊的*同一性*”取代了异质性（FK 90/GW 326, 补充强调）。[1]

这个线索——黑格尔质疑的不是康德极力主张的即我们的知性推理形式必须依赖感性直观和概念，更确切地说，而是他承认了它们的异质性——将规定我们接下来讨论的进程。由于我提出，异质性的指控是关键所在，我对黑格尔批判之解说的整个说服力当然就会依赖于我对它提供的解释。

在导论的章节中，我提到黑格尔已经被解释为，他推荐的完全就是我们之前概括的这种还原的路径，以作为异质性的纠正。根据这个解释，他的目标是以下面这个论点来取代康德的异质性的假设，即对于我们的知性来说，感性直观还原为概念。根据这个观点，我们在认知自然时根本不会依赖于独立被给予的感性直观。我们不依赖于感性的激发，因为我们有能力促成经验的诸对象成为仅仅通过思考它们就可以实现。那么，我们对自然的认知并不要求两种独立的能力，即概念的能力和直观的能力的合作。我们有一种能力，即理智的或者知性的能力，并且其概念或者理念提供感性直观。这个解释声称从黑格尔着迷的理智直观的这些创造能力中获得证实。这就把他描述为承认一种极端的理性主义形式，根据这种理性主义，物质世界仅仅是人类精神的一种产物或者客观化。

然而，另外一些人认为，对于黑格尔来说，这个还原所进行的是相反的方向。根据这个解释，黑格尔坚持的同一性被认为意指，我们的概念还原为直观。这个解读归因于黑格尔的这个观点，即我

[1] 在我们已经于第一章考虑的段落中，黑格尔写到，对于一个有限的人类知性而言，根据康德的解说，普遍和特殊必然是有区别的，并且“普遍和特殊统一的理性知识”，必定仍然是“超验的”（FK 90/GW 326）。

们的观念或者概念把它们的起源完全归因于感性。不同于坚持认为我们有一些真正内在的或者先天的诸概念的这些人，黑格尔被理解为，认为所有的精神，所有的所谓的创造内容和立法权，都是被自然规定的。那么，所有我们认为“合理的”一切，都是在这个意义即它以这种方式反思为“现实的”，以此方式，自然和现实历史诸条件已经使得我们的认知能力（其力量和其概念）成为其所是的东西。

当然，黑格尔对概念和直观的这个“同一性”的辩护的这两种表象并没有穷尽各种可能的解释。[1] 现在，我提及它们，是因为它们最明显地对立于我将提供的对它们的解读。再者，我把这个事实当作我们的主要线索，即黑格尔从康德自然之为一个有机体的
58 模型中获得他对这种理智直观的“真正统一”的理解（在这个统一中，普遍和特殊不是不可避免的和必然有区别的，更确切地说，而是“同一的”）。理智直观把自然经验为一个有机的统一体。在这个有机体中，如我们已经看到的，部分和整体之间的这种关系指的是合目的的相互规定的关系。部分产生于整体和被整体所规定，并且各部分的相互关系和行为（在似乎“被规划的”行为中）维系着彼此和整体。在接下来的论述中，我为这个观点辩护，即在批判康德坚持普遍和特殊的异质性之时，黑格尔实际上认为康德的任务没有理解这个意义，即这两种认知形式彼此处于一种相互规定的关系之中。这就是为什么，他主张康德的哲学并不是真正的或者完全一致形式的观念论。按照黑格尔的说法，一个真正的观念论体系，“并不承认这两种对立物中的任何一个在其从另一个中抽象时是自为存在的”（FK 68/GW 303）。

为了把黑格尔对异质性的指控讲得更清楚，我们将需要对下述这两个问题提供答案：第一，他承认康德把我们概念的本质理解为异质性的后果是什么呢？以不同方式来表达这个问题就是，如果我

[1] 我在第三章第七节中讨论一个进一步的解释。

们追随康德假定普遍和特殊是"不可避免的和必然有区别的"，那么，黑格尔认为这个普遍的观念意指的是什么呢？第二，他承认康德把我们感性特殊的本质理解为异质性的后果是什么呢？换句话说，如果我们预先假定了康德的普遍和特殊是"不可避免的和必然有区别的"，那么，对我们处理独立被给予的感性内容，以及自然对于我们的认识的贡献，这必须需要什么呢？（这些问题可以重新被认为是关于康德承认他理解的我们两种知识能力之间异质性的这些后果的问题。这个异质性的论点对于知性或者理智和感性或者接受性的能力的观念意味着什么呢？）

我希望，一旦我们在第三章和第四章中完成了我们的讨论，我们将有这些问题的答案。本章剩下的部分中，我们的目标是要表明在接下来的章节中我们将获得讨论的方向。在本章第四节和第五节中，我们将看看《费希特与谢林哲学之间的差异》一文中的诸段落，该文为我的见解提供了支持，在辩护概念和直观的"同一性"时，黑格尔自己并不承认以上两种还原模式中的任何一种。相反，《费希特与谢林哲学之间的差异》一文中表明了，黑格尔想要利用的这个观念是指一个有机统一体的诸部分和整体的相互规定。

我将考虑黑格尔在这些段落中指责的一般性靶子，即存在在康德人类推理性观念中的有关异质性的这个假设。康德告诉我们，因为我们的知性是推理的，所以我们必须预先假定，自然是一个体系性的统一体。当然，根据他的解说，我们最有权主张，这个统一是一种必然性的公理或者理性原则。事实上，我们没有权利主张自然包含在自身的统一体范围内或者它自在地和谐于我们的诸概念。这个事实对于康德而言，遵从了自然提供的感性特殊和我们概念或者普遍之异质性的假设。在《费希特与谢林哲学之间的差异》一文 59
中，如我们将看到的，黑格尔意指，获得一种完全充分的或者真正的观念论形式之关键在于，拒斥异质性这个预先假定。进而他相信，他和谢林已经发现了这么做的方式。

四　康德“纯然目的论的”自然概念

我们把注意力转回到我们之前已经考虑过的《费希特与谢林哲学之间的差异》一文中的段落，黑格尔写道，康德

> 把自然呈现为主体—客体，因为他认为自然的产物就是自然的一个目的，是没有目的概念的合目的的，没有机械论的必然的，是概念和存在的统一。然而，同时，这种自然的描述仍然纯然是目的论的［*nur teleologisch*］，意味着仅仅是作为我们有限推理式思考人类知性的一个公理才有效，自然的特殊现象并没有被包含在普遍的诸概念之中。从这个人类的视角来看，没有什么实在的自然应该被谈论。这一观点仍然贯穿于某种主观的东西和纯粹客观的自然，都只是思维的东西。对于一种合理的知性而言，自然的未被规定和知性的规定之间的这种综合应该仍然是一个纯然的理念。对于我们人类来说，机械论的解释应该和谐于合目的性，这应该不太可能。（D 163/103）

如黑格尔在这里提到的，康德具有自然作为“主体—客体”的、作为一个合目的的统一的理念。[1]但是康德告诫，如果我们主张以这个方式（如“通过机械论”而是一种有机统一体）认知自然，我们就忽视了我们知性的界限。我们无视了这个事实，即对我们的推理知性而言，如黑格尔指出的，“未被规定的自然和知性的规定之间的综合就应该仍然是一个纯粹的理念”。因而，在同样的段落中，黑格尔提醒我们康德的观点，即对我们的推理知性而言，我们的概念和被给予的感性特殊之间的关系中存在着偶然性（CJ §75［400］）。他说，“诸概念对于自然而言仍然是偶然的，正如自然对于诸概念而言同样如此”（D 164/104）。

---

［1］事实上，在 CJ 的一个段落中，康德承认，对于我们来说，“冒冒失失地”假设的是：“自然不可能有一个隐蔽的基础，它足以使得被组织的诸存在者成为可能而没有一个潜在的意向（而是通过自然的纯粹机械论）。”（CJ §73［393］）

因此，对于康德而言，自然本身必定不被思考为“主体—客体”或者作为“概念与存在的同一”。相反，自然必须被思考为从一个“纯粹的理念”中获得其统一。如黑格尔在其他地方所写到的，自然必须被认为是“根据外在的诸目的而被规定的”——诸目的是被人类的认知所赋予的（D 165/105）。这就是黑格尔贴上“纯然目的论的”标签的这个自然的观念。

在上文引用的段落中，对于黑格尔的反对见解，即我们实际上能够把自然认识为“主体—客体”或者“概念和存在的同一”，我们所要
认为的是什么呢？也许，这点就是，我们能够把自然认识为某种别的 60
东西，而不是一种自在地未被形式化的或者赤裸裸的感性内容，这些感性内容必须从某种外在的根源中获得其统一（例如，从人类理性的诸理念或者公理中）。根据这个黑格尔似乎提议的观念，我们有理由假定，自然本身包含着统一。自然本身像一个有机体，因为它有自我规定的能力。根据这个模型，我们的自然知识或者经验像是一种直观的认知形式，因为我们也许能够把自然认识为已经被形成的。换句话说，我们的诸直观被给予的并不是作为赤裸裸的“存在”而需要归类到概念之下，更确切地说，它们被给予的是作为“概念和存在的统一”。

黑格尔提出了自然如何可能被我们认识或者经验的另一种陈述以之为“补救”，他在《费希特与谢林哲学之间的差异》的前言中告诉我们，由于康德和费希特的观念论，自然已经被“不公道地”对待（D 83/13）。[1] 他在这些段落中标明了，《费希特与谢林哲学之

[1] 我遵从了哈里斯（Harris）和瑟夫（Cerf），把“Versöhnung”翻译为“补救”（compensation）。“Versöhnung”通常都被翻译为“和解”（reconciliation），他的动词形式通常就呈现为“和解”或者“恢复和谐”（例如，在敌人之中）。但是“Versöhnung”有时候也被用来意指偿还或者补救，如在接下来弗里德里希·席勒（Friedrich Schiller）《梅西纳的新娘，还是敌人的兄弟》（“Die Braut von Mesina oder die feindlichen Brüder”）（1803）的段落中：“ist sie wahrhaftig seine, meine schwester, so bin ich schuldig einer greuelthat, die keine reu und büszung kann versöhnen.”（“如果我的妹妹真的是他的，那么我就犯了可怕的错，任何悔恨都无法弥补。”）

间的差异》一文作为整体的一个主要目标就是要让我们相信，如此这般的补救是可能的，并且他和谢林已经发现如何提供补救。但是，在何种意义上，黑格尔认为自然是被康德和费希特不公道地对待呢？根据目前为止我们已经涵盖到的根据之基础，我们可以很好地猜测他对这个问题至少部分地回答了。康德和费希特的先验观念论指出，虽然我们可以（实际上，必须）认为自然是一种体系性的统一体，是部分和整体的完美和谐，但我们从来不可能主张，把自然认识为某种东西，而不是黑格尔所说的“某种本质上被规定的无生命的东西”（D 139/76）。根据康德和费希特，自然对于我们的知识形式而言就是自在的“纯粹质料”（D 164/105）。自然不是自我规定的，而是“绝对地被概念所规定的，例如，被某种外在于它的东西”（D 165/105）。黑格尔有时候把这种观念的自然如“经验主义的”确认为“纯粹质料”。在一个段落中，例如，他写到了经验主义，它“放弃了创造精神的希望和自身的一种内在性，并且把其无生命的东西［材料］导入自然的生命之中”（D 193f./137）。

因此，“补救”自然意味着以某种方式让我们免于成为“经验主义的”或者“纯然目的论的”认识自然的观念，即它是自在的“本质上被规定的和无生命的”。黑格尔似乎要说的是，如果我们能够确定，自然可能不仅仅被思想，而且确实地被我们的知性模式认识或者经验为一种体系性的统一体或者合目的的整体，那么，补救就实现了。那么，补救自然就需要阐明，我们可能事实上把它认识为一个统一体，自我规定的统一体。有时候，黑格尔以多种方式指出了这点。在一个段落中，他说我们需要确定，我们把自然不仅仅认识为客体而且也认识为主体，认识为包含着自由的自我意识的诸特征（D 167f./107f.）。相反，假定我们的体系性和合目的的统一体的观念必须依赖于对超感
61 性的东西的诉求，我们应该承认主体性（也就是说，自由的自我意识的诸特征）栖居于自然之中。在反思谢林之影响的话语

中，他写到，相反于康德和费希特的观念论所认可的，事实上，对于我们而言，把自然认识为一种“内在的观念性”是可能的（D 166/107）。[1]

也许，把这些评论作为纯粹的幻想而予以放弃的诱惑是不可抵抗的，但是我们仍然远没有理解，黑格尔通过它们所意谓的。例如，我们仍然没有确切地知道，他期望如何以上述具体的方式确定，我们自然的经验与理智直观之间的共同特征。并且我们不可能真正地希望清楚地理解这点，直到我们更好地理解了他批判康德和这种观念论的这些根据，黑格尔在《费希特与谢林哲学之间的差异》中把这种观念论归于康德和费希特。

我们需要回答的一个问题是：在康德和费希特的这种观念中，黑格尔假定的东西与这个结论符合吗？我们可以把自然认识为自身就是“纯粹质料”。我相信，《费希特与谢林哲学之间的差异》一文提供给我们两条重要的线索。在这两条线索出现的文本中，黑格尔表达了他对谢林的赞赏，并且这两条线索对引导我们未来如何解释黑格尔是至关重要的。第一个线索应该是我们熟悉的。它就是，黑格尔赞赏谢林采用了“同一性原则”“作为一个整体的体系的绝对原则”（D 155/94）。在这个段落和其他段落中，黑格尔断言，补救自然的关键在于采取这个同一性原则作为观念论的原则。那么，自然在康德和费希特的观念论中遭受到的“不公道地”对待就是这一事实的结果，两位哲学家接受了异质性而不是同一性，以之为它们体系的一个基础原则。换句话说，两者都预先假定，如黑格尔在一个段落中写到的，“概念和对象是彼此

[1] 歌德对《判断力批判》§76 和 §77 的解读至少比谢林的解读对黑格尔的影响更大，对这个论点的辩护，参见埃卡特·福斯特的文章“The Significance of §76 and §77 of the *Critique of Judgment* for the Development of Post-Kantian Philosophy（第一部分）”。歌德对黑格尔这个主题的影响也集中讨论于 Songsuk Susan Hahn’s *Contradiction in Motion*（第一部分）。

相互外在的”（D 165/106）。

第二个线索提醒我们注意黑格尔批判的一个方面，我们还没有予以思考的方面。它包含在黑格尔赞赏谢林的一些段落中，他赞赏谢林意识到放弃康德和费希特观念论中“主观的”东西的必要性。他写道，“谢林哲学的这个基本公式就是从先验直观的主观性中抽象出来”（D 176/118）。在这个和其他的论述中，黑格尔把这个洞见归因于谢林，即我们不可能期望以同一性来取代异质性（至少当它补救被费希特和康德的先验观念论所损害的自然时），除非我们放弃他们观念论中主观的东西。如黑格尔在这个章节开始时的引用中清楚地说到的，康德的体系“仍然贯穿于某种主观的东西和纯粹客观的自然，都是纯然思维的东西”。黑格尔很大程度上以相同的方式批判费希特。在费希特的“先验观念论”体系中，他写道：
62 “同一性仅仅把自身构建为*主观的*主体 / 客体。”（D 155/94，补充强调）

根据黑格尔，费希特和康德的观念论在哪个方面是主观的呢？这是个很大的主题，我们将在第三章开始进一步思考它。然而现在，我们可能得至少谈论这点：我们从《费希特与谢林哲学之间的差异》一文的这些讨论中获知，黑格尔并没有把这个特殊的指责引向这个方向，即这些体系思考我们知识的诸对象，而是把它引向这个方向，即它们思考这个认识的主体及其功能。费希特和康德的观念论是主观的，他说，因为它们不承认主体性本身是“主体—客体”。他赞赏谢林，因为它意识到自然和主体性这两者都是“主体—客体”（D 155/94，160/100）。清楚的是，由于谢林克服了康德和费希特观念论中的主观的东西就是一个这样的问题，即得承认，正如自然是一个“内在性的观念性”，因此主观性是一个“内在的实在性"（D 166/107）。[1]

从这些论述来看，我们可以预料，黑格尔受谢林启发将采用的这个一般策略，即完善康德和费希特的这些观念论。如果我们承认，《费希特与谢林哲学之间的差异》一文中的一个主要目标在于"补救"自然，那么简单地说，黑格尔提出的这个策略就是，我们用观念论的这个同一性原则取代异质性。就康德和费希特的这些观念论所关注的而言，用同一性来取代异质性要求我们从他们观念论的"主观的"东西中抽象出来。我们要从他们的观念论的主观的东西中抽象出来，就得意识到，在某种意义上（在这点上，一种非常神秘的意义），主观性本身就是"主体—客体"，如黑格尔所说的。为了补救自然在费希特和康德的观念论体系中遭遇的"不公道地"对待，我们需要承认，不仅仅"每一粒灰尘都是一个组织"，而且"每一种认识"都不只是一个思维的主体，而是"一个真理"（D 157/97）。

五 主体科学和客体科学的同一

我们这一章开始于一个引起我们注意的核心问题：为什么黑格尔认为，康德否认我们具有一种理智直观的认知能力以及在把推

[1] 参见谢林在他的 1797 年的论文"Ideen zu einer Philosophie der Natur als Einleitung in das Studium dieser Wissenschaft"，（载于 *Friedrich Wilhelm Joseph von Schelling: Schriften, vol. I*［Frankfurt am Main: Suhrkamp Verlag, 1985, 294］）中把自然当作"可见的精神"，而主观性作为"不可见的自然"。普里西拉·海登·罗伊（Priscilla Hayden-Roy）在 *Philosophy of German Idealism* (ed. Ernst Behler New York: Continuum Publishing Company, 1987, 167—202) 中提供了英文译本。对于谢林看待《判断力批判》的讨论，参见罗伯特·皮平的"Avoiding German Idealism: Kant, Hegel, and the Reflective Judgment Problem" §I 和 §II，以及罗尔夫-彼得·霍斯特曼（Rolf-Peter Horstmann）的 *Die Grenzen der Vernunft* (Frankfurt: Verlag Anton Hain GmbH, 1991, 210—19)。

理性当作“绝对”上犯了错误？在我们努力提供一个答案时，我们首先详细阐明了我们在康德区分两种认知形式的第一章中提供的这
63 个描述。我们回想下，根据他的观点，对于一种推理性的知性而言，被给予的感性特殊和概念之间的这个关系必定是偶然的。这就是为什么黑格尔把康德的推理性观念描述为意指，“未被规定的自然和我们知性的规定之间的综合”，这对我们来说可能只不过是一种“纯然的理念”（D 163/103）。我们也看到，根据康德推理性的观念，机械论的和目的论的各种解释必然仍然是有区别的。再来引用黑格尔，对我们来说，不可能的是，“机械论的解释应该和谐于合目的性”（D 163/103）。对于一种推理的知性而言，自然作为一种体系性的统一体或者合目的地被安排的这个理念依赖于一个超感性的基础，以及因此不可能被认为对自然本身是有效的。

那么，我继续表明，虽然黑格尔拒斥康德对自然和人类知性的界限的描述，以及虽然他相信，我们至少共有某种直观认识模式的能力，但是他并没有着手辩护，对我们的知性形式而言，概念和感性直观“消失了”。他没有辩护这个观点，即知识的两个来源还原为一个，也没有辩护一个来源仅仅是另一个来源的模式或者种类。相反，我提出，当他告诉我们，我们应该在“有机的统一体”的模型上来理解通过理智直观获得的这种“真正的统一体”，我们应相信他说的话（FK 91/GW 327）。一个有机体的理念表明，一种“理性知识”形式的模型，他写到，“对于这种形式而言，普遍和特殊是同一的”（FK 90/GW 326）。并且如我们所看到的，黑格尔把“同一性”与有机统一体结合起来，与这个事实相关联，即一个有机体的整体和各部分处于彼此相互依赖或者相互规定的关系之中。回想下，他在《信仰与知识》中的论述：“哲学是观念论的，因为它不承认对立面中的一方自为地存在于从另一方抽象出来的东西之中。”（FK 68/GW 303）

我们在第二章第四节中的讨论对这个解释线索提供了初步的

支持。在那里，我们所考虑的一些段落表明了，根据黑格尔，因自然在康德和费希特观念论体系中受到不公道地对待而“补救自然”，是一个这样的问题，即不是把感性直观还原为概念（或者相反），而是修正我们对我们知识的这两个构成因素之本性的理解。这个修正应该是要求，我们用对同一性的承认取代对异质性的认可。按照黑格尔的观点，我们是通过承认自然（以某种方式）不仅仅是客观的而且也是主观的（一个内在的理念性），以及主体性（以某种方式）不仅仅是主观的而且也是客观的（一个内在的实在性），而做这种修正。

尽管，我们还远没有达到完美理解黑格尔通过普遍和特殊、概念和直观、主体和客体的这个“同一性”所想的是什么，但是，我们可以在《费希特与谢林哲学之间的差异》一文中发现进一步的证据，即他的目标不是要辩护我们或者通过摧毁这些区分或者通过使得一方优先于另一方来获得同一性。事实上，《费希特与谢林哲学之间的差异》之“比较谢林与费希特哲学的原则”这部分明确地包含了反对以这些方式中的任何一种来理解同一性。在该 64
文的这个部分中，黑格尔思考了，我们应该如何思考主体和客体的（理智的和自然的）“诸科学”。他坚持，我们得牢记这两种科学或者体系不仅仅是“相同的和统一的”，它们也是有着重大区别的（D 166/106）。他提醒我们不要认为它们的同一性，或者意指一门科学可以被还原为或者派生于另一门科学，或者意指只有一门科学是真正合法的。[1]

我将马上在这些页中审视黑格尔对这个问题的解释，即我们何以不应该先解释这两门科学的关系，而是首先想要强调黑格尔提供的同一性本质的积极线索的一些论述。他告诉我们，这些科学是

[1] 黑格尔在《精神现象学》§26 前言中也提出了类似的警告。关于自然的科学，黑格尔在这里说到，至关重要的是，它设定了“自我意识就是与自身的同一”。

同一的，因为它们形成了一个“连续的整体”（D 169/111）。他说，这两者“都把绝对呈现为，绝对从其现象的一个较低层次的形式中出现，并且以这个形式诞生出作为整体的自身”（D 166/106）。黑格尔这里指的是一位“更早的哲学家”（也许是斯宾诺莎），根据这位哲学家，“诸观念（主观的东西）的一致性和秩序是相同于和一致于诸事物（客观的东西）的秩序”。他在这些段落中似乎表明的是，这两门科学的“同一性”在这个事实中得到证明，这个事实即每一门科学都是某种更大的整体（他这里指的是“绝对”）的一种“现象”。

我相信，我们应该从这些论述中获取的这点，简单而言，根据黑格尔的解说，就是每一门科学都以其自身的方式显示或者表达了整体的（绝对的）本质。他的见解并不是，以获得同一性的名义，其中一门科学可能或者应该被清除。事实上，在《费希特与谢林哲学之间的差异》一文中的这些页里，黑格尔重复声明，承认它们之间差异的重要性，他说，划分必定得其所得（D 156/96）。[1] 然而，

---

[1] 这一点——划分或者差异必定得其所得——非常有可能被想成是对谢林的一种批判。虽然黑格尔相信谢林意识到了自然和理智（客体和主体）两种观点的必要性，《费希特与谢林哲学之间的差异》一文中的这些页包含有一些线索，即他已经不满意谢林有关同一性如何被获得的观点。对于谢林来说，同一性是通过“先验的直观”而获得的。黑格尔担忧的是，如他在这些页中表达的，先验直观是一种“没有色彩的光的直观”（D 156/95）。这里，他预示了他在《精神现象学》前言中著名的指责，在该书中，黑格尔指责谢林的绝对像“所有牛都黑”（§16）的黑夜。对于简略概括谢林对青年黑格尔的影响，参见弗雷德里克·拜塞尔（Frederick C. Beiser）在 *The Cambridge Companion to Hegel*（pp. 6—20）中的导言文章。（他在 *German Idealism: The Struggle against Subjectivism 1781—1801*(Cambridge, MA: Harvard University Press, 2002). 第 IV 部分提供了更大范围的解说。）也可参见哈里斯（H.S.Harris）在他编辑的这个文本的导言中对这些问题的讨论（p. 15f, p. 40f）。对于进一步讨论黑格尔在《费希特与谢林哲学之间的差异》一文中呈现的谢林，参见特里·平卡德的 *Hegel: A Biography* (Cambridge, UK: Cambridge University Press, 2000, 153—60); 以及路德维希·西普（Ludwig Siep）的论文“Zur praktischen Philosophie Schellings und Hegel in Jena (bis 1803),”他的著作 *Praktische Philosophie im deutschen Idealismus*(Frankfurt am Main: Suhrkamp Verlag, 1992, 130—41) 的第六章。

黑格尔补充了下述的提醒：我们不要忘了，我们在两种科学之
间获得的任何区别，都要求我们进行一项抽象的活动。如果我
们忘记了抽象的作用（如他显然相信许多哲学家们所做的），
我就误解了这两门科学之间的恰当关系。尤其是，我们忽视这 65
个方面，即自然和理智这两门科学不仅仅是有区别的，而且也
是同一的。

由于黑格尔相信，康德属于那些“遗忘”了在其思维中的抽象的作用，因此，无法把握诸科学的这种同一性，值得我们予以关注的是，黑格尔分析了抽象如何以不同的方式在区别这两门科学上发挥作用。同时，他在这个讨论中的许多论述都太神秘以至于无法解密，他叙述的一般寓意相对而言都是直截了当的。首先，关于理智科学的解说：黑格尔告诉我们，它抽象出了自然科学中特有的东西。他说，这个抽象产生了一种自然和理智的特殊观念。如果我们假定理智科学的这个立场，我们就认为自然有其位置，不是“自在的”，而仅仅是作为意识的对象（D160/100）。再者，我们认为自然从我们这里获得其统一或者规定。

理智科学在其理智或者主观性的观念上也依赖于抽象。它从理智是如何从自然体系的立场上被考虑而进行抽象的。因此，理智的科学，黑格尔写到，抽象于这个事实，即理智，作为意识，其本身“受制于”自然（D 160/100）。换句话说，从理智科学的这个立场上看，理智被假定为是一种能力，这一能力完全独立于自然的这些规定。

至于自然科学，它抽象于理智科学中特有的东西。从它的观点看，理智或者意识被理解为完全“受制于自然”。根据这个观念，自然是从它如何可能被一种推理的知性所认知的抽象中被考虑的。因此，从自然科学的立场看，如黑格尔所描述的，我们假定，自然像一个有机体，因为其形式或者统一是内在地被产生的。自然是一

种“内在的观念性”，它能够自我规定。[1]

再者，黑格在这个讨论中的观点不是，我们没有能力区分这两种科学或者体系。他坚持的仅仅是，我们得牢记，在以他描述的方式区分它们时，我们得依赖抽象的活动。那么，他的主张似乎就是，这两门科学“本身”就是（以某种方式）没有区别的。根据他的观点，它们“自在地”或者原初地形成了某种同一性。我们需要记住抽象在区别它们时所起到的作用，他争论到，因为我们倾向于遗忘它们原初的同一性这个事实。

66 黑格尔继续解释，这个“遗忘”可以假定不同的形式。当我们假定其中一门科学可以源自另一科学或者两门科学并不是平等的地位时，我们就遗忘了这两门科学的同一性。至于错误地期望我们能够从另一科学中获得一门科学，黑格尔这样说：当我们试图“混合”这两门科学时，我们就误解了它们的恰当的关系。他主张，当我们假定其中一门科学是另一门科学的原因或者根基时，我们就混合了这些科学。例如，当我们着手开始以物理学术语解释精神现象时，我们就把自然体系和理智体系混合起来。黑格尔写道，导致的结果就是“先验的假说”，例如“意识的纤维化理论”。另一方面，当我们试图根据意识的诸目的或者意图来解释自然的运行时，我们就把理智体系与自然体系混合起来。这就产生了，黑格尔所指的“超物理的，以及尤其是目的论的解释”（D 162/102）。他似乎意指，混合就是试图从一门科学中获得另一门科学，因为我们把一门

[1] 根据黑格尔所赞赏的自然作为一个有机体的这个观念，令人困惑的是，他发现了自然科学的自然概念是令人厌恶的。然而，我们需要牢记，他反对这个事实，即这种对自然的解说抽象于主观性的立场。从自然科学的立场来看，自然被认为与我们自己的形式或者自我规定完全相符合。那么，它的自我规定无论如何都不受制于直观的诸形式。在批判这个抽象的立场时，黑格尔自己似乎承认了这个观点，我们的自然科学事实上应该考虑主观性及其诸形式，但是不会陷入另一种抽象的陷阱中，这种抽象假定，自然因此是“纯粹质料”以及其形式完全是“外在的”。

科学所处理的现象当作另一门科学所处理的现象的充分原因（以及因此就能够完全解释）。但是，他表明，通过这种还原，“同一性”就得不到保持。

如果我们把这两门科学当作地位不平等的，同一性就得不到保持。这就不需要我们采取这种极端的措施，即把一门科学还原为另一门。当我们假定一门科学的立场比另一门科学的立场具有更大的有效性，我们就否认了这两门科学的平等地位。例如，如果我们以这个方式认为自然科学优先，我们也就是意指了它优先于理智的观念。那么，我们就会错误地假定，理智或者意识自在地就完全受制于自然，以及因此就在任何方面都不是自我规定的。我们忘了，这个理智的概念依赖从理智科学的视角中抽象。黑格尔说，在进行这种抽象时，我们实际上“摧毁”[vernichten]了理智科学（D 161/101）。

另一方面，如果我们予以理智立场优先地位，我们就“摧毁”了自然科学。我们自己承认这个观点，即自然本身就是某种别的东西，而不是自然科学所认为的东西。那么，我们就从自然科学的视角进行抽象了。如果我们予以理智的立场以优先地位，我们就错误地假定，自然本身是“纯粹质料”——一种赤裸裸的感性内容，它必须从我们这里获得其形式或者统一（D 164/105）。从这个立场来看，自然的这种规定必须是一种“从知识中借得的形式”，如黑格尔所说的（D 160/100）。在予以理智的立场优先地位时，我们自己另外承认了这个观点，理智自在地就是某种别的东西，而不是自然科学所认为的东西。那么，我们就假定了，理智或者主观性就完全独立于自然或者完全不受自然所规定。

如果我们回想下本章第四节，黑格尔对康德和费希特“纯然的目的论的”或者“经验主义的”自然观念的抱怨，我们可能就明白了，予以理智的立场优先地位的错误就全然是他归因于这些观念

论体系的错误。黑格尔的指责并不是，康德和费希特着手开始把自然科学和理智科学“混合”起来，因此把机械论的解释还原为目的
67 论的解释。相反，这些观念论体系予以理智立场优先地位（以及因此是“主观的”）。同样，他们否认了理智科学和自然科学的平等地位。[1] 如我们正看到的，如果我们予以理智科学优先地位，我们就抽象于，理智如何从自然的立场被思考，也就是说，如何受制于自然。而且，我们假定，自然是“纯粹质料”，它没有自我规定的能力。我们认为自然的形式和统一外在于源自——一个认识的主体。

也许，我们现在可以更好地把握，当黑格尔提醒我们反对“断言其中一门科学是独一无二的科学以及从一门科学的立场摧毁另一门科学”（D 161/101），他所想的是什么。理解这两门科学的恰当方式，他告诉我们，既不是“混合”这两门科学，也不是“取消其中任何一门科学……以及断言只有主体或者只有客体是绝对”（D 161/68）。相反，对这两门科学的恰当理解，用他的话来说，得承认，“主体和客体同一性的原则必须能通达这个洞见即绝对作为同一性既不是主观的也不仅仅是客观的”（D 175/116）。[2]“主体和客体的真正同一性”的获得，他说（在此回应谢林），仅当“主体和客体两者是主体—客体”之时（D 159/99，补充强调）。

---

[1] 黑格尔写到了这种观念论的形式（“先验观念论”），它把一门科学的原则置于绝对之中，以及因此就是片面的（D 162/103）。在一个具体指向费希特的评论中，他说到这个观念论，认为它是“主观的”，因为它“摧毁”了二元论的一方（也就是说，自然），并且“高举”另一方，“成为某种无限的东西”（D 155/94）。黑格尔以“更高的立场”反对这种“主观的”观念论，他的立场“认识到了这个相同的绝对存在于”两门科学之中（D 161/101f.）。

[2] 黑格尔在这个讨论中运用了谢林的话语，把绝对描述为“无差别的点”或者“绝对的中间点”。

六　主观性之为自我规定和被规定

在审视《费希特与谢林哲学之间的差异》一文之“比较”部分的这些段落时，我的目标已经巩固了这个论点，即在辩护以主体和客体的同一性来取代异质性时，黑格尔提出，既不完全地也不部分地把一方还原成另一方。如果这个解释是准确的，我们有理由总结，（这种类型的）二元论是鲜活地存在于他的同一性理论之中。如我们的叙述所展现的，将变得清晰的是，黑格尔确实在他自己解说的人类认知中保留了概念和感性直观的作用。他背离了康德，不是因为他清除了我们知识的构成要素之一或者两者，而是因为他对它们的本质和功能有了不同的理解。这个差异是根本性的，而不是微不足道的。如我在接下来的几页中将澄清的，它符合于黑格尔替代康德的深刻而令人信服的方案。

在这一章节中，我要表明的是，通过关注黑格尔着迷的有机 68
体统一体模型，获得他所想的另一种解决方案的某种提示是有可能的。按照他的观点，我们通过认识到概念和直观、主体和客体处于一种类似于一个有机体的诸部分和整体的彼此关系之中，即处于一种相互规定的关系之中，而以同一性取代异质性。这个相互规定的观念引起人们的兴趣，完全是因为它的非还原性的意蕴。当然，这个观念本身——或者，更确切地说，黑格尔对它的使用——远远没有达到自我清晰的程度。我们有大量的工作要做以规定这个精妙的方面，即以他之见，主体和客体互为条件。根本上而言，不清楚的是，黑格尔如何认为概念和感性直观的功能应该是我们知识的相互规定的要素。

黑格尔对主体和客体之同一性的完全发展的观念或者成熟的观念在耶拿时期的著述中也还没有形成。尽管如此，我们有信心主张，根据我们已经思考过的诸文本，他对同一性的这个解说意图在于提供自然的“经验主义”或者“纯然目的论”的另一方案。我们知道，黑格尔相信，如果我们把自然考虑为自在地“被规定的和无生命的”，为仅仅是客体而不是主体，以及因此考虑为不得不从一个外在的来源获得其形式或者统一，那么我们就犯错误了。在第三章中，我们将发现，黑格尔为什么相信这个错误会造成不良后果。在那里，很清楚的是，他坚持这个自然的“纯然目的论的”或者“经验主义的”观念符合于他认为的最终质疑康德知识论的意蕴。在《费希特与谢林哲学之间的差异》一文中的一个启发性的段落中，黑格尔写道：

> 如果自然是纯粹质料，如果他不是主体—客体，那么，自然就不可能有科学的构造，对这种自然而言，认识者和被认识者必然是统一的。（D 164/105）

将变得清楚的是，黑格尔的推理大致是如此：如果我们假定（如他认为康德所做的），自然是“纯粹质料”，因为其形式不是“内在的”而是源自我们的，那么如他所说，我们将不得不面对“认识者和被认识者”之间的一道怀疑的鸿沟。在确定主观的形式和独立被给予的自然本身的内容之间的任何一种“必然的”关系时，我们将面临困难。我们将不得不总结，我们仅仅通过这些形式——也就是说，仅仅作为媒介——来认识诸对象。

我们到目前为止所涵盖的这些素材允许我们期望黑格尔的辩护策略，他所辩护的自然对于我们来说不只是“纯粹质料”。如我们在第二章第四节中看到的，他坚持，这个自然的观念根源于对概念和感性直观“异质性”的承认。我们要避免把自然思考为“纯粹质料”，那么，我们只有用同一性取代异质性。我们与谢林一样，通过认为不仅仅自然而且主体性也是“主体—客体”，而确定概念和感性直观的“同一性”。因此，获得同一性就要求我们放弃我们观念中的这种“主观性”。我们现在知道，如果我们予以理智的立场优先地位，我们的观念就是主观的。在予以理智的立场优先地位
69 时，我们就遗忘了自然的立场的同等的有效性。我们忘了从自然的

立场上看，自然在某种意义上就是自我规定的。如果我们予以理智的立场优先地位，我们同样就忘了理智的自由或者自我规定本身就受制于自然。因此，在我们的观念论中放弃“主观的”东西就是一个这样的问题，即如黑格尔相信我们所应该承认的，主观性就是自我规定的和被规定的（既是主体又是客体，如他所说）。这是一个认识到主体或者理智是一种“内在的实在性”的意义的问题。或者，如黑格尔在一个段落中写到的，它是一个这样的问题，即得认识到“必然性属于理智，正如同它属于自然”（D 167/108）。在接下来的章节中，我们将探究黑格尔如何发展这个主观性的观念。

第三章

黑格尔论康德观念论的“主观性”

在上一章中，我们明白了，黑格尔认为康德的有机统一体的 70
模型把握了他描述为理智直观的这种“真正统一体”。在这一统一体中，直观和概念、特殊和普遍之间的异质性被克服了。我关注过这个情况，即，根据康德的模型，一个有机统一体的诸部分和它的整体共享一种完美和谐或匹配的关系。似乎是被规划的，一个有机体的诸部分产生于整体，另外，诸部分也相互维系着彼此和整体。一个有机体的诸部分和整体彼此之间处于一种合目的性的相互规定的关系之中。

而后，我指出，黑格尔并不否认我们在认知中依赖于感性直观和概念，他似乎相信，对我们的认知模式而言，感性直观和概念彼此处于一种类似于有机体的部分和整体之间的关系。感性直观和概念以某种方式彼此相互依赖，并且两者的实存都不在于从对方中抽象出来。按照他的观点，情形如此，认知的两种构成要素形成了一种统一或者“同一”。

当然，康德否认，他的有机统一的模型把握了人类认知的本质。事实上而言，对于我们的推理知性模式而言，感性直观是独立被给予的，而不是产生于我们的认识能力。他总结到，我们没有根据假定，独立被给予的感性直观与我们的认识能力相和谐。如果它们要被我们所认知，被给予的感性特殊必定被归类于主观的形式之下。但是，根据康德，它们与我们概念的关系是“偶然”的，而不是和谐的。

如我们所看到的，黑格尔挑战了康德所描述的我们推理性的这个意蕴。按照他的观点，有机统一体的这个模型是理解我们的认知模式中被给予感性直观和主观形式之间的关系的一种更充分的方式。他认为，康德解说我们推理性的这些意蕴的问题在于，它具有“主观性”。如果我们遵从谢林，并且放弃我们观念论的主观性，我们就会赞赏这种人类认知的本质。如黑格尔所表明的，这是一个这样的问题，即认识到，正如自然是“主体—客体”，以及因此是一个“内在的观念性”，因此主观性是“主体—客体”以及因此是一种“内在的实在性”。

71 在这一章中，我们更加细致地考察黑格尔在建议我们放弃我们观念论的主观性时的所思所想。黑格尔反复指责康德的观念论是主观的，而评论者则常常将其当做误解的产物而摒弃之。黑格尔的批判者辩护道，他发现康德观念论中的主观性，仅仅是因为他错误地把怀疑主义的意蕴归属于康德的限制论题上，归属于康德的主张上，即，我们只能认识“现象”，而不能认识“自在之物”。黑格尔犯了这个错误，有人声称，因为他无法领会康德的观念论不同于经验观念论的情形。我将在本章第一节探究黑格尔的这个无同情心的表述。

在本章第二节，我引用文本证据以表明，黑格尔不承认这种归咎于他的典型的解释性错误，并且他很好地意识到了康德区分现象和自在之物的独一无二的本质。尽管黑格尔毋庸置疑地在康德的体系和经验主义之间作出了比较，他赞赏康德阐明人类经验依赖于先天条件之计划的这种特殊的特征。

在本章第三和第四节中，我提供了另一种方式解读黑格尔对康德观念论的主观性所意向的。的确，黑格尔把怀疑主义的意蕴归属于康德观念论的主观性中。但是，他在康德的观念论中发现怀疑主义，不是因为他把先验观念论和经验观念论混为一谈，而是因为他认为，尽管康德和洛克的体系截然不同，它们却秉持着同样的主张，即绝对对立。换句话说，黑格尔确信，怀疑主义的来源正是这些系统所共享的一个假设，即经验知识来源于两个基本组成部分的贡献：感性内容和主观形式。

在本章第五节中，我提供了一种同情的方式解释了黑格尔对康德的指控。并不是说，黑格尔把康德指责为怀疑主义是因为他误解了康德的论点，即现象是唯一能够对我而言的经验实在的对象。相反，黑格尔发现在康德观念论中的这种怀疑主义遵从康德的下述假设，由于我们的部分概念在先天的意义上是主观的，它们不可能被假定为反映了自然本身的被给予内容。在本章第六节中，我表明了，黑格尔不仅仅把怀疑主义归于康德的观念论而且也归于经验主义的诸理由。

我在本章第七节中做了总结，提出黑格尔认为最终导致康德观念论的怀疑主义意蕴的这个主观性，与一种特殊的主观形式（以及能让这种形式得以产生的能力或诸能力。）的观念相关联。根据这个观念，形式在下面这个方式上是“绝对对立于”内容的，即它被认为不把任何其本性和起源的东西归因于经验主义的领域。

一 标准解释

由于我们在这一章的目标在于，理解黑格尔对康德观念论的“主观性”所思所想的东西，一个好的研究出发点在于耶拿时期著述中的一些段落。在那些著述中，黑格尔把康德的哲学呈现为一种“主观性的形而上学”（FK 189/GW 430）。我为了审 72
视而选择的一些文本似乎表面上看来是要证明广泛接受的黑格尔形象，即黑格尔被认为对康德观念论基本特征的描述完全是瞎摸索。[1] 我在本章第一节呈现这个形象的描述，而后在本章的第二节接着挑战它。

在《费希特与谢林哲学之间的差异》一文中，黑格尔写到，康德从“推理的人类知性”的有限立场看待自然，对于这一“推理的人类知性”而言，“普遍概念”不包含“任何自然的具体现象”。他继续，“这个人类的视角应该不表现任何自然的实在性 [Realität] ”(D 163/103)。这里，黑格尔似乎够直截了当。他似乎说的是，对于康德而言，“普遍概念”无法向我们揭示自然本身的实在性。这也许就是下述《信仰与知识》中论述的信息：从“主观性的形而上学”的视角来看，用他的话来说，“作为事物的世界就被转变成诸现象的体系，或者由主体的感知和被信仰的实在所组成的系统 [geglaubten Wirklichkeiten] ”(FK 189/GW 430)。如黑格尔在这些段落中描述的“主观性的形而上学”，我们的知识被限制到现象上或者仅仅是“信念的诸实在”，并且我们通达实在本身的认知路径就被剥夺了。在后期的著述如《哲学科学百科全书 · 逻辑学》中，他再次指出了这点：“康德这种思维的客观性本身……只有在如下意义上是主观的，根据康德，思想，虽然是普遍的和必然的规定，但它只是我们的思想，并且被一条无法逾越的鸿沟分离于事物本身的存在。”(EL §41A2)[2]

[1] 例如，表达了对黑格尔的康德解释的可靠性质疑的有，Karl Ameriks, “Hegel’s Critique of Kant’s Theoretical Philosophy,” 载于 *Philosophy and Phenomenological Research* 46 (1985): 1—35, 以及 Paul Guyer, “Thought and Being: Hegel’s Critique of Kant,” 载于 Frederick C. Beiser (ed.), *The Cambridge Companion to Hegel*, 171—210。

[2] 黑格尔在《哲学科学百科全书 · 逻辑学》中对“批判”哲学的讨论包含着大量相似的段落。例如，他在 EL §60A1 中写道：“康德批判哲学的片面性仅仅在于这个事实，即思想规定的这种有限性归因于它们仅仅属于我们主观的思维，对这种思维而言，自在之物应该仍然是一种超越性的绝对。”

黑格尔在 1817 年完成和出版了他的三部分《百科全书》第一版。我依赖的这个版本是《百科全书》第一部分《逻辑学》的扩展版即 1830 年的第三版。如特里 · 平卡德提到的，《哲学科学百科全书 · 逻辑学》是从黑格尔（转下页）

进而，黑格尔把这种“主观性形而上学”描述为全神贯注地探究我们认知诸能力的界限和本质，而不是对象。例如，他这样写康德的哲学，它“深陷于绝对的有限性和主观性之中，……它整个任务和内容都不是绝对的知识，而是这个主观性的知识或者是对各种认知能力的批判”（FK 68/GW 330）。[1]

最后，黑格尔在《信仰与知识》中告诉我们，虽然康德辩护 73
了知性的诸范畴或者纯粹概念是客观的或者普遍有效的人类经验形式，它们实际上对于康德来说就是“某种偶然的和主观的东西”（FK 77/GW 313）。再者，这个解读不仅在耶拿著述中得到表明，而且也在后期著述中得到表明。例如，在《哲学科学百科全书·逻辑学》的一个段落中，黑格尔提到，康德“经验性地”获得了诸范畴的规定性（EL §42）。[2]

我们可以如下概括对黑格尔批判的这种表述：康德的哲学是“主观的”，或者至少在三个方面是“主观性的形而上学”的实例：1. 他的哲学否认了人类知性认识“自然的实在”的任何可能性。2. 他的哲学全神贯注于主体的立场和我们认知诸能力的本性。3. 他的哲学的诸范畴或者纯粹概念是经验性地获得的，因此就仅仅是偶

（接上页）1812 年至 1813 年在纽伦堡高级中学首次给予的讲稿而来，参见他的 *Hegel: A Biography*, p. 337, p. 375。

[1] 他在《精神现象学》导言中对这个批判计划潜在的诸假设提供了最充分清楚明白地攻击。但是他在其他的文本中也回应了他对这个计划的反对。在 EL §41A1 中，他写道：“批判哲学为自己设置了这一任务，正是要探究的思维的这些形式一般而言能够在多大程度上帮助我们获得对真理的认识。更确切地说，认知的这个能力要在认知开始之前就被探究。”也可参见黑格尔《逻辑学》（1931 年）第二版的序言。我在第五章中会深入考察黑格尔对批判的反对。

[2] 如罗尔夫–彼得·霍斯特曼提到的，黑格尔的指责并没有指向康德的范畴表。确实，黑格尔主张，康德“发明的”诸范畴“基本上是正确的”（EL §60A1）。黑格尔反对的是康德获得这些范畴的方法。参见“Hegels Kritik der Kantischen Kategorien,”载于他的文集 *Bausteine kritischer Philosophie: Arbeiten zu Kant* (Bodenheim bei Mainz: Philo Verlagsgesellschaft mbH, 1997), 189。

然的。

特别是，鉴于第一点和第三点，要搞懂评论者为什么判定黑格尔是一位不可靠的康德解释者，并不困难。康德的确坚持，人类（理论的）知识被限制于现象，但是，如康德主义者们很快就指出的，他这个观点绝不是就意图表明，我们可能没有通达实在的认识路径。他确实考察了或者“批判”了我们的诸认知能力，并且正确的是，他辩护了我们纯粹的诸概念或范畴在一定的意义上是主观的。但是，根据他的解说，这些范畴是主观的，因为它们源自纯粹的知性而不是感性。按照他的观点，它们的主观性起源完全符合于它们的必然性。

要更细致地考察黑格尔批判的这个标准解释，我们得从上面概述的第一点出发：在黑格尔的批判者的眼里，为什么黑格尔主张康德否认了我们的认识通达实在的路径？一个通常被给予的答案就是，黑格尔不过是误解了康德观念论的最重要的意蕴：我们可以认识现象，但不能认识自在之物。黑格尔只是表明，康德的哲学否认了通达实在的路径，黑格尔的批判者告诉我们，因为他犯下了把“自在之物”等同于“实在”的错误——康德反复提醒我们不要做出这一认同。批判者的另一种回答是：黑格尔认为，康德的这个主张即我们可以认识的仅仅是现象，所意指的是，我们理论知识的这些对象最多只是实在的诸表象而已。换句话说，黑格尔支持的是，某些人对康德的现象观念所称的“通缩式”解释。[1]

74 评论者声称黑格尔犯了这些基本的错误所根据的是什么呢？大

[1] 对于近期表达的这个观念，即黑格尔错误地在这种通缩式意义上解释康德现象的这些人之一，参见 Henry Allison, “We Can Only Act Under the Idea of Freedom,” 美国哲学协会太平洋分会主席讲座，发表于 *Proceedings and Addresses of the APA* 71, no. 2 (1998), 45, 以及参见 “McDowell’s Kant: Mind and World,” 载于 *Philosophy* 71, no. 276 (1996), 234。对于概览“主观主义的”解释康德观念论的历史，参见 Frederick C. Beiser, *German Idealism: The Struggle against Subjectivism 1781—1801*, 17—25。

多数情况下，他们辩护的是，他误解了康德对自在之物和现象之间的区分，因为他忽视或者无视康德先验观念论和康德的经验主义前辈的观念论之间的重要差异。在第一批判的《先验感性论》中，康德很明确地提醒我们不要把这两种观念论混为一谈。他说，这样一种混淆误导我们理解他对“现象”这个术语所意向的。康德解释，对于经验主义者例如洛克而言，“现象”指的是可感知的诸对象的属性，这些对象的实存依赖于这位感知者的偶然视角。例如，一朵玫瑰花的香味和颜色充其量揭示了其现象（在经验主义者所指的意义上），因为它们是被感知到的诸属性，用康德的话来说，仅仅是我们的感性器官感觉的“偶然附加的结果”（CPR A 29）。对于洛克式的经验主义者而言，如此这般的诸属性（属性通常被认为是“感性的”或者“次要的”）不被认为告诉我们对象本身的实在性。更确切地说，它们是在接下来的意义上是主观的或者观念的，它们揭示的并不是事物的“客观的”或者“实在的”属性，而仅仅揭示了诸对象如何偶然地向这位感知者显现。

康德断言，这种理解主观的和客观的诸属性之间的区分，理解事物的现象和自在之物之间区分的方式，只不过是“经验性的”（CPR B 62/A 45）。它假定，对于任何一个可感知的对象而言，都可以获得这一区分，即其实存依赖于感知者的诸属性与真正内在于或者构成对象本身的诸属性之间的区分。康德的目标不是要摒弃或者质疑事物实在的属性和仅仅是主观的属性之间的这个区分。然而，他希望我们牢记，当他比较现象和自在之物时，这并不是他意图把握的区分。他所意图的这个区分是不同意义上的，这一意义即他所命名的“先验的”。因此，对于经验主义者而言，“现象”指的是经验对象的某种类型的属性（这些属性的存在依赖于感知者偶然的视角），康德的“现象”的意思，指的是经验的诸对象本身（CPR B 62/A 45）。根据他的先验观念论，“现象”指的是，任何能在感知中给予我们的对象（如他所说，任何可能的“经验”对象）。那么，对于先验观念论者而言，实在的属性和感知的属性之间的这个经验区分是一种在先验的意义上应用到诸现象上的区分。对于在先验意义上的任何现象而言（也就是说，对于任何经验的对象而言），我们可以经验性地把这些依赖于感知者的偶然感知立场的诸属性与那些不依赖于感知者的偶然感知立场的诸属性区分开来。

不难理解为什么康德发现必须提醒我们不要混淆经验主义的和先验的“现象”观念。根据这两方的观点，现象以某种方式都依
75 赖于主观的诸条件。对于洛克式经验主义者而言，颜色、味道、芳香等的实存（在其他事物之中）依赖于感知者的感性器官的特殊构成。然而，对于康德而言，有一种这样的意义，即那些依赖于感知者的东西不仅仅是这些感性属性，而且也是诸对象本身。他的观点就是，存在着主观的诸条件，它们规定着任何可能作为感知的一个对象而被给予我们的事物之形式。这个主观的形式（也就是说，先天的感性直观形式，空间和时间）在接下来的重要方面不可能是感性的或者第二性质的：首先，它并不取决于一位感知者的特殊视角或者取决于感知者的感性器官的适合性。其次，对任何人类经验而言，它对可能是感知可能对象的东西都设定了必然和普遍的限制。

因此，当康德使用“现象”这个术语时，他的意思并不是指这些在感性的或者第二性质的意义上是主观的诸对象之属性。根据他的解说，“现象”并不就意味着仅仅是诸表象。更确切地说，康德“现象”的意思是任何感知的任何可能对象。康德的“现象”的意思是诸对象，它们对我们而言可能是经验实在的——我们可能的经验诸对象。那些独立于空间和时间这种主观形式的诸对象，根据他的解说，被思考的“自在”的诸对象不可能是人类感知的诸对象。康德把我们的知识限制到现象上，但是在这么做时，他的确不是认为自己因此就否认了我们认识经验实在的能力。

如已经提到的，黑格尔的批评者告诉我们，黑格尔可能仅仅

表明，康德的哲学否认了我们的认识通达实在性的路径，因为他采取了通缩式（或者仅仅是经验的）方式解释康德的“现象”概念，因此假定，康德把“实在性”等同于自在之物的领域。根据这个解读，黑格尔被理解为仅仅是无视了一个重要的方面，即康德在不同于其经验主义的前辈的方面，也就是说，在辩护人类感觉的对象依赖于先天的直观形式上。黑格尔的批判者表明了，没有把康德的先验哲学与经验主义区分开来的这种失败，在他误解康德范畴模态中，进一步得到证明。黑格尔把这个观点即我们的纯粹概念或者范畴是“偶然的”归因于康德，这个事实只能意味着，他忽视或者无视了康德对它们作为先天的或者先验的诸条件之作用的论证。似乎他没有意识到，康德努力阐明诸范畴如何是先天的概念，没有这些概念，对我们的推理知性而言，根本没有对象被我们思维或者经验。或者，似乎他没有意识到，康德的计划提供了替代洛克和休谟的概念经验主义的另一种方案。

黑格尔没有充分意识到康德的先验哲学和洛克的经验主义之间的这个区分，这个见解似乎进一步得到支撑，不仅仅通过诸如我们在第二章中考虑的那些段落，而且也通过他在《信仰与知识》中的论述。在前者的诸段落中，黑格尔把康德的自然观念当作是“经验主义的”，在后者中，康德的哲学（以及雅各比和费希特的哲学）是“完整化和理想化的……经验主义心理学”（FK 63/GW 297）。在同样的文本中论述康德部分的开头几页中，黑格尔让我们回想下康德批判认知能力的计划。而后，他从洛克的《人类理智论》中 76
引用了长长一大段——因此，好像阐明了，康德通过批判的计划必定所想所思的东西。在这个段落中，洛克断言我们需要理解我们的“理智的诸能力”的本性和界限，黑格尔写到，这些话就是我们“在康德哲学导论中也读到的”。他告诉我们，两位哲学家都涉及“思考有限的理智”。（FK 69/GW 304）

二 反对标准解释的证据

我们正要审视的这些段落可能被解读成为，意指黑格尔误解康德在接下来这个方面是一位经验主义者：他无法领会这个事实，即，对于康德而言，对认知进行批判的这个计划造成的结果是，对经验可能性的先天的或非经验的诸条件的一种解释——就是对我们的范畴和直观形式的先天的或者非经验的起源的一种解释。而且，黑格尔误解了康德把我们的知识限制到现象上的意蕴。他提出，对于康德来说，这就意味着我们没有通达实在性的认识路径。

然而，有大量的文本证据表明了，黑格尔的这个解读是不准确的。虽然，不可能否认的是，他认为康德的观念论值得在某种意义上被经验主义地思考，他没有犯批评者归因于他的基本错误。如我们应该明白，他对康德经验主义的描述要比上文的解读可能引导我们去认为的解说要复杂得多。这一陈述并不包含任何迹象说明他未能理解，对于康德而言，我们有一些概念的起源不是经验。黑格尔对康德经验主义的描述也不能证明，黑格尔忽视了康德坚持"现象"指的是人类经验的可能对象，而不仅仅是这些对象的第二性质或者感性性质。

我们只需要考虑一些文本，它们可以让批判者的解释思路引起质疑。从我们在第三章第一节结束处审视的《信仰与知识》中的这段开始，黑格尔这样论述到，康德和洛克同样都共同地"考虑了有限的理智"，并补充了这点，即康德的结果是"完全不同的"（FK 69/GW 304）。而后，他关注了他相信是康德先验哲学独一无二的一个特征：它全神贯注于这个问题，"先天综合判断如何可能？"他继续相当细致地审视了康德对统觉之原初综合统一的作用的解说，以及对在把诸范畴应用到空间和时间中被给予的杂多上的创造性想象力的解说。在这些论述中，没有证据证明，黑格尔失败于承认康德诸范畴的先验演绎和对我们概念起源的经验主义解说之间的差异。

其他的著述也支持这个结论。在《哲学史讲演录》中，黑格
尔在讨论批判哲学之前就开宗明义地提醒我们，康德着手提供了另
一条路径，不仅仅替代沃尔夫的形而上学哲学，而且也替代洛克的
经验主义。[1] 而后，他审视了康德先验逻辑以及其论证的关键特 77
征，即，康德证明有一些先天的概念和直观形式，它们是经验得以
可能的条件。在《哲学科学百科全书・逻辑学》中，黑格尔提到，
对于经验主义而言，诸原则和法则“不应该在感知之外拥有其他的
意义和有效性。”（EL §38）。他继续指出，休谟“攻击了所有的普
遍决定论和法则，完全是因为它们没有通过感性感知而获得证明”
（EL §39）。然而，对于康德的“批判哲学”而言，普遍性和必然性
“并不是根源于经验”，而是属于“思维的自发性”，并且是“先天
的”（EL §40, §41A2）。

至少，这些段落质疑了我们在第三章第一节中概括的对黑格尔的解释。当我们在第四章转而去考虑他对康德先验演绎的处理时，我们将进一步遇到证据，即他非常熟悉康德的计划提供了替代经验主义的另一条路径。那么，很明显，黑格尔领会了，康德努力挑战我们概念起源的经验主义解说和休谟的怀疑主义结论。然而，我在这里不再考虑更多的这种证据，我想要在本章剩下的部分中提出另一种替代错误解读的方案。因为，即使我们认为，黑格尔不承认评论者归因于他的根本性错误，我们仍然需要解释他不可否认地在康德的观念论和经验主义之间作出的比较。我们需要解说他在《信仰与知识》导论中作出的新奇评述，即康德、雅各比和费希特的哲学呈现出“彻底的和观念化的……经验主义心理学”。

[1] *Lectures on the History of Philosophy III*, 429. *Vorlesungen über die Geschichte der Philosophie III: Theorie Werkausgabe, Bd. 20* (Frankfurt: Suhrkamp Verlag, 1971), 334—5. Hereafter “LHP III 429/VGP III 334—5.”

三　人类认知的有限性：康德、费希特、雅各比和洛克

要让我们的另一种解释得以展开，更充分地探究黑格尔在《信仰与知识》中描绘的“主体性的形而上学”将是有益的。我们在第三章第一节概述了三点，我们从第二点开始，为什么他写到，康德、费希特与雅各比与经验主义相同，“把一个主体的立场提高到了第一的和最高的立场”（FK 63/GW 297）？黑格尔告诉我们，这些哲学家，“追问和回答了这个问题，即宇宙对于一个感觉的和有意识的主体性而言是什么”。他们中的每一位都是从这个“确定性”即“存在着一个思维的主体”开始，他在后面写了很多关于此的段落，并且对于每一位哲学家而言，“哲学的整体就是由根据这个有限的理性［endliche Vernunft］而规定宇宙构成”。（FK 64/G 298）

78 这些对思维主体“确定性”的提法，以及把主体性提高到“第一的和最高的立场”的提法，让人们想起了笛卡尔。并且，有理由认为，至少在这些段落中，黑格尔的目标之一就是要关注这个情形，即康德、费希特和雅各比都得感激笛卡尔。[1] 如在其他文本中一样，在这里，黑格尔把笛卡尔主义者描述为，坚持先天的探究任何对象的本质，我们需要考察知识本身的能力。黑格尔发现，这种对认知批判的优先性的坚持，同样的，是洛克和休谟的哲学策略的基础，康德、费希特和雅各比也是如此。他似乎也表明了，隐含在这样一种批判的“现代的”需要中，就是这种假定，即算作知识标准的东西就是要被主体性本身所设定，而不是被任何“外在的”东西。他在《哲学科学百科全书·逻辑学》中解释道，现代的或者笛卡尔主义的哲学在这个方面不同于经院哲学，例如，经院哲学只是预先假定或者承认某种“内容”（也就是说，基督教会的教

[1] 例如，黑格尔在《哲学科学百科全书·逻辑学》中写到，笛卡尔的“我思，故我在”正是“现代哲学整体关注的”核心（§64）。

义），并且，把它的任务限制到，澄清这个内容以及使得它更加精确（EL §38A）。[1]

然而，对我们当下的目的更有益的是，黑格尔评论到，这些哲学家中的每一位都同洛克一样，相信哲学用“有限的理性”来规定宇宙。[2]在何种意义上，黑格尔相信理性对于康德、费希特和雅各比，以及洛克是“有限的”呢？一个重要的线索是这个：有限理性，他写道，“放弃对永恒的直观和认知”（FK 63/GW 297）。对于这些“启蒙”哲学家中的每一位来说，他说，“绝对是……超越理性的”（FK 56/GW 288）。

那么，黑格尔的观点是，这些哲学家中的每一位都把理性考虑为是有限的，因为每一位都认为，我们的观念或者概念是不能够产生外在或者超越于感性经验领域之外的诸对象的知识（如他指出的，这些对象是“永恒的”或者是“绝对的”）。黑格尔似乎要表明，理性有限性的这个论点所意指的，是康德、费希特、雅各比所支持的假定，洛克也同样如此，他们假定，如果一个概念要提供物质知识（“宇宙”的知识），它必须以某种方式与感性经验相关联。

让我们聚焦于黑格尔对康德主义的和经验主义的体系的处理， 79
并且，考虑他以这个方式比较他们的正确之所在。尽管如此，我们不得不承认，在康德主义和经验主义具体论述我们的概念和感

[1] 在他的《哲学史讲演录》中，黑格尔告诉我们，抛开“外在性的僵死权威”是“现代哲学”的主要特征，例如，挑战基督教会的权威。取代外在权威，开始于笛卡尔宣称的现代理性的权威。“新时代的这个原则就是思维的原则——思维自身进展……根据这个内在性［Innerlichkeit］……思想自为地是自由的，被认为是有效的东西。”他说，这个原则“开始于笛卡尔”（LHP III 217f./VGP III 120）。黑格尔以这个方式描述康德样式的主体性立场：对于这个立场而言，“思想把自身理解为绝对”。“任何外在的东西对它而言都不具有权威性，每一个权威性的东西只有通过思想才被认为是有效的。”（LHP III 424/VGP III 331）

[2] 黑格尔认为，休谟也是主体性立场的一位代表人物。（参见 FK 137, 154/GW 377, 395）我在本章最后一部分思考，黑格尔描述的休谟对于经验主义发展的重要性。

性经验的关系上，存在着重大的差异。对于经验主义者，例如洛克，一个观念或者概念给予我们自然的知识——这具有真正的代表性——只有当它（或者其构成部分）最终起源于经验之时。如果一个观念真正地具有代表性，那么，我们应该能够在原初地产生它的感性印象中发现其起源。然而，对于康德而言，我们阐明我们的概念与对象之间的必然联系，不是通过返回到感性印象中追溯其起源，而是通过确定，在缺少这些概念时，我们就根本没有经验。我们的概念与诸对象具有一种必然的关联，也就是说，仅仅作为我们认知或经验那些对象的先天条件。[1]

尽管康德主义者和经验主义者在必须确立我们概念和感性经验之间的这种关系的观点上有这些差异，但黑格尔的确正确地主张了，康德主义者和经验主义者都辩护这个论点，即超感性的知识对于人类知性是不可能的。当他断言这两种路径都承认理性“有限性”的这个论点时，这至少部分地是他希望重点强调的。两者的这种有限性论题因此都意指一种对我们知识的范围的限制。虽然它们施加于这个限制的根据是不同的，康德主义者和经验主义者同样坚持，我们没有理由主张超越于感性经验领域的诸对象的知识。[2]

但是，黑格尔要比上文这个论述更深刻地比较了这两种哲学体系。在回答这个问题时，即为什么康德主义者和经验主义者认为理性在这个意义上是有限的，黑格尔告诉我们，对于这两方而言，理

[1] 按照康德的观点，我们先天概念或范畴的有效应用被限制到可能经验的诸对象上（在空间和时间中被给予的对象或者“现象”。从知识的立场上看，我们的概念没有合法性以应用到外在于经验领域的诸对象上。也就是说，他们没有合法性以应用到“自在之物”）。

[2] 黑格尔提出这点不仅仅在《信仰与知识》中，而且也在《哲学科学百科全书·逻辑学》中。根据（一贯的）经验主义，他在后面的文本中写道，“[超感性的]认知被认为是不可能的。我们必须把我们自己限制到属于感知的东西之上”（EL §38）。根据康德，诸范畴“根据它们自己的解释是空洞的，并且仅仅在经验中才有它们的应用和使用”（EL §43）。

性（或者，康德那里的知性的能力）是一种“被感性所激发的”能力（FK 65/GW 299）。黑格尔着重强调下面这个事实，这两方的体系都认可这个假设，即在我们努力认识自然时，我们必须依赖于一种独立被给予的感性内容。对于康德主义者和经验主义者来说，我们认识自然，既不仅仅是通过分析我们概念的意义，也不是通过非感性的或者理智的直观。因此，康德主义者和经验主义者都放弃了“对永恒的直观和认知”，如黑格尔所说的。对于这两种路径而言，我们可获得的对自然的诸种直观是感性的——这些直观以上文提到的方式与我们的概念相关联。并且，正是因为，予我们有用的对自然的诸种纯然直观是感性的，对于康德主义者以及经验主义者来说，“哲学的目标不可能是对上帝的认知，而只能是对人的认知” 80
（FK 65 /GW 299）。

黑格尔所做的这些比较有极高的概括性，这个事实也许解释了为什么这些比较没有什么不可接受的地方。即便不须误解这两种哲学路径，我们也可以承认这个概括性的主张，即康德主义者和经验主义者都否认我们具有超感性的知识，并且都要求，在我们努力认识自然之时，我们必须“被感性所激发”。但是，在黑格尔的下一步比较中就不太直截了当了。关于理性有限性这点引导他产生另外的主张，即对于康德主义者和经验主义者而言，我们事实上拥有的以及可能（合法地）拥有的知识不仅仅其范围有限制，而且也是二等的——仅仅是实在事物的表象。例如，这个信息被传达于我们之前思考的《信仰与知识》中，在那里，他写到，康德、费希特和雅各比，以及洛克遵循的“主体性形而上学”把这个世界转变成为“一种现象的体系，或者主体激发的体系，以及信念的实在”（FK 189/GW 430）。这似乎也是下面这个论述的信息：

> 康德、雅各比和费希特哲学的共同的基本原则是……有限性的绝对性，并且，由此造成的结果就是，有限性和无限性、实在性和观念性、感性与超感性之间的绝对对立，以及*真正实*

在与绝对之物的不可得性。（FK 62/GW 295f.，补充强调）

后面的这个段落包含在黑格尔《信仰与知识》的导论中，正是在这些页中，他最明确地提醒我们主体性形而上学的下述意蕴：在否定我们具有超感性的知识时，它也否定了我们具有“真正实在和绝对之物”知识。康德、费希特和雅各比这些“启蒙”哲学着手确定，理性至上或者知识高于信仰，黑格尔告诉我们，但是，他们最终实现的恰恰相反。因为，他们坚持理性的有限性，因为，他们否认“直观和认知永恒”的可能性，黑格尔写到，这些哲学家把他们认识到的自己的“虚无”转变成“一种体系”（FK 56/GW 289）。在把人类的知识限制为仅仅感性的东西之时，在把经验或者有限当作“绝对”之时，如他指出的，启蒙哲学最终被迫“在信仰中避难”。他在这些页中辩护到，因此启蒙的主体性形而上学就是一种悲剧的和实现不了的形而上学。

要指出这些论述的核心信息并不困难：黑格尔的意思是要表明，主体性形而上学（不管是康德或者是经验主义的变种）最终对我们的知识而言都具有怀疑主义的意蕴。根据他的描述，如我们已经看到的，主体性形而上学并不只是假定，理性的认知被限制在其认识感性经验中被给予的东西，它也认为我们的知识形式以某种方式是不充分的或者是第二等级的。除了因理性的有限性而导致对人类知识范围的限制之外，这种主体性形而上学也要求我们承认，我们对自然的知识最终是黑格尔所称的“真正实在和绝对之物”之外
81 的某种东西（并且这种东西低于黑格尔所称的某种东西）。

正是这个后面的关键点激起了我们在第三章第一节审视过的黑格尔的批判。如黑格尔所做的，经验主义最终沦为怀疑主义，是一回事。（这个是我们可以准备认可的，尤其是鉴于洛克的经验主义在遭受到贝克莱和休谟的批判后的转变。）然而，康德的观念论最终也导致怀疑主义，是另一回事。黑格尔似乎相信的，不仅仅是两种体系的怀疑主义意蕴，而且也是（以及也许更为显著）这个事

实，即它们因为相同的理由而是怀疑主义的。他指出，它们的怀疑主义取决于相同的基础：取决于“主体性形而上学”，因此，取决于共同认可的理性有限性的这个论题。

为了解说黑格尔对这两种体系作出的比较，批评者诉诸我们之前考虑的这个假定，即他不可能已经充分地领会康德努力提供的另一条替代洛克和休谟经验主义的路径。黑格尔的批判者告诉我们，黑格尔的假设即康德观念论和经验论在相同的方式上都是怀疑主义的，这的确是证据，可以证明他未能认清两种观念论形式中的关键差异。这就是为什么他认为，从康德坚持认为我们的知识仅限于现象这一观点，可以得出我们无法认知任何真正实在之物。实际上，这个指控就是，黑格尔在这种通缩的意义上错误地解释现象：他混淆了康德的这个主张即我们可能仅仅认识现象，以及这种观点即我们可能仅仅认识我们偶然的或者主观的实在之诸表象。

在前面，我指出这个论点即黑格尔失败于领会康德观念论和经验主义中的关键差异，是不成立的。如我希望到本章结尾处将变得清晰，只不过是有太多的证据驳斥它。当然，如果这是正确的，那么，我们需要另一种方式解释黑格尔的指控，即不仅仅指控两种路径都导致怀疑主义，而且它们的怀疑主义都共有一个共同的根据。以提供另一种解读的名义，我相信，我们从探究一条包含于我们已经考虑过的一个段落中的线索获益：“康德、雅各比和费希特哲学共同的基本原则”，黑格尔写道：“是……有限的绝对性，以及造成的结果就是，有限和无限、实在性和观念性、感性与超感性之间的绝对对立。”

现在，我们知道，黑格尔对“有限的绝对性”的所思所想。他相信，认可主体性形而上学的哲学家坚持，可予以我们的对自然之诸种纯然直观，是感性的直观。如果我们的观念或者概念要产生自然的知识，它们必定与感性经验相联系或者固定在感性经验之中。但是，在上面这段中，黑格尔的“绝对对立命题”所指的是什么呢（FK 62/GW 295）？他似乎假设，如果我们认可我们认知能力的有限性这个论题，那么，我们也认可“有限和无限、实在性和观念性、感性和超感性之间的绝对对立论题”。进而，他表明，正是因为他们认可这个“绝对对立”的论题，康德、费希特和雅各比
82 的这些哲学表现为“彻底的和观念化的……经验主义心理学”。康德、费希特和雅各比的哲学都类似于洛克的经验主义，黑格尔说到，因为，他们认为“无限的概念是*严格对立于经验的*”（FK 63/GW 297，强调为本书作者所加）。因此，经验主义和康德主义的共同之处（或者支持“主体性形而上学”的这些人的共同之处）在于这种对绝对对立论题的认可。如下文所述，黑格尔相信，正是这个遵循绝对对立的论题，导致了下面这个事实，即经验主义和康德主义的观念论最终都获得了关于人类知识可能性的怀疑主义结论。

四　重思康德认可的绝对对立

我们已审视过黑格尔作出这种主张的理由，即主张承认理性的有限性就意味着认可这个观点即我们的知识被限制到一定范围内：那些坚持有限性论题的人就会坚持，我们的知识被限制到感性经验的诸对象上。而且，我们看到，黑格尔相信，承认这种有限性的论题对我们的知识具有怀疑主义的意蕴：对于承认有限性的哲学家来说，我们所主张的知识并不是实在的和真实的，即使我们把它们的对象限制到可以在感性经验中被给予的东西上。黑格尔把这些意蕴归因于主体性形而上学，因此，归因于经验主义和康德主义。如我们在第三章第三节中提到的。另外，他似乎相信，主体性形而上学的结果就是怀疑主义，因为它预先假定（如他相信经验主义和康德主义所做的）这个绝对对立的论题。

我们接下来需要处理的一系列问题是什么，应该并不神秘：确

切地说，这个绝对对立的论题是什么？它依赖于何种有关概念或观念的理论，以及何种有关被给予的感性经验内容的理论？为什么黑格尔相信康德的观念论和经验主义是不同的体系，却共同拥有这一论题？而且，为什么他断言，绝对对立的论题意味着怀疑主义？这些问题没有一个是容易回答的，但是，如果我们要解释黑格尔奇妙的见解，即由于经验主义和康德观念论都承认这个绝对对立的论题，两者的体系最终对我们可能认识的东西造就出怀疑主义的结论，那么，我们就需要谈论它们。

在第二章中，我们审视了黑格尔赋予绝对对立的（或者“异质性”的，如黑格尔的另一种称呼）论题某些特征。在那里，我们探究了他对康德的批判，因为康德把推理性当作“绝对”，因为他否认我们的认知形式中有一种知性直观的能力。我们看到，根据康德的观念，对于理智直观而言，概念和感性直观、普遍和特殊之间没有异质性或者不对立。没有异质性，是因为理智直观的这些直观是“原初的”而不是凭借感性激发独立被给予的。由于这种理智直观让其诸直观得以产生，与此同时，对它而言，在其表象和其直观的对象之间的关系中就不存在“偶然性”。康德指出，在这些重要的 83
方面，一种知性直观的诸认知能力则不同于我们自己的。

在第二章第四节中，我们思考了黑格尔对这个方式的描述，即一种推理的知性思考自然的必定方式。我们明白了，因为概念和感性直观对于推理的理智是异质性的，所以，用黑格尔的话来说，在感性经验中被给予它的东西对它来说就是“纯粹质料”，是某种“本质上被规定的和无生命的”东西（D 164/105, 139/76）。要认为自然是“纯粹质料”就是假定自然外在地获得其形式，黑格尔告诉我们，这完全就是康德的形式观念。因为，根据康德，形式对于任何推理的知性而言都不在经验物质中或者在经验物质范围内被给予的。自然从我们的先天直观形式即空间和时间中获得其作为现象的形式。它从我们先天的概念或者范畴中获得其作为可思想的内容之形式。[1]

形式外在于物质（因此，并不呈现在感性被给予的东西中），这点的确是黑格尔认为隐含在形式和内容、概念和直观之间“异质性”或者“绝对对立”中的部分。但是，他把这些假设归因于康德观念论和经验主义是正确的吗？换句话说，对于康德和经验主义者而言，正确的是，自然必然被思考为自在地“纯粹质料”，并且，其形式必须被思考为“外在的”吗？最终，我们将不得不对这些问题提供答案。然而，在我们着手这么做之前，我们需要首先考虑另一个问题：即使我们认为，康德的观念论和经验主义正是以黑格尔所认为的方式承认这个异质性的论题，为什么我们应该同意他认为的，异质性或者对立的这个论题最终对于我们的知识具有怀疑主义的意蕴呢？

这个问题特别令人苦恼，起码是因为康德从来没有指出，怀疑主义遵从他的体系中的形式和内容的二元论，或者遵从他的假设即形式本身并不是在感性物质中被给予的。也就是说，康德从来没有从他的下面这个论题中获得怀疑主义意蕴，即在认识独立被给予的感性杂多时，我们既依赖于先天的直观形式，也必须依赖思想的先天形式。当然，他认为，由于我们的认知模式是推理的，因此，必须依赖于独立被给予的感性内容，我们的概念和那种感性内容之间的这个关系就是“偶然的”。[2] 如我们从我们之前的讨论中所知道的，康德在《判断力批判》§76 和 §77 中辩护到，由于我们不可能从我们的认知活动中产生感性的感觉内容，所以我们没有权利假

[1] 虽然康德频繁地使用术语“现象［Erscheinung］”指一个对象，这个对象不仅仅是在空间和时间中被给予的而且也从属于范畴的规定，他有时候使用这个术语仅仅指经验的事物，通过直观的形式（空间和时间）被给予的后天的东西，但是并不归类在范畴之下。（注意，没有范畴的规定，在后面的意义上，现象既不是可思想的对象也不是可感知的对象。）当他把“现象”描述为“经验直观的未被规定的对象”时，康德所想的是后面这个定义。（CPR A 20/B 34）

[2] 参见我在第一章中对这些点的讨论，第一章第一节到第三节。

定，被给予的感性杂多可以被我们的概念所规定。虽然，作为经验探究的一个条件，我们必须预先假定我们的概念和那种感性内容之间的和谐或者合适，按照他的观点，这个预设无法被经验所证实。但是，康德从来没有认为这个论题即我们的概念和被给予的感性直 84
观之间的关系中的偶然性是怀疑主义的。我们需要在本章后面的内容中详细论述他对于这个看法的理由。我将表明，他提供的理由不足以回答黑格尔的指控，即对形式和内容之间的异质性的这个论题的承认的确具有怀疑主义的意蕴。

回想下康德呈现的批判计划的一般策略，我们就可以更好地把握他的推理。他绝不会把他的计划描述为正中怀疑主义者下怀，他在第一批判的前言中告诉我们，他的批判哲学提供给我们的是拯救形而上学的唯一方式。为了拯救形而上学，他说，他必须提供一条既替代独断论的理性主义也替代休谟怀疑主义的路径。在反对休谟这一点上，康德的辩护阐明，我们具有必然和普遍的自然知识，是的确可能的。在反对独断论的理性主义这一点上，他相信，他可以确定，这类知识，虽然是必然的和普遍的，却是综合的，而不只是概念的或者分析的。如他著名的见解，我们只有在放弃以下这种由休谟式经验主义和独断论式理性主义共有的假设的情况下，才能确立我们拥有这种知识（这种知识既是综合的又是先天的）：这个假设，即有可能阐明我们的概念和完全独立于我们认识它们的先天诸条件之对象之间的必然联系。换句话说，拯救形而上学的这种可能性要求，康德所指出的一种哲学上的“哥白尼革命”。这个策略要求，我们认为我们的物质知识被限制到通过我们先天概念或者范畴而被思考的诸对象上，通过我们的直观形式即空间和时间而被给予的对象上。那么，我们的必然综合的知识就不是指对象“本身”而仅仅是指作为“现象”的对象——也就是说，指的是从属于我们认识它们的先天条件的对象。这就是康德《纯粹理性批判》（B 版）前言中论述的这点：“我们可能先天地认识的事物仅仅是我们自己

给予它们的东西。”（CPR B xviii）

康德在这个结果中发现不了怀疑主义的踪迹，这个事实与他的这个信念有关联，即他相信它允许他拯救形而上学。然而，我之前已经表明的是，这个推理的线索并没有讲述黑格尔批判的真正靶子。当黑格尔斥责康德观念论是“主观的”以及对我们的知识最终只具有怀疑主义的意蕴时，并不是因为他失败于领会康德的哥白尼策略和努力提供了替代休谟怀疑主义的经验主义的路径。甚至，也不是因为他认为，康德的哥白尼策略并没有获得康德对它做出的主张。更确切地说，黑格尔反对的目标在于一个哥白尼革命所依赖的假设：绝对对立的这个论题。虽然，我们不知道，为什么这个绝对对立或者异质性的论题——其蕴含着一种独特的有关主观形式的自然的观念和形式必须提供的被给予的内容的观念——促动着黑格尔抱怨康德的哲学否认了我们有“真正实在和绝对”的知识，因此就
85 是一种悲剧的或者实现不了的形而上学。

五　重思康德的偶然性命题

当然，我们不可能评估黑格尔指控的诸多其他价值，直到我们理解他为什么这么做，毕竟，绝不显而易见的是，如果我们支持康德拯救形而上学的哥白尼式策略，如果我们承认他对我们推理性的意蕴的解说，那么，怀疑主义就是我们必须付出的代价。正确的是，康德辩护了我们的推理性的一种结果，即在我们的概念和被给予的感性内容之间的关系中存在着偶然性。但是，如我们已经看到的，他并不认为这个偶然性就是怀疑主义式地质疑我们可能认识的东西。按照他的观点，偶然性遵从这个事实，即，在我们认识自然时，我们不得不依赖于不由我们产生的感性内容，这一内容是独立被给予的。并且，这些命题，即我们必须依赖一种独立被给予的感

性内容，以及我们可能仅仅认识以我们的主观形式为条件的内容，本质上都是他论证拯救形而上学的前提。形而上学需要被拯救，康德告诉我们，完全是因为哲学家已经预先假定，有可能阐明我们的观念或者概念与完全独立于我们主观条件的诸对象之间的必然联系。根据他的解说，然而，只有当我们接受哥白尼式的转向和放弃这个假设，我们才能拯救形而上学。也就是说，我们要拯救形而上学，就必须承认，我们的观念或者概念不可能告之我们有关完全独立于我们主观形式的诸对象。

那么，黑格尔主张这个哥白尼式拯救形而上学的策略具有怀疑主义的意蕴之可能性根据是什么呢？如果他有理由获得这个结论，其理由我们还未阐明。要为接下来的事情做些准备，我建议回到第一章，不管黑格尔批判的是什么，它的目标并不是要挑战康德的这种假设，即因为我们的理智是推理的，所以我们必须在认识自然时依赖于一种独立的被给予的感性内容。黑格尔并不是要真正地赋予我们理智直观的所有能力。如我们一直以来所告诫的，他拒斥的仅仅是康德予以推理性模式的某些特征。他拒斥的是依赖于绝对对立的这个论题的模型，也就是说，依赖于自然的主观形式和这种形式必须应用于它的被给予内容的特殊观念。但是，我们仍然不知道，为什么黑格尔发现这个绝对对立的论题是可以反对的，不清楚的还有，他为什么认为这个论题就判定批判哲学是怀疑主义的。

黑格尔并没有拒斥康德所主张的我们必须依赖一种独立被给予的感性内容，如果对此我们是正确的，他拒斥了康德描述我们推理性的何种假设呢？我相信，通过进一步指出康德论证我们概念之偶然性的诸假设——我们还没有清楚指出的诸假设，我们可以回答这个问题。直到现在，我呈现的康德偶然性论证时所依赖的是下述的前提，这个前提也就是，由于我们的知性模式是推理的，所以，对我们而言，是不可能通过践行我们的认知能力而产生感性直观，我 86
们必须在认知自然时依赖于一种独立的被给予的感性内容。这就是康德在《判断力批判》§76 和 §77 中所呈现的论证，他在那里传达的印象是，关于偶然性这点单单遵从那个前提。[1] 然而，如果我们更仔细的检查的话，很显然，情况并不是这样。要明白为什么不是这样，我们只需要考虑这个事实，即其他哲学家从这个本质上相同的前提中获得的是非常不同的结论。例如，对于一位实在论者如洛克来说，我们对自然的认知依赖于一种独立被给予的感性内容（而不是说，单单依赖于理性或者理智的直观），这个假设被认为完美地一致于这个结论，即我们的概念能够反映或者和谐于那种内容。也就是说，这位洛克式的实在论者把接下来的两个假设理解为相容的：其一，我们必须在认知自然时依赖于一种独立被给予的感性内容，其二，我们的一些概念能够反映那种内容。这个洛克式实在论者把这些假设理解为一致的，因为他想要讲述的是我们的概念或者观念最终如何源自经验。

当然，康德并不循着洛克的这个路径继续前行。他没有这么做的事实正在澄明——因为事实表明，他关于我们概念的偶然性的结论，依赖于我们还未指明的某种进一步的假设或者一系列的假设。与洛克相一致，康德否认，感官感知的物质或者被给予的

[1] 我们在第一章详细地审视过这个论证，但是回想下这些核心点：康德在第三批判中写到，我们的知性，不同于理智直观，它在认知自然时依赖于一种独立的被给予的感性内容。因为我们的知性以某种方式是依赖性的，并且，它并不从其自己的认知活动中产生诸对象，所以我们必须规定（因此造成可认知的）这种独立被给予的感性内容。我们通过把感性特殊归类于推理性的概念之下而规定这种独立被给予的感性内容。这就是康德表达出来的意思，但是他又写到，我们的知性形式，“必须通过诸概念从普遍进展到特殊”。康德继续道，我们必须以这种方式进展，这个事实具有“下述的结果”：“鉴于普遍［被知性所提供］，特殊同样包含某种偶然的东西。”（CJ §76［404］）然而，因为理智直观，“并不（凭借概念）从普遍进展到特殊”，因而“在根据与知性和谐一致的特殊法则的自然产品这方面，就不存在偶然性”（CJ §77［406］）。康德在这些论述中似乎表明，在我们的概念和被给予的感性内容之间的关系上的偶然性单单遵从这个事实，即我们在认识自然时必须依赖一种独立被给予的感性内容。但是这就是我想要挑战的对他的推理的解释。

内容在被给予我们时已经被形成。也就是说，与洛克一样，他假定，规定我们经验的基础形式的这些复杂概念——这些概念例如实体、因果性和必然性——本身是不可感知的，本身不是直接呈现在感性之中的，而是必须以某种其他的方式加以说明。但是，康德在论证我们解释这些概念的方式时并没有追随洛克，我们解说这些概念所倚重的这种方式涉及返回到感官印象以追溯它们的
起源（或者它们的构成部分）。[1] 康德没有准备去承认洛克的实 87
在论假设，这个假设是，我们可以返回到感官印象以追溯我们的观念或者概念的起源，我们可以确信它们能够反映自然本身的实在性。

为了获得这个结论，即我们的概念和独立被给予的感性内容之间的关系是偶然的，康德因而不得不在依赖于这个前提即我们的知性（因为是推理的）模式是依赖于感性的激发之外，还要依赖于其他前提。进而，两个前提在康德的论证中都起作用：一个前提是，支配所有认知的最基础性的概念（纯粹的诸概念或者范畴，没有它们，我们甚至都不可能有经验概念）根本不是源自于感性经验，而是先天的。另一个更有趣的前提是，由于这些概念是先天的，所以既不能假定它们，也不能假定依赖于它们的经验概念反映了感性经验本身的被给予内容。[2]

[1] 我认为，洛克努力解说的这些概念“涉及”追溯它们的起源于感官印象上，因为，除了“简单的”感性观念外，其他所有的起源，按照他的观点，都更多地要求对感性激发的作用的诉求。对洛克来说，心灵的运行（例如抽象和结合）对我们的某些观念的形成也是必然的。

[2] 有一点要澄清：在第三章第三节中，我提出了，康德坚持我们的某些概念（也就是，范畴）与经验具有一种必然的联系。人们可能想知道，关于必然联系的这点是如何一致于下述这点的，即我们当下正审视的，也就是说，按照他的观点，在我们的概念和独立被给予的感性内容之间的关系存在着偶然性。然而，对于康德而言，这两点是一致的。康德辩护这个论题，我们先天的概念或者范畴和经验之间存在着一种必然的联系。他如此论证，没有这样的概念，我们不可能把被给予的感性杂多统一或者综合为一种可思考的内容。没有（转下页）

值得再次重点强调的是，没有这些额外的假设，这个偶然性结论是不会随之而来的。这就具有了重要的意蕴，即我们必须依赖感性激发这个前提本身，并不会导致康德的结论，即在我们的概念和被给予的感性内容之间的关系中存在着偶然性。如我在第一章中就表明的，关于我们依赖于感性激发的这个前提也不是困扰黑格尔的东西。[1] 我们之前已经明白，黑格尔对主体性形而上学的反对的目标在于它最终的怀疑主义意蕴。按照他的观点，这种主体性形而上学具有怀疑主义的意蕴，因为它认可绝对对立或者异质性这个论题。然而，绝对对立这个论题并不能被下述主张所完全涵盖，即，在我们认识自然时，我们必须依赖于一种独立被给予的感性内容。这个绝对对立的论题进一步承认了这些假设，即在感性经验中被给予我们的东西自在地是“无生命”的或者没有形式，以及这种被给予的感性内容所采用的这个形式不可能被假定为揭示了那种内容本
88 身的实在性。怀疑主义的意蕴并不就简单地遵从这个前提，即我们的知性作为推理的，它必须在其认识自然时依赖于一种独立被给予的感性内容。

（接上页）这些范畴，也就是说，感性给予我们的东西根本不可能被思考为一个对象。但是，从诸范畴把被给予的杂多统一为一种可思考的内容的这种必然性来看，它并不就得出，这些范畴（或者我们的任何概念）符合于这种独立被给予的感性（经验的事物）本身。有一件事要声明的是（例如，与康德一样），为了思考或者判断某种感性内容，我们需要先天的概念。而另一件事要声明的是（例如，与洛克一样），我们的概念能够被阐明为反映了这种独立被给予的感性内容的本质。根据康德，要主张后者，就超出了我们可能认识的东西之界限。

[1] 在那里，我提出，即使黑格尔明确地相信，我们的知性形式与理智直观有着某些共同的特征，他并不关注于辩护，对于我们而言（关于理智直观），感性直观“消失”了。也就是说，他并不拒斥康德这个主张，即在我们认识自然时，我们必须被感性地激发。当我们审视黑格尔对康德先验演绎的讨论时，我们将在第四章中考虑支持这个假设的证据。

六 形式与质料：洛克、休谟和康德

上文的论述揭示了绝对对立这个论题足以回答我们在第三章第四节中提出的诸问题之一：黑格尔基于什么发现康德观念论体系和经验主义体系之间具有相似性？我们知道他为什么主张，康德有关经验的被给予内容是经验主义的。这是因为，他告诉我们，康德坚持独立被给予的感性内容是“纯粹质料”——没有形式的质料——它必须“外在地”获得其形式，在这个方面，康德追随了经验主义。[1] 黑格尔在这点上并没有犯不准确的错误，因为如我们在第三章第五节看到的，被给予我们的感性印象已经被划分为诸对象，已经被我们的概念例如实体、必然性和因果性所统一或者规定，这既不是洛克的也不是康德的观点。这就是为什么，对于两位哲学家而言，我们经验的基础形式不可能被解释为只在感性中被给予我们的东西。

然而，似乎有可能，康德观念论和经验主义之间的这些相似性在这里结束了。因为，虽然在被给予的感性内容的本质方面有一致性，但是关于形式的本质显现出的只有分歧。两种体系最明显的分歧在于，各自叙述的形式的起源。如我们看到的，洛克式的经验主义者相信，至少得返回到感性印象中追溯简单的形式构成要素（我们观念或者概念的构成要素）是可能的。极大的差别在于，康德式的观念论者辩护道，经验的基本形式（实体、必然性、因果性等“范畴”，以及直观的形式即空间和时间）根本不可能从经验上获得，而是先天的。而且，这两种体系的分歧还在于，当详细叙述我

[1] 黑格尔通常都以多种多样的方式提出形式的外在性这点。例如，考虑下《信仰与知识》中的下述段落：根据康德的哲学，用他的话来说，“世界……自在地陷入碎片中，并且只能获得客观的一致和支持……通过理解人类的自我意识的善女子行为”（FK 74/GW 309）。“实在的客观的和普遍的方面”对于康德来说由从观念这方贡献的东西所构成，“例如，从我”。另一方绝不是“感性”，它只不过是一种“无形式的堆积物”（FK 76/GW 312）。

们可能期待我们的经验所揭示的被给予的关于自然的内容时，这个自然是独立于我们认知它的主观条件的。对于洛克式的经验主义者而言，我们有理由相信，我们的观念或者概念能够反映自然的实在性。[1] 相反，对于康德式的观念论者来说，严格来说，我们没有认知方式以通达自然，这种自然是自在的（没有路径通达一个整体
89 的独立于心灵的内容）。我们认识的独立被给予的内容仅仅是作为凭借先天的概念而被思想的东西，以及作为通过我们的先天直观形式即空间和时间而被给予的东西。

如将在下文变得清晰的是，黑格尔意识到康德和经验主义对形式观点的这些差异。尽管如此，他相信，他们关于形式的观点如何相互交叉是令人感兴趣的事情。我们有理由相信，黑格尔确信他们的观点相互交叉。因为，如我们在这章第一部分中提到的，他把这两种体系都归类到这个标题即“主体性形而上学”之下。根据他的解说，如就主体性形而上学而言，他们共有着下述特征：两种体系都否认我们有超感性的知识。况且他主张，两者都承认这个观点，我们对感性领域的诸对象的知识最终都是“主观的”。（我们把自然认识为仅仅是一种表象，而不是作为它本身。）以这个方式，两者的体系都导致了怀疑主义的结果。而且，根据黑格尔的观点，两者体系的怀疑主义并不遵从这个论题，即他们共有着感性内容的被给予性——共有着这个事实，在我们认知自然时，我们不得不依赖于感性的激发。更确切地说，——这是重要的点——根据黑格尔的解释，怀疑主义来源于他们共有的观点，即关于被给予的感性内容的本质（也就是说，被给予为“无生命”的），以及关于感性内容所采取的形式。

现在，我们把关注的方向更细致地集中于对形式的解说上，黑

[1] 我们的观念能够反映自然，根据洛克，即使我们的自然知识被限制到实存的事物而不是它们的“真正本质”（《人类理智论》，BK IV, iii）。况且，我们的实存事物的知识可能是最好的（BK VI, ii, 14）。

格尔相信它是经验主义和康德的观念论所共有的。他认为符合于康德哲学的怀疑主义这个假设就是此：根据康德的分析，我们提供的形式不可能被认为揭示了独立被给予的感性内容本身的本质。对于康德来说，形式在这个意义上是“外在于”或者“绝对对立于”质料的。如之前提到过的，黑格尔似乎把这个形式的观念也归属于经验主义。那么，他似乎表明，经验主义的情形也是这样，即独立被给予的感性内容所采用的形式不可能向我们揭示被给予内容的本质。这就是一个奇怪的归咎于经验主义的观点——至少我们所想的经验主义样式是洛克的经验主义。因为如我们知道的，洛克相信，至少我们的某些概念能够反映自然本身的实在性。他向我们保证，他的概念经验主义证明是对典型的实在论的一种认可。

黑格尔实际上辩护的是，经验主义，像康德观念那样，最终导致的结果是怀疑主义。他这么做，如我们应该明白的，并不是因为无视了洛克的实在论的野心，而是因为他相信洛克的实在论野心崩溃于休谟的怀疑主义式的仔细的审查。经验主义（一般而言）就是主体性形而上学的一个实例，根据黑格尔的解释，因为它在休谟的怀疑主义中获得其宿命。并且按照黑格尔的观点，休谟是一位怀疑主义者，因为（像康德）他相信，我们在认识自然时贡献的这个形式不可能向我们揭示自然本身的实在性。

由于，对我们的目的而言，重要的是要澄清，黑格尔把经验主
义描述为“主体性形而上学”的诸理由，在本节剩下的段落中，我
致力于简短地审视这个叙述，即黑格尔讲述的关于经验主义在从洛
克过渡到休谟的过程中所经历的转变。虽然在耶拿著述中就有这 90
个解说的一些暗示，但是，黑格尔最明确地讨论它是在《精神现象
学》、《哲学史讲演录》以及《哲学科学百科全书·逻辑学》中。[1]

[1] 在《精神现象学》中，尤其参见“意识”章中的前面两节。在《哲学史讲演录》中，参见第三卷，专注休谟的这一章。

为了简洁起见，我接下来把注意力几乎完全限制到后面文本的段落上。

黑格尔在《哲学科学百科全书·逻辑学》中写道："经验主义不是向思想本身寻求正确的东西"，"相反，它从经验中获取"（EL §37）。其"重大的原则"是"正确的洞识必定是在现实性之中以及必定是对我们的感知而存在的"（EL §38）。经验主义开始于"属于感知的内容"，黑格尔说到以及认为那种内容是"多方面的具体物"（EL §38, 38A）。换句话说，得假定，感官感知的被给予内容是一种"无限杂多的质料，它将自身分隔为诸多单一的独立的小部分［比特］"（EL §39）。这些单一的小部分或者原子是"独立"，也许是因为，它们被认为彼此之间没有内在的联系。[1]

这里，黑格尔强调了我们之前考虑过的一个经验主义的假定：经验主义并不假定，我们经验的基本形式本身是直接地可被发现的或者在感性给予的印象中是可观察的。它假定的是，感性印象提供了一种"无限杂多的""分隔的小部分"，它们彼此之间没有内在的联系。然而，经验主义试图阐明，我们的经验采用的这个形式最终以某种方式源自感性印象。经验主义辩护这一结论的方式是反对内在主义；经验主义认为，即使规定着我们经验形式的复杂观念没有在感性中被给予的话，至少它们的简单组成部分是在感性中被给予的。[2] 如黑格尔所指出的，经验主义努力在"被感知的单一"中发现我们的概念或者普遍性的起源（EL §38A）。它运用分析的行为（比较、结合、抽象等行为）"将（感知的内容）提高为普遍表象、原则和法则的这个形式"（EL §38）。他继续，经验主义着手发

［1］黑格尔告诉我们，经验主义的原则就是个别或者特殊。他说，对于经验主义而言，个别或者特殊［das Einzelne, das Besondere］就是我们观念的来源（LHP III 296/VGP III 203）。也参见 EL §40，在那里，他写到，康德同经验主义共有这个原则，即感知中包含的东西"仅仅是个别"。

［2］至于黑格尔对洛克的普遍、复杂观念（例如实体的观念）最终都源自感性的这个观念的解释，参见 LHP III 304—305/VGP III 210—213。

现的这些普遍规定，“不应该比从感知中获得的具有更大的意义和有效性，这种普遍规定除了在经验之中可以阐明的联系以外也没有其他的证明”（EL §38）。

但是，在这个努力中，黑格尔继续指出，经验主义不可能成功。“经验主义在分析对象时陷入错误之中”，他写道：“如果经验主义认为它使它们保持原状，因为，实际上，它把具体的东西转变成为某种抽象的。”这个分析的过程，这个结合和抽象的过程，要求我们“从感知的直接性发展到思想”。在这个发展中，我们把具 91
体的东西转变成为某种抽象的东西。甚至，我们所指的作为经验的被给予的“质料”也已经是抽象的。黑格尔写道，因为“质料是不可能如此被感知的某种东西”（EL §38A）。我们努力诉求的这种被给予的感性内容以证明我们的“普遍规定”因此必定失败。例如，在形式方面的普遍性和必然性的规定根本不可能在感知内容中被发现。相反，它们反映的都是思想所增加的东西。如黑格尔本着休谟的精神所提出的：

> 的确，经验的观察……提供的是对一个东西接着另一个东西的感知和变化，以及对并列的对象的感知和变化，但是它不提供任何必然的联系。然而，由于，感知要保留的是算作真理的东西的基础，普遍性和必然性似乎是某种未被证明的东西，一个主观的偶然性，仅仅是一种习惯。（EL §39）

后面的一些句子，黑格尔提到了休谟的名字：

> 在休谟的怀疑主义中，经验的真理，感觉和直观的真理被认为是基础，并且，根据这个基础，他攻击了所有的普遍规定和法则，完全是因为它们没有凭借感官感知的方式予以证明。（EL §39）

在《哲学史讲演录》中，黑格尔告诉我们，休谟实际上“摧毁了”“思想规定的……客观性”。他这么做，通过的是阐明洛克诉求感性经验来努力证明我们的概念或者普遍是不可能成功的（LHP

III 371ff./VGP III 277ff.)。那么，黑格尔觉察到，休谟通过使得我们的概念成为“主观的”，而“终结”了洛克的哲学。[1]

因此，“终结”洛克体系的这种经验主义就不能够避免怀疑主义。根据黑格尔的解释，因为这个论点承认接下来的两个假设：第一，事实上，不可能返回到感性印象去追溯我们的经验形式，由于我们经验的这个形式受惠于在分析过程中思想所增加的东西。第二，由于形式以这个方式获得增加，它不可能奠基于那种独立的内容本身上。

以这些一般术语来表达，我们可能明白，导致经验主义成为怀疑主义的这两个假设等同于黑格尔在康德的观念论中也发现的导致怀疑主义的这些假设。因为康德同样地否认，我们能够返回到感性追溯我们经验的这个形式。而且，康德赞同休谟的是，通过诉求被给予的感性内容以努力证明我们经验的形式是不可能成功的。对于黑格尔来说，这种比较的关键点在于此，休谟和康德两者都承认这个观点，由于形式是主体贡献的，我们可能没有理由假定，它反映了事物之独立被给予的实在性。[2] 那么，对于两位哲学家而言，我们只能认知以我们主观形式为条件或媒介的自然。

黑格尔意识到，在这个具有重要意义的方面，康德和休谟对

[1] “休谟终结了[vollendete]洛克的体系，因为他一贯性地关注这个事实，即如果这个观点得到坚持，那么事实上经验无论如何都是人们认识的原则，或者感知本身就包含着一切发生的事，但是尽管如此，普遍性和必然性的规定不包含在内，它们也不是经验给予我们的。”(LHP III/VGP III 277—281) 对于黑格尔与休谟的延伸讨论，参见 Kenneth R. Westphal, “Hegel and Hume on Perception and Concept-Empiricism,” *Journal of the History of Philosophy* 33 (January 1998): 99—123。

[2] 或者如霍斯德曼在描述黑格尔的康德批判时提出的，主观的形式对于康德而言只有“认识论的”功能。根据康德的解释，主观的形式没有“本体论的”意蕴。它并没有告诉我们关于“一个对象真正的是什么”。康德的主观形式告诉我们的仅仅是，我们认识所凭借的诸条件。载于 *Bausteine*(p. 191)。

形式的起源和本质提供了非常不同的描述。如在我们已经考虑过 92
的《哲学科学百科全书·逻辑学》中的段落所表明的，他知道，对于休谟来说，我们的普遍性和必然性观念的产生是“单纯习惯”的结果。他在任何地方都没有表明，对于休谟而言，如同康德，我们经验的这种形式是先天被给予的。尽管如此，黑格尔相信，在一个重要的方面，两位哲学家赞同形式的地位：无论是先天被给予的还是发挥想象力能力的习惯的产物，这个主体所贡献的形式不可能被假定为反映感性被给予内容的本质本身。因此，这两位哲学家都赞同，在这个意义上，形式“对立于”质料。这就是黑格尔认为导致了这两个体系的怀疑主义的假设。

七　论“独立”于“共同实在”的理性

我们现在对黑格尔的这个指控有了我们自己的解释，他指控康德的观念论与经验主义关于我们的知识，都具有怀疑主义的意蕴。这两种体系的结果都是怀疑主义，因为每一种体系坚持的这个论题都是，我们知识的这个形式都是主观的。对于康德和在休谟那里“达到顶峰”的经验主义而言，形式都是主观的，不仅仅是因为它源自主体，而且，因为它被认为揭示的仅仅是我们在思考和认识它们时带给对象的诸条件。形式并不会被假定向我们揭示了完全独立于这些条件的诸对象的本质。[1]

不管最终我们如何判定黑格尔比较康德和经验主义体系之价值，这方面应该是清晰的，他的比较并不建立在误解他们之间本质方面的差异的基础上。如我在本章前面所辩护的，当黑格尔告诉我

[1] 我已经在这里所辩护的解释的一般思路也在 William F. Bristow's, *Hegel and the Transformation of Philosophical Critique* (Oxford, UK: Oxford University Press, 2007) 第一章中得到论证。

们，康德观念论的主观性的一个后果就是，我们可能仅仅把自然认识为一种表象或者“信之以为的实在性”，他并没有混淆先验的和经验的观念论。他并没有在这种通缩的意义上来解释“现象”。他知道，对于康德而言，“现象”这个术语指的是人类感知的可能对象，而不是依赖于感知者的偶然视角的实存对象之诸属性（感性的
93 或者第二等级的）。黑格尔也并没有忽视康德和洛克探究或者“批判”我们认知能力的本性之计划上的关键性差异。例如，他抓住了概念的经验演绎和先验演绎之间的差异。[1]

黑格尔作为一名哲学史家比他的批判者通常对他的评价要更好，从这个假设出发，我已经对他的主观观念论批判提供了一种解读，即不把这些基本的解释性错误归因于他。一个有趣的发现出现在这种替代的解读中。如我们已经看到的，黑格尔指控康德的观念论是主观的，这个指控的目标在于康德的体系被黑格尔贴上“主体性形而上学”的标签。这就表明，黑格尔的目标不是批判哲学的独一无二的或者创新性的东西。相反，其目标在于假定，他相信批判哲学与其他的体系包括经验主义所共有的东西。按照他的说法，康德和经验主义的体系都是主体性形而上学的例子。

我们知道，对于黑格尔来说，对主体性形而上学体系的承认，就会支持绝对对立这个论题。因此，黑格尔确信，就他们之间的所有差异而言，康德主义者和经验主义者共有的假设是，关于在认知中，各自对感性内容和主观形式的贡献。如果我们认为这些共有的观念就是黑格尔批判的真正靶子，那么，随之而来的（如我正提到的）就是，他对康德体系的主观性的反对就是反对康德从其前辈继承而来的诸假设。黑格尔确信，只要我们坚持这些假设（尤其，绝对对立的这个假设），就会造成（某种变种的）怀疑主义的结果。那么，不管我们是否接受康德的哥白尼转向，都会造成怀疑主义的

[1] 我在第四章中对这些主张提供进一步的支撑。

后果。[1]

如果我们把我们所关注的指向黑格尔自己的另一种认知观念的特征上，他批判的真正靶子甚至就变得更加的明显。返回到第一章，我们确定了，他所感兴趣的是理智直观这种模型，因为这样一种理智能够把自然认识为完美和谐于其认知能力。这种理智直观不需要直观的知识作为其自身的内容，它认识的诸对象是自在存在的，不仅仅是以其主观的形式为条件的。它的知识也不以这个方式被限制，因为其概念和感性直观，不像一种推理知性那样，并不是“完全异质性的”（FK 89/GW 325）。这种理智直观并不是一种依赖性的认知模式，即必须依赖于一种独立被给予的内容，它从其自己的认知活动中产生其对象。

在第二章中，我们已明白，对于黑格尔来说，以同一性取代 94
异质性的这个关键，要求我们放弃我们观念论的这种主观性。在第三章第三节中，我们以一种初步的方式探究这涉及什么。一个仅仅是主观的观念论认为接下来的推理是有效的：假如形式来自我们（或者因为它是先天的，或者因为它是我们习惯性的想象能力的结果），我们没有任何理由假定，它把握了事物的实在性。如我们看到的，黑格尔把这个推理不仅归于康德也归于经验主义的顶峰休谟。在质疑这个推理时，他邀请我们考察这个推理所依赖的这一假设或者诸假设。关于主观形式的本性，这个推理预先假定了什么呢？一般而言，关于人类的主体性，它预先假定了什么呢？

到目前为止，我们的讨论已经提供了黑格尔回答这些问题的一些线索。在第二章结束的地方，我们审视了《费希特与谢林哲学之间的差异》中的一些段落，在那里，他提醒我们不要以一种

[1] 黑格尔相信，绝对对立这个论题不仅仅建立在康德解决理性危机（拯救形而上学）之策略的基础上，而且也建立在他对危机的理解的基础之上。它解释了，他如何解释其前辈们的不足之处。它解释了为什么他相信他们的体系威胁着形而上学。这是一个更大的叙述，我在第五章中讲述。

“抽象的”方式思考主体性（或者更准确地说，主体性的科学或者理智的科学）。他说，当我们认为主体性的科学“优先”于自然科学时，我们就是这么做的。我们遗忘了这两门科学形成一个“连续的整体”的这个意义（D 169/111）。如果我们认为主体性科学或者理智的科学具有优先性，我们就是把自然当作自在地“纯粹质料”——作为一种赤裸裸的必须从我们获得其形式的感性内容（D 165/105）。我们把理智当作完全独立于自然或者不被自然所规定。那么，在优先化主体性或者理智的立场时，我们遗忘了，理智和自然彼此处于一种相互规定的关系或者有机统一体中。我们遗忘了，正如自然是以主体性为条件，因此，主体性也以自然为其条件。

黑格尔提醒不要“抽象地”对待主体性，也出现在《信仰与知识》中。虽然，康德、费希特和雅各比否认我们有“永恒的”知识（并且用“有限的”理性规定宇宙），黑格尔写到，他们同时把永恒（绝对）定位于经验领域“之上”。他们主张，这个经验“之上”的或者超越经验的领域是“有限的”理性办不到的，但却是可思考的或者可直观的——以一种思辨的运用而通达理性。因此，同时坚持我们知识的有限性，但是，这些哲学家中的每一位都以其非经验的或者思辨的运用而赋予理性以“绝对性[Absolutsein]”，这种“绝对性”“独立于共同实在”（FK 63/GW 296）。对于这些哲学家中每一位而言，理性可以思考（或者直观）“永恒”，并且，对永恒的直观或者理性之观念源自于其超越经验领域的能力。然而，这里，黑格尔论辩到，这些启蒙哲学家有这种“倾向”，就是试图“证明”“理性独立于共同实在”，这是我们应该抵制的一种倾向。同样，在《哲学科学百科全书·逻辑学》中，他建议我们要警惕这种二元论的观点，这个观点揭示了，一方面，“知性能力反映感知”世界，另一方面，“自我理解的思
95 想的独立性”（EL §60）。

这些段落表明，如果我们要放弃我们观念论的这个“主观性”，我们需要放弃这个假设，即理性（或者如他有时候说的，“思想”）是一种超越的能力，一种享有“独立”于“共同实在”或者“感知”领域的能力。这似乎就是黑格尔在坚持主体性形而上学体系的基础上发现的理性概念。他相信正是这个理性概念最终对康德和休谟体系的怀疑主义负责。[1]

如果这个解释是准确的，那它就挑战了很多替代黑格尔推理的表述。最明显的是，它挑战了接下来讽刺性的描绘，根据这个，黑格尔克服异质性的处方（获得主观形式和被给予的感性内容之间的“同一性”）就是要真正地赋予人类认识以知性的直观模式所有

[1] 我们可能想知道，论证理性是激情的“奴隶”的这种哲学家如何可能被认为“证明”理性“绝对性”的正确。事实上，休谟人类理性的概念如何可能被认为与康德的理性概念共有着某种共同的东西（或者费希特的）？黑格尔明确想要论证的一件事情就是，如果休谟以某种方式不承认理性的绝对性或者独立性这个论题，他就不会被迫从他解说在想象力的作用下推理出一种怀疑主义的关于人类知识的结论。休谟的论证即对我们来说有可能没有“事实”的知识存在，换句话说，依赖的不仅仅是这个假设即我们对自然的认知以想象力（通过习惯）的贡献为条件，而且也依赖这个假设即我们没有理由假定我们的主观贡献（例如，我们的因果性和同一性的观念）告诉我们自然本身的实在性。黑格尔没有反驳休谟的有关想象力在认知中的积极作用的观点，他挑战的仅仅是休谟从它获得的怀疑主义意蕴。（Westphal, “Hegel and Hume on Perception and Concept-Empiricism,” p. 111 也提到这点）。也就是说，黑格尔挑战的是，休谟从想象力的贡献这个事实推理出自然本身对我们而言的不可知性。按照黑格尔的观点，休谟做出这个推理的事实完全在于他承认理性的“绝对性”或者“独立性”的这个论题所揭示的东西。根据黑格尔，如果我们假定理性的这个贡献（或者在想象力的事例中）不可能向我们揭示自然本身的实在性，那么，我们就预先假定这个理性绝对性的论题。

如已经提到的，黑格尔对康德哲学的怀疑主义结果的诊断本质上也是相同的。比休谟更加明显，康德也坚持理性的绝对性或者独立性的这个论题，独立性这个论题在康德那里更明显，因为，与休谟相反，康德确认了心灵在努力认识时所贡献的某种东西是先天的。与休谟相同的是，康德总结，我们没有理由假定这些心灵贡献的形式告诉我们关于自然本身的实在性，即作为从这些先天形式抽象出来的自然。那么，这个认可最终得对这个论述负责，即我们可以“认知的事物仅仅是我们先天地予以它们的”（CPR B xviii）。

能力——包括从认知活动中现实地产生物质对象的能力。这个讽刺性的描绘（可以诉诸找到黑格尔体系的一种简单归谬法的那些人）可能被认为揭示了他对主体性形而上学的补救，它可能显现出要澄清，他如何认为我们可以避免满足于诸表象或者“信之以为的实在性”的知识（FK 189/GW 430）。

与之形成鲜明反差的是，我已经表明，根据黑格尔，放弃我们观念论中的主观的东西，就要求我们不要以一种“抽象的”方式思考主体性（以及其科学）。我们得牢牢记住，人类理性（甚至在
96 其思辨的使用中）不是完全独立于共同实在的，其形式不是绝对地“外在的”。如黑格尔所说的，主体性不是纯粹的直观的，而在某种意义上是“主体—客体”。它不仅仅是自然的诸条件，而且自然也是它的条件。

与我的解读相对立的不仅仅是上文提到的黑格尔的讽刺描绘，而且也是接下来的更为合理的解释：根据这个观点，黑格尔相信，我们得以避免异质性，不是通过意识到我们具有上帝一样的能力以认识诸对象，而是通过修改我们的期望，即对关于我们的概念可能向我们揭示的一种完全独立于思想的实在性的期望。根据这个解读，黑格尔提出，我们放弃努力阐明，我们的概念能够符合于独立被给予的内容。换句话说，他敦促我们领会，完全外在于我们的东西不可能在认识上对我们有用。根据这个解释，黑格尔认为“自在之物”（被考虑为一种非概念的内容）对我们的认知模式没有认识论意义。根据他的观点，通过承认我们知识的恰当对象不是完全独立于思想的对象，而是思想本身，我们就跨过了概念和对象之间的鸿沟。实际上，克服我们概念和感性直观的这种异质性对于黑格尔来说就是舍弃表象主义以获得内在主义融通论。[1]

---

[1] 这个解释具有一段长长的历史。在近些年，例如，有说服力的辩护是，Béatrice Longuenesse, *Hegel et la Critique de la Métaphysique* (Paris: Libraire Philosophique J. Vrin, 1981)，这本书的英文本是 *Hegel's Crtique of Metaphysics* (Cambridge, UK: （转下页）

根据我的与之不同的解读，黑格尔剥夺了完全独立于我们 97
概念的诸对象在我们知识中所起到的任何作用，是错误的。他无可争辩地着手跨越我们的概念和对象之间的这个鸿沟，但是跨越

（接上页）Cambridge University Press, 2007)。用朗格尼斯的话来说，黑格尔在《逻辑学》中这方面的两个“演绎”就是要“终结所有表象的幻想，根据此，思想可能被任何方法来衡量，而不是自身来衡量。思想……就不是自然的反映”（5f.）。

有时候，罗伯特·皮平似乎也支持这个观点。例如，在他的著作《黑格尔的观念论：自我意识的满足》(*Hegel's Idealism: The Satisfactions of Self-Consciousness*)中讨论黑格尔的“观念论的逻辑”时，他写道：“如在《精神现象学》中的情形，黑格尔对思想的基本自我转变的内在连贯性、其规定性以及在一定程度上的规定性之客观性的解说，不是寻找思想的起源或者根据，不是任何外在于思想的东西，*而是其目的*”（p. 235，首次补充强调）。在相同的页中，他写道：“概念发展的根本内在性”。然而，在他的最后一章中，皮平表达了对这个“根本地内在主义的”解读的保留意见（p. 235）。他提示，他受到这个观点的引诱，即黑格尔“概念”的发展进程对经验发现的回应。用他的话来说，“黑格尔的严肃的学生应该都不会否认达尔文的结果或者大屠杀可能‘概念上’相关的经验”（p. 259）。皮平在其他著作中也挑战了内在主义的解读。例如，在《黑格尔、现代性和哈贝马斯》(“Hegel, Modernity, and Habermas”）中，他把黑格尔《逻辑学》中概念演绎描述为康德范畴概念的一种“彻底化”（第六章“作为现代主义的观念论”，p. 168）。这种彻底化与黑格尔否认的理性“独立性”或者“至上的权威性”相关联（p. 162）。相反，“黑格尔的这种试验……涉及通过这个事实而思考和持有，即在解释一种概念或者评价图式的基本要素时，不存在以及不可能决定或者确证诉求任何基本的‘事实’、基础性的经验、逻辑形式、构成性的‘兴趣’、‘偏见’，或者引导‘直观’开始或者终结任何这样的解说。我们可能仅仅诉求于我们已经认作为一种基本的事实或者可靠的方法或者起初定制的‘直观’的东西”（p. 163）。并且，我们认为本身是一种基本事实的东西依赖于“看的诸方式”的演进 (p. 168)。当皮平把黑格尔逻辑学的范畴描述为非经验的，如他在这个文章和其他地方所做的，他的意思并不是主张它们绝对固定的或者绝对先天的。对于皮平来说，这个主张即这些范畴是非经验的不是就等于“单单否认印象的杂多”，*可能与它们相符合*（p. 168，补充强调）。对于皮平不支持这个内在主义解读的进一步证据，参见他的《黑格尔和范畴理论》(“Hegel and Category Theory”)，在那里，他明确反对这个观点，即黑格尔逻辑学的范畴发展仅仅以及完全是一种“自我封闭的”“思想游戏”(*Review of Metaphysics*, XLIII, no. 4, June 1990, 844)。皮平也在他的论文“The Kantian Aftermath: Reaction and Revolution in Modern German Philosophy,”（载于 *The Persistence of Subjectivity*, 49）中评论了黑格尔理性的“深刻的历史的”本质。

这个鸿沟，按照他的观点，并不要求撤回到纯粹的思想领域。不要求如此的撤回，是因为，如我们已经表明的，纯粹思想领域的这个观念对于黑格尔来说是一种抽象。如我们已经看到的，黑格尔认为祸害了主体性形而上学的这种怀疑主义依赖于迷失方向地承认异质性或者“绝对对立”的这个论题。在依赖这个论题时，主体性形而上学承认这个假设，即人类认知事实上像神一样——不是因为，对于我们而言，有可能真正地把物质世界变成现实——而是因为，在思维中，我们可以抽象出纯粹思想的领域，抽象出完全外在于或者“绝对对立”于“共同实在”的立场。也就是说，这种被主体性形而上学所蕴含的怀疑主义遵从这个假设，即我们的一些观念或概念的形成是完全独立于任何经验领域的输入的。

在这一章中，我已经概述了对黑格尔纠正一种仅仅是“主观的”观念论的解释。我们的解释要求进一步的辩护——以及这就设定了我接下来的章节的任务。然而，在进行接下来的任务之前，我想要提到，我到目前为止提出的这种解读解密了黑格尔坚持不懈地控诉启蒙哲学家们的有限性。其中一个控诉是，这些哲学家是不一致的。如我们看到的，这些哲学家的有限性放弃了无限或者永恒的知识，他们坚持“哲学不是以认识上帝为目标，而仅仅是以认识人为目标”。但是对于所有他们强调的界限而言，这些哲学家同时认为人类的理性具有超乎寻常的抽象能力，他们相信理性以其思辨的能力能够完全超越经验领域。[1] 黑格尔似乎认为，这个不一致性也证明了进一步的控诉。这些哲学家的有限性犯了“虚荣”的错误。因为他们“证明”“理性的绝对性”的潜在

[1] 黑格尔频繁地控诉，这些有限的哲学家们是不诚实的。例如，与康德一样，他在 EL 中写到，尤其想法“完全不一致的”这些人，一方面，承认“知性仅仅认识现象，而另一方面，断言这个认识是某种绝对的东西——通过说：认识不可能任意进展，这就是人类认识的自然的、绝对的界限”。（EL § 60）

计划，就是确信他们有了充分的路径以通达理性的非如此有限的本质。[1]

[1] 在第五章，我应该返回到这个主题，即关于黑格尔发现的尤其在康德哲学中的虚荣。也许，最清楚的表达黑格尔指责这些有限的哲学家遭遇的虚荣心（和口是心非），是在《哲学科学百科全书·逻辑学》中。这位有限的哲学家问：“一位像我这样的懦夫如何可能发现真理呢?”，而后，黑格尔评论道：“这里，阻止我们研究和认识真理的不是谦虚，更确切地说，而是相信我们自在和自为地已经具有了真理。”（EL §19A）

第四章

黑格尔论第一批判的先验演绎

> 康德的哲学具有观念论的价值，因为它阐明了，单独的 98
> 概念和单独的直观什么都不是，直观无概念则是盲目的，而概念无直观则是空洞的。
>
> （《信仰与知识》68/GW 303）

黑格尔发现了“真正的”观念论和仅仅是“主观的”观念论的一些踪迹，不仅是在康德理智直观的诸观念和被思考为合目的的或者一种有机统一体之自然的诸概念中，而且是在第一批判的先验演绎中发现的。“本着范畴演绎的原则”，他在《费希特与谢林哲学之间的差异》一文中写道：“［康德的］哲学是真正的［*ächter*］观念论。”（D 79/9）黑格尔在先验演绎中发现了真正观念论的一些踪迹，很显然，因为他相信，在这些页中，我们得到了主体和客体之同一性的证据：“在知性诸形式的演绎中”，他告诉我们：“思辨的这个原则，主体和客体之同一性的原则，最明确地得到表达。”（D 80/10）

然而，不用奇怪，黑格尔也坚持，康德在贯彻“思辨地”洞见先验演绎方面是不成功的，同样，他在认识到他对理智直观以及自然之为一个有机体的解释之思辨意蕴方面也是不成功的。在先验演绎中，康德清楚表达了思辨的这个原则，也就是说，主体和客体的同一性。然而，最终这个同一性“消失”了。黑格尔告诉我们，消失的理由是我们之前已经照面过的：康德不能够利用先验演绎的思辨性洞识，因为他承认绝对对立或者异质性这个论题。如黑格尔写到的，对于康德来说，“非同一性”“被提高到一种绝对的原则”（D 81/10）。[1]康德假定这个“理念［*Idee*］”是“绝对对立［*absolute antgegengesetzt*］”于“存在［*Sein*］”的（D 81/11）。

99 在这一章，我们将直面黑格尔是康德文本之细致读者的进一步证据。另外，我们将再次发现，他主张在康德批判体系中发现的这种“同一性”，既不可能通过把概念还原为直观，也不能通过把直观还原为概念而获得。我们将审视一些段落，它们提示，黑格尔支持康德的这个主张，即人类认知要求这两种基本的和有区别的知识构成要素的贡献，以及在这个方面，他和康德站在一起反对洛克（和休谟）和莱布尼茨。与我在前面几章中辩护的解释一致，我们也将发现，在黑格尔评论先验演绎时更多地证明这个结论，即他反对的，不是康德假定概念和直观各自对产生人类知识有着不同的和必然的贡献，更确切地说，而是康德对这两种认知要素和它们各自的能力的特殊处理。完全是因为黑格尔发现康德的处理不能令人满意，他列举的例子就是康德主张概念没有直观就在一个全新的方向上是“空洞的”。我将论证，黑格尔相信我们最终应该从康德关于概念的空洞性之洞识中获得的教训是，我们需要对自然和概念形式的起源做出一种新的和非康德式的解说。

严格来说，黑格尔在先验演绎的哪里发现了“主体和客体之同一性”的踪迹呢？在《信仰与知识》中，他对这个问题提供了三个答案：第一，主体和客体同一性的证据包含在康德对这个问题的考虑中，“先天综合判断如何可能？”如黑格尔指出的，“这个问题所表达的只不过是这个观念即主次和综合判断述谓……是先天地或者

［1］更完整的引用这段：“诸范畴的客观规定之外剩下的就是一个感性和知觉的巨大领域，是绝对后天的，对此，只是一种反思性判断力的主观公理之先天性不可能被发现。换句话说，非同一性被提高到了一种绝对的原则。”（D 81/10）

绝对地同一的"（FK 69/GW 304）。第二，黑格尔相信，同一性这个观念蕴含在康德统觉的原初综合统一这个能力的观念中。黑格尔把这个能力描述为"一种真正必然的、绝对的、原初的对立面之同一"（FK 70/GW 305）。第三，他告诉我们，康德对生产性的想象力之能力的解说也是"一种真正的思辨性观念"（FK 71/GW 306）。我们将在本章的前三节中探究黑格尔的这三个主张。

一　康德"思辨地"处理此问题："先天综合判断如何可能？"

为什么黑格尔相信，在康德解说的先天综合判断的可能性中，主词和述谓的"同一"这个观念得到了表达呢？不回想下某些激发康德关注这个特殊类型的判断问题，我们不可能着手回答这个问题。他告诉我们，在第一批判的前言和导论中，为了拯救形而上学，康德必须确定人类知识的恰当界限。如我们在第三章（第三章第四节）的讨论中所知道的，这个项目部分地要求提供替代休谟怀疑主义的另一路径。康德相信，他需要提供一条替代休谟的路径，因为他认为，休谟错误地总结出我们质料的或者综合的知识可能从来没有必然性的地位。因此，康德认定第一批判的一个核心目标就 100
是确定我们事实上具有某种必然的非分析的知识——不仅仅在数学中，而且也在我们的自然科学中。关于我们的自然科学，先天综合知识是可能的。

在确定一种论证的策略时，康德完全放弃了两种可能性。他的任务就是要阐明，我们有一些概念必然与自然相关联，并且这个任务得以完成，根据他的观点，既不是凭借纯粹的概念分析也不是通过阐明它们的经验起源。概念的分析所能够规定的最大可能就是一个概念的"逻辑可能性"——也就是说，这个概念是否被认为没有矛盾。概念的分析不可能靠自身保证我们的概念与对象有任何一种关系。[1]然而，对我们概念起源的一种经验演绎或者推导对我们没有更好的帮助。因为如休谟正确指出的，如果我们做出这种假设，即我们的概念毫无例外地是经验上起源的，那么我们努力确定他们与对象之间的必然联系注定是失败的。

康德的著名论证，即这个计划阐明了我们事实上具有一些必然与对象有关联的概念，它要求一种“先验的”证据或者“演绎”。他相信，可能被确定的是，我们具有一些概念以之为经验的必然条件，而这些概念并不是源自经验。由于这些概念不可能起源于经验，它们必须先天地存在于我们这里（CPR B 19）。那么，先验演绎的这个目标就是要阐明，没有这些先天的概念（或者如康德所称呼的“范畴”），我们不可能解释，被给予的诸表象究竟如何可能成为对我们而言的思想之对象和经验知识。

因此，第一批判的先验演绎部分的这个论证，本质上就是康德规定我们知识的恰当界限和提供替代休谟怀疑主义的另一条路径。这个论证的意图在于让我们相信，我们质料的或者综合的知识不仅仅依赖于被给予的感性内容，而且也依赖于先天的概念或者范畴。康德论证到，这些范畴是所有思想或者判断的必然条件，包括具有作为其对象的现象之本质或者领域的思想或者判断。它们是他命名为“统觉的原初综合统一”能力的诸功能或者诸规则。

返回到我们这一节开始的这个问题：为什么黑格尔告诉我们，康德对先天综合判断之可能性的考虑“表达”了这种绝对同一的观念呢？当他在讨论先验演绎的文本时他提到，根据康德，“通过异质的东西之原初的、绝对的同一”，先天综合判断是可能的，这就
101 是他给我们的一个线索（FK 72/GW 307）。因此，黑格尔似乎相信，康德对先验演绎中的先天综合判断本身之可能性的解说，依赖于获得作为一种本质性的前提或者先决条件的绝对同一，由于这就

[1] 参见康德在 CPR B xxvi 的注释中对这点的讨论。

是黑格尔的见解，我们需要进一步考虑它。

我们的首要任务就是要确定，黑格尔在评论先验演绎时，他断言对于康德而言，“通过异质的东西之原初的、绝对的同一”，先天综合判断是可能的，对此，他所指的是什么呢？严格地说，他相信我们会在康德研究的哪里找到这个“绝对同一”的证据呢？在《信仰与知识》中的一个重要的段落，黑格尔写道：

> 真正的综合统一或者合理同一恰恰就是那种把杂多和空洞的同一即我联系起来的同一。（FK 71/GW 306f.）

我们可以解读这个段落以揭示黑格尔认为“绝对同一”所起到的作用：他在这里所表明的是，“绝对”或者“合理的同一”得负责把杂多和“空洞的同一”或者“我”联系起来。另外，这段还意指，根据黑格尔的解说，进行联系的这种“真正的综合统一”或者“合理同一”不同于“我”，“我”得与杂多联系起来。黑格尔写道，“康德自己区分了抽象的我或者知性的抽象同一与真正的我，作为原则的这种绝对、原初综合同一”（FK 71f./GW 307）。再次强调这点，黑格尔主张：

> 整个先验演绎……不可能得到理解，如果不区分康德所称的统觉的原初综合统一与这种进行表象的我，并且我就是主体——如康德所说，这个我就仅仅伴随着一切表象。（FK 72f./GW 307f.）

这里有两点特别值得注意：第一，黑格尔在他确认为“统觉的原初综合统一”这个能力所起到的作用中发现绝对同一。那么，这种统觉的原初综合统一，按照他的观点，就是先验演绎的一种真正地“思辨性的”特征。第二，黑格尔坚持，我们必须注意区分这个能力与“空洞的同一”或者进行表象的和“伴随一切表象”的“我”。

我打算延后到第四章第三节再考虑黑格尔认为统觉的原初综合统一是“绝对同一”的诸理由。现在，我想要聚焦于接下来的问题：黑格尔主张“进行表象”的这个“我”和“统觉的原初综合统一”之间的这个区分是康德提出来的，他有什么根据吗？事实证明，对这个问题的回答是相当直截了当的。黑格尔所指的“进行表象”的或者“伴随一切表象”的“这个我”与“统觉的原初综合统一”之间的这个区分的确是康德提出的。在B版演绎中（黑格尔在《信仰与知识》中所引用的就是这个版本），康德已经在§15中表明了对如此这般的一种区分的需要，这一节的标题就是“一般结
102 合的可能性”。[1] 在这一节和接下来的诸节中，很明显，康德相信这个区分必须被提出来，以为了解决先验演绎的普遍性问题：阐明我们的先天概念或者范畴对于经验的必要性。更为充分地表达就是，这个问题阐明了，在感性直观（包括一般意义上的感性直观和我们的感性直观形式）中被给予的对象可能必然地与这些范畴相一致。[2]

康德对B版演绎的论证开始于，在§15中强调，我们可能仅仅解释，我们如何能够通过细致地区分属于总标题为“结合”或者“综合”之下的各种心灵之运思而把被给予的诸表象统一为对象的诸概念。结合本身不是先天被给予的，他说，它“从来不可能通过我们的感官而来到我们这里”。根据他的解说，结合也不是在纯粹的直观形式即空间和时间中被给予的（CPR B 129）。相反，结合或者综合总是一种“自发性的行为”，并且同样地，它是被知性

[1] 因为在《信仰与知识》中对先验演绎的讨论指向的是B版演绎，我这里就聚焦于这个版本。

[2] 如亨利·阿利森所指出的，这个对B版演绎的核心任务的描述蕴含于康德在CPR A 90f./B 123表达的担忧中，他在那里还没有显示，感性直观的这种被给予内容必须从属于先天的规则或者范畴。在第一批判的先验演绎之前，换句话说，他还没有提供论证以排除这种可能性，即“现象可能是……如此被构成的，以至于知性根据其统一的诸条件找寻不到它们”。参见阿利森在 *Kant's Transcendental Idealism: An Interpretation and Defense* (New Haven and London: Yale University Press, 2004, 159—163.) 这个段落中的讨论。

的能力所践行的（CPR B 130）。[1] 正是凭借结合或者综合的行为，康德进一步指出，知性结合诸表象以形成概念，并且结合诸概念以形成判断。在 §15 中，康德已经表明，被知性的能力所践行的结合的这些行为，在形成概念和在结合为判断时，本身就预先假定一种更为基础性的统一或者结合——他最终认为这一行为所指的就是“统觉的原初综合统一”。在 §15 的这些段落中，康德在其神秘的论述即“结合的这一概念除了包括杂多的概念以及其综合的概念，也包括杂多的*统一*的概念”（CPR B 130，补充强调）中，细微地区分了这些或多或少基础性的结合行为。正是符合于“杂多统一”的这个更加基础性的结合行为，他继续论证（在 §16 中开始），这种杂多的统一提供了“判断中多种概念统一的根据，因此提供了知性之可能性的*根据*”。（CPR B 131，补充强调）。

因此，在 B 版演绎 §15 中，康德已经坚持区分各种不同的综合行为的重要性。在 §16 开始，他表明，“我思”（这种能力“进行表象”以及“伴随一切表象”，如黑格尔对它的描述）之诸功能的可能性，依赖于更为基础性的综合行为，这些行为是被“统觉的原初综合统一”所践行的。因此，以对这些段落中康德论述的初步审 103
视为基础，我们可以得出结论，黑格尔在 B 版演绎的一个区分即自我意识的这两种能力或者形式之间的区分中发现了证据，他并没有因此就犯了错误。[2]

二　统觉的原初综合统一之为“绝对同一”

我们现在可以把我们的注意力转向这个更困难的问题：为什么

[1] 康德在 CPR B 135 中重复了这一点：“结合”“是知性独自地运思”。

[2] 康德认为统觉的原初综合统一有时指的是一种自发性行为，有时是一种表象，有时是一种能力，以及有时候是一种自我意识的形式。例如，参见 CPR §16。

黑格尔主张，主体性的这两种形式（“我思”和“统觉的原初综合统一”）中后者的能力是这种“绝对的同一”？我们不可能不更加鲜明地聚焦康德自己描绘的这个能力的作用和本质，就能期望回答这个问题。到目前为止，我们所知道的仅仅是，他的目标是要让我们相信，统觉的原初综合统一指的是，提供对于所有其他结合行为而言都在先的统一行为所必要的东西。原初综合统一指的是，允许我发现自己就是在所有我的表象中的一种同一的自我意识。根据他的解说，它对于概念和判断的形成也是必然的。而且，我们知道，这个统觉的能力根据他的观点是“纯粹的”或者“先验的”，而不是经验的（CPR §16）。[1] 这一切都表明，康德对这种统觉的原初综合统一必要性的论证所意图的是，让我们相信，仅仅经验性地解释把各种被给予的表象统一为一种可思考的和可认识的内容对于我们而言是如何可能的，这是不充分的。

对后面这点进行非常简要地论述：康德似乎坚持，如果我们假定我们通过经验地处理这些运思的帮助就可以解说被给予的诸表象和我们概念之间的必然联系，我们就犯错了。凭借这些运思，我们首先联合各种不同的表象，分析和比较它们，而后选出或者抽象诸种共同的要素或者标志（概念）。另外，他指出我们需要引导这些过程进展的东西是，特殊的诸规则或者概念的统一功能——这些规则或者概念是先天的，并且只能通过一种“先验的”或者“原初的”统觉形式而被提供。这些先天的诸概念或者范畴的客观有效性之保证得感谢这个事实，即没有它们，符合于我们经验的认知和理
104 解的这些不同的运思对于我们而言根本是不可能的。

[1]“先验统觉”这个表达出现在 CPR A 107。在 CPR B 132（§16）中，康德认为“纯粹统觉”和“原初统觉”是同义的。这两者都是指，“产生我思之表象的自我意识”。那种必须伴随一切我的表象的自我意识的统一（“我思”的统一），他称之为“自我意识的先验统一”（CPR B 132）。在 CPR B 133 和在 B134n 中，他指出这个统一就是“统觉的综合统一”。

以康德在先验演绎中诸目标的这种非常普遍的表象为指导，为了当下的讨论，我们可以强调康德特别关注以及辩护的三个主张：

1. 自我意识同一性的必然性。康德承认在概念形成的过程中比较和抽象的作用，他指出，这些运思要求我们首先联合我们理解为有区别的诸表象。然而，他也指出，联合就是把诸表象结合为一个意识的一种过程。不把诸表象统一在一个自我意识中作为“我的诸表象”，我不可能联合各种不同的表象，或者甚至不可能意识到它们是有区别的（CPR B 131n, B 132）。[1] 康德写到，被给予的诸表象的这种杂多，“那就不可能是一，以及一切我的表象都不属于一个自我意识”（CPR B 132）。用他的话来说，如果自我意识的同一，即这种“我思”不能够“伴随一切我的表象”，“某种东西就不可能呈现于我，就根本不可能被思维”（CPR B 132）。[2] 自我意识的同一，按照他的观点，因此就是联合、比较和抽象这些运思得以可能的一个条件——没有这些运思，我根本就不可能形成概念（并因此也就不能形成判断）。

2. 对自我意识同一性的经验主义解说的不充分性。由于自我意识的同一性必须被预先假定为，对概念的形成所必需的联合、比较和抽象诸行为得以可能的一个条件，它自身不可能依赖于或者源自这些运思。可能源自于那些运思的我自己主观性的唯一观念是经验性的。但是作为经验性的，自我的意义，如康德写到的，“自在地就被分散了”以及“与主体的统一性没有关系”（CPR B 133）。

3. 统觉之原初综合统一的必然性。如果自我意识（“我思”）的同一性本身不可能源自联合、比较和抽象诸行为——如果它是这些行为得以可能的一个条件——那么，它必须被奠基在一个“更

[1] 如康德在 CPR B 134 中也写道：“只是因为我能够在一个意识中理解［诸表象的一种杂多］，所以我称呼它们为一切我的表象。”

[2] 康德在这里也告诉我们，这个“我思”必须能够伴随一切我的表象，因为，否则，诸表象“对于我而言，就是不可能的或者就什么也不是”（CPR B 132）。

高的统一”上，即先天的综合行为（CPR B 131）。在B版演绎的§16中，康德把这个先天的综合行为确认为“纯粹的”或者“原初的”统觉的先天行为。他告诉我们，正是这个结合的原初行为，允许我们直观一种被给予的杂多之诸表象为一种统一，以及因此，直观为属于我的（CPR B 133）。他似乎表明，我能够直观这种杂多为一种统一，仅仅因为这种原初的综合统一以某种方式在杂多中“产生”或者“制造”“我思”这种表象（CPR B 132）。

105 因此，先验演绎的这个论证开始确定，必须有先天的综合或者统一存在，没有它们，自我意识的同一（这个“我思”的同一）就是不可能的。这就是康德在§15中论述的点，“结合的这个概念”包括“除了杂多以及其综合的概念，也包括杂多统一的概念”（CPR B 130）。在论证这种与其相符合的原初统觉能力和统一之先天行为的必然性时，他相信，他能够提供一条成功替代休谟怀疑主义的路径。康德说，因为，“单单”通过统觉的原初综合统一，杂多的这种先天统一就是“可能的”（CPR B143）。[1]原初的或者先验的统觉提供了这个统一，其规则或者概念是先天的而不是经验的（CPR §20）。因此，先天的诸概念或者范畴提供了这些规则，没有它们，个体的一种自我意识就不能在其一切表象中发现自身。它们规定，我们如何能够意识到诸表象是有区别的，以及之后从它们比较和抽象共同的标志。因此，先天的诸概念或者范畴决定着一切理解或者意识这种感性杂多之统一的可能性。因此，康德相信，相反于休谟，他可以阐明我们具有一些概念，它们承担着与经验之间的必然联系。[2]

[1] 这段话完整的是：“被给予的感性直观的这种杂多必然地归属于统觉的原初综合统一，因为‘单单’通过这个［统觉的综合统一］，直观的这种统一就是可能的。”（CPR B 143）

[2] 用康德的话来说：“被给予的直观中的这种杂多必然处于这些范畴之下。”（CPR B 143）

高度简略地概述康德的目标，即仅仅以最初步的方式描述他赋予原初的或者先验的统觉能力的作用。它揭示了康德承认的这个论题，即没有自我意识的严格同一，我们就没有任何办法揭示，我们如何能够从被给予的诸表象理解诸对象，从它们身上提炼共同的标志或者概念，以及把诸概念结合为判断。在注意到他以先天的诸规则或者概念而引入先验统觉的能力之时，这引起人们关注他为弥补经验主义的不足之处所做的努力。然而，上面的概述没有解释，康德如何认为先验统觉的这个能力能够提供自我意识的严格同一。（尤其，它没有解释先验统觉如何能够产生杂多的自我意识之同一。）对于我们当下的诸目的而言，更重要的是，我们已经概述的这种先验统觉的解释也在对本节开始的这个问题提供答案上没有什么帮助，这个问题即，为什么黑格尔主张先验的统觉是一种“绝对同一”?

在第四章第一节中，我们提到，黑格尔在《信仰与知识》中的论述，即先验的统觉是“绝对同一的”，因为它是一种“真正地必然的、绝对的、原初的对立面的同一”（FK 70/GW 305）。这个评论还远非清楚明白，但是，当黑格尔在后面的一些段落中告诉 106
我们对概念形成和判断进行必然先天的或者原初的综合是这样的一种综合，即“空洞的我”（我思的这个“我”）与被给予的杂多之间的这一区分首先从这一综合出现，他对于我们应该如何解释它提供了某种引导。正是从这个原初的同一出发，他写到，“作为思维着的主体的我与作为身体和世界之杂多首次分离开来”（FK 71/GW 306f.）。黑格尔继续指出，诸概念的出现仅仅是通过“走出”它们原初地陷入其中的“差异”而实现。他说，概念的出现或者概念和杂多之间区分的出现，首先发生于“作为判断的意识中”（FK 71/GW 306）。

这些主张尽管是如此的晦涩，它们却给予我们有关黑格尔寻求的绝对同一观念的某种提示。如果先验统觉是这样一种能力，“我思”和杂多之间的区别首先从它而来，如他所主张的，那么，如果我们把自我意识的这个形式归类为这种能力所思的一个种类或者通过这个能力杂多被给予的一个种类，我们就一定错了。黑格尔似乎意指，先验的或者原初的统觉既不是一种自发性的能力也不是一种接受性的能力，但是，它以某种方式先于两者以及成为两者得以可能的一个条件。同样地，它的存在挑战了康德批判哲学的一个根本性的信条：即我们知识的基础在于独立的和异质性的知性和直观这两种能力的贡献。[1]

如果这的确是黑格尔所推动的（在第四章第四节中，我们将会遇到进一步的相关证据），那么，我们有很好的理由认为，他对统觉之原初综合统一的作用和本质（既不是自发性的也不是接受性的）的看法就不是康德愿意接受的。要明白康德为什么不愿接受它，我们只需要更细致地考虑他详述那种能力之作用的方式。例如，考虑他的论述，

> 先验的综合统一就是那种东西，通过它所有直观所给予的杂多被统一在对象的一个概念上。（CPR B 139）

107 这句话可能就是黑格尔的意思所在，同时他告诉我们，在我

[1] 在一个有趣的地方，康德考虑了这一可能性，即“人类认知的两种根源”（也就是“感性与知性”）“也许源自于一个共同的但是我们不认识的根源”（CPR A 15/B 29）。在他的“方法论”章中，康德在此提到了“我们认知能力”的这个“一般的根源”，它“划分为以及分离出两种根源”（CPR A 835/B 863）。康德认为有这种可能性，但是也主张，“对于我们而言”，“无法理解”这两种根源如何可能有一种共同的根源（他在1800年的《人类学》中做出这个论述（*Anthropology*, Akademie vol. VII（177））。挑起这个论证即感性与知性最终“同一”的任务，不仅仅是德国观念论者如黑格尔，而且也是后来的哲学家马丁·海德格尔所做的。这个主题也被迪特·亨利希（Dieter Henrich）在其经典文章中探究（*The Unity of Reason: Essays on Kant's Philosophy*, ed. Richard L. Velkey [Cambridge, MA: Harvard University Press, 1994], 17—54.）。亨利希论证到，根据康德，能够认识或者“通达”“感性和知性的共同根源”的唯一理智“会不得不非推理地思考”（p. 30）。这个结论似乎在上面注意到的康德《人类学》论述中得到证明。

们早前审视的一段话中，“真正的综合统一”符合于“联系”杂多和“空洞的同一”或者思考运用诸概念的“我”（FK 71/GW 307f.）。但是，为什么我们追随黑格尔在这个段落所表明的呢？他表明，康德的意思是，从联系杂多和“我思”的“真正综合统一”之作用推理出，先验的统觉本身就是一种“对立面的原初同一”。根据康德，先验的或者原初的统觉的功能就是“联系”杂多和“我思”，作为能力，它把杂多引入在先的统一中，而没有这种统一，自我意识的同一就是不可能的。他告诉我们，它引入这种在先的统一中，通过的是把直观给予的杂多归入其先天的规则或者范畴之下。先验的统觉践行着一种结合或者综合的行为。在先验演绎的 §15 中，康德写到，所有的结合“都是一种自发性的行为”，同样的，是被知性的能力所践行的。那么，康德坚持，统觉的原初综合统一本身就是一种“对立面的原初同一”，以及同样的既不是自发性的一种能力也不是接受性的一种能力而是以某种方式先于两者的东西，证据何在呢？以另一种方式提出这个问题就是：为什么我们应该从康德赋予先验统觉的作用中总结出，思想或者概念，按照他的观点，都是与直观“原初的同一”呢？

重要的是，我们得牢记，黑格尔在任何地方都没有表明，他在康德解说的统觉的原初综合统一中发现的这个同一与康德自己的意向相一致。[1] 相反，黑格尔在《费希特与谢林哲学之间的差异》一文中明确解释到，虽然康德在先验演绎中发现了“思辨的原则，主体和客体的同一”，但是，对他来说，一种“绝对的原初同

---

[1] 保罗·盖耶在《思想与存在：黑格尔的康德批判》（“Thought and Being: Hegel's Critique of Kant”, p. 182）中进行了相反的论证。当他在另一篇文章中把下面这个观点归因于黑格尔时，我相信盖耶也是错误的，这个观点即康德相信概念和直观之间的这个区分可以被克服以及我们可能获得了一种知性直观的能力。参见他的 “Absolute Idealism and the Rejection of Kantian Dualism,” 载于 *The Cambridge Companion to German Idealism*, ed. Karl Ameriks (Cambridge, UK: Cambridge University Press, 2000), 51—53。

一”的这个观念“消失了”（D 80/10）。甚至，黑格尔对同一为什么必须“消失”提供了精确的解释。他在《信仰与知识》中讨论先验演绎时，他的解释采取了重点强调这个事实的这些意蕴，如康德对它们的理解，这个事实即我们的知性模式是推理的而不是直观的。根据康德，黑格尔写道：“知性是人类理性的绝对固定的不可超越的界限。”他说，康德认为我们的“推理的”知性是“自在的和绝对的”（FK 77/GW 313）。强调康德对推理性的认可是重要的，因为它表明，黑格尔理解了为什么康德不可能确证“主体和客体的同一”。

108 关于为什么我们的推理性这个事实意指主体和客体的非同一性，在先验演绎中康德是很明确的。在B版演绎的§17中，他注意到，一种被要求在其概念和对象之间建立一种必然联系的论证仅仅是对一种推理性的或者非直观的认知形式而言的。对于一种先验演绎的需要，以及对假定一种特殊的或者“先验的”综合行为的需要，按照他的观点，与这个事实相关联，即我们认知的推理模式不可能仅仅通过践行其认知能力而产生其对象。[1] 通过知性直观之表象，这个表象的对象会同时实存，不同于这种知性直观，我们必须在认知自然时依赖于独立被给予的感性内容（CPR B 139）。因为这个理由，我们的任何一种概念都与那种被给予的内容有一种必然的联系，这一点是完全不明确的。对于一种知性的模式而言，例如我们的知性，建立起这样的一种联系因此是一种挑战。

因此，先验演绎的这种必然性，以及假定统觉的原初综合统一的能力的这种必然性，对于康德而言，其后果就是这个事实，即我们的知性模式是推理的，并且对于我们而言，思想是一件事，而

[1] 用康德的话来说：“通过知性的这种自我意识，直观的杂多同时就会被给予，通过它的表象，这种表象的对象实存，这种知性就不需要一种特殊的综合杂多的行为以统一意识。”（CPR §17, B 138f.）康德也在CPR §13和§14中讨论了我们的推理性和对先验演绎的需要之间的这个关联。

直观则完全是另一件事。我们知性的这个本性是如此，以至于需要提供一种论证以阐明，我们的诸表象对于独立被给予的感性内容是客观有效的。康德远非以主体和客体、概念和直观、自发性和接受性的同一为基础，相反，康德的先验演绎依赖于他关于我们推理性的本性和意蕴的假设。它所依赖的是黑格尔所指的"异质性"或者"绝对对立"的论题。另一种说法是，它依赖于这个事实，即在康德理解我们推理性的意蕴时，他把"非同一性"提高为一种"绝对的原则"（D 81/10）。

三 生产性的想象力之为一种"真正思辨性的理念"

到目前为止，要审视本章涵盖的主要点：首先，我们知道，黑格尔已意识到康德区分原初的或者先验统觉的这种能力和这个"我"的先验演绎的重要性，这个"我"，如他所说的"伴随一切表象"。我也知道，黑格尔意识到，根据康德的解说，正是这个统觉的原初综合统一践行着联系杂多和"我思"的这种功能。在联系杂多和这种"我思"时，统觉的这种原初统合统一使得我们可能把这种杂多理解为一种统一。如康德说，允许我们"找到自身"（作为一种同一的自我意识）的东西正是在"所有我的表象"中。[1] 而 109
且，更清楚的是，在两种形式的自我意识中，黑格尔遴选出原初统觉的这种能力作为"绝对的同一"。黑格尔的这个同一是什么意思仍然是一个谜，但是，从我们已经审视的这段话直到这点，至少我们有理由质疑，他对这个先验统觉的见解完全不同于康德所指的。毫无疑问，黑格尔寻求运用这个观念，即先验统觉是，如康德自己

[1] 如康德在 CPR §17, B 138 写到的，没有统觉的综合统一，"杂多不可能被统一到一个意识中"。用黑格尔的话来说，康德所称的"纯粹统觉"被认为"使得[对象]成为我的对象的活动"（EL §42A1）。

所描述的一种原初的综合统一。黑格尔想要我们相信，同样的，它既不是一种自发性能力也不是一种接受性能力，因此它既不仅仅是概念的创造也不是仅仅是直观的创造。按照他的观点，先验统觉是一种能力，概念和直观都依赖于这一能力，并且，它们都是首先从这种能力中出现的。

更早时，我们注意到，黑格尔也把康德解说的生产性的想象力确认为一种“真正地思辨性理念”（FK 71/GW 306）。很显然，他相信，康德在他讨论先验演绎的生产性的想象力时非常细致地清楚表达了那种思辨性理念。如果我们问，为什么黑格尔在一个段落中告诉我们先验统觉是一种“绝对同一”，在另一段落中以完全相同的方式描述生产性的想象力。解释是，他在大量的批判哲学学说中发现了一些“思辨性的”要素。他相信，康德不止一次地细致地意识到——甚至也许是支持——他自己的体系中的思辨性意蕴。按照黑格尔的观点，这发生在先验演绎中，但是如我们从第一章和第二章中的讨论所知道的，他相信，它发生在康德处理的理智直观和作为一个有机体的自然之诸观念中。

康德究竟为什么把这种生产性的（或者如他有时候也称呼的“先验的”）想象力引入先验演绎的论证中？在目前为止我们已经关注过的 B 版演绎的部分中，他的目标在于让我们相信，没有先验统觉的这种能力所践行的原初同一或者综合的行为，就不可能理解或者经验地意识被给予的杂多。按照他的观点，一种杂多能被理解为感知，只有它作为一个统一而被给予时。并且，如我们所看到的，康德坚持，作为一个统一的杂多的这种表象要求一种原初的综合行为。因此，他论证，统觉的原初综合统一对于任何被给予的杂多的理解都是必要的，不管这种杂多是作为我们感性直观的形式而被给予，还是任何其他的形式。康德相信，他已经在 §§15—20 中显示，这个在先的综合被先天的诸规则或者范畴所支配，并且，这些范畴因此对于理解感性直观的对象一般而言是必要的。他指出它们所践行的这种综合是“理智的”（理智的综合），是为了提示它是一种单单要求知性能力的运思之综合（CPR §24, B 150）。 110

然而，在 §23 中，康德论证到，尤其是，除非范畴被应用到通过我们的感性直观形式给予的杂多，否则它们对于我们知性形式而言仍然是“空洞的”（CPR B 148）。那么，这些范畴仍然“仅仅是思想的诸形式”，“没有客观实在性”。对此，康德的意思是，如果这些范畴被应用到其必须通过我们的感性直观形式（空间和时间）而显现于我们的杂多，那么，它们对于我们的知性形式而言可能仅仅是用作知识的必要条件。因此他在 §21 中宣称，在 B 版演绎的剩余部分中，他将缩小他的聚焦，并且考虑先验统觉的应用以及其应用到我们直观形式给予的诸对象的规则，即应用于“现象”的诸规则。虽然，这些范畴是知性的诸功能（以及虽然它们的综合，从这个角度考虑，是“理智的”），它们在其应用到诸现象时要求另一种能力，康德在 §24 中把这一能力确认为生产性的或者先验的想象力。生产性的或者先验的想象力把诸范畴应用到我们特殊的感性直观形式所给予的诸对象上（应用到现象上）。它这么做凭借的是一种特殊的“形象化的”综合行为。[1]

如我之前所提到的，黑格尔对康德生产性想象力的思辨性洞识的赞赏，似乎简单地重复了他对先验统觉能力的思辨意蕴的处理。如我们看到的，黑格尔把先验统觉描述为这种“我思”和杂多之间的区别得以产生的原初同一。当他把注意力转向生产性的想象力时，他以完全相同的方式描述它。他写道，生产性的想象力是主体的我和客体的世界本身首次从之分离的东西（FK 71/GW 306）。他告诉我们，其综合是“绝对的”，因为它不是首次被捡起来的杂多的累积，并且仅仅是之后结合到一起或者综合（FK 71/GW

[1] 在 CPR A 124 中，康德断言，“只有凭借想象力”，诸概念才可以“与感性直观建立起关系”。在 B 版演绎的 §24，他把形象化的综合描述为“想象力的先验综合”（CPR B 152）。

306）。生产性的想象力获得绝对同一的地位，黑格尔似乎表明的是，因为像先验统觉一样，它是一种对立面的原初同一。

在这一节中，我们的目标在于，从考察黑格尔论述的生产性的想象力而更好地把握他对绝对同一的见解。我们的讨论将聚焦于《信仰与知识》中的一段极具挑衅意味的话，在那段话里，他提示了他相信康德解说的生产性的想象力及其形象化综合的这些思辨性意蕴。与黑格尔在这些页中的许多有关生产性的想象力的论述不同，这段话更多的是误导，而不是澄明。它似乎支持错误地解释黑格尔对生产性想象力的“绝对”或者“原初的”同一所意向的东西。尤其是，它似乎表明的是，生产性的想象力是一种“原初的同
111 一”，按照他的观点，因为在综合感性杂多时它阐明了，被给予的诸直观实际上仅仅是概念的产物（以及在这个意义上“同一”于概念），以及阐明了，接受性仅仅是自发性能力的一种模式或者种类。

我们努力地致力于解释这个段落，关键就是要纠正对黑格尔就原初同一所思所想的东西的这种解读。将会澄明的是，黑格尔在康德讨论的生产性的想象力中发现的这种原初同一并不等同于这个论题，即诸直观还原为概念或者仅仅是概念的一类。黑格尔并没有着手辩护任何如此之类的还原。更确切地说（并且如我所一直表明的），他赞赏，康德坚持的作为人类经验条件的直观和概念（接受性和自发性）两者的必然作用。他似乎想象，如果我们恰当地理解关于两种能力各自的贡献这个事实——尤其，关于它们作为知识条件的相互依赖性——我们将被引导而放弃康德的两者异质性的论题。我们将领会到，在这两者的彼此抽象中，概念和直观、自发性和接受性根本就什么也不是（以某种方式）。[1]

在我提供的解说黑格尔处理 B 版演绎的生产性的想象力和形

[1] 黑格尔表达了如下这一点：“康德哲学具有观念论的价值，因为它阐明了，独自的概念或者独自的直观根本什么都不是，直观无概念则是盲目的，而概念无直观则是空洞的。”（FK 68/GW 303）我在后面的第四章第五节中讨论这段话。

象化综合的章节中，我辩护了三个主张：第一，黑格尔的解释反映了他对康德自己尤其在 §§24—26 中讨论的一种细致的解读。第二，他的目标不是要我们相信，康德试图或者应该试图把直观还原为概念。第三，按照他的观点，在先验演绎章节中的这种“思辨性”教训是，从康德坚持两种能力在使得经验得以可能时相互合作的作用中获得启发。

在回想 B 版演绎的 §§24—26 和康德在 B 160 令人困惑的脚注的话语中，黑格尔写到，在先验演绎中，

> 统觉的原初综合统一被确认……为形象化综合的原则或者直观的诸形式的原则；时间和空间本身就被理解为综合的统一；以及生产性的想象力、自发性和绝对综合活动被认为是之前仅仅被描述为接受性之感性的原则。（FK 69f./GW 304f.）

简单而言，因为这段话含混不清，我们将需要逐步考察它。黑格尔一开始就告诉我们：“原初的综合统一被确认［在先验演绎中］……为形象化综合的原则或者直观的诸形式的原则。”他在这里把这两个术语“形象化综合”与“直观的诸形式”联系起来，这个事实就是他思考 B 版演绎 §24 的一个线索。因为如我们正看到的，正是在 §24 中，康德引入了形象化综合（*synthesis speciosa*），把它与他所称呼的理智的综合（*synthesis intellectualis*）区别开来。在 112
演绎这个部分之前，康德已经论证，一般而言，这些范畴综合或者结合感性直观之诸对象的杂多，不管那种感性直观是我们的还是其他的任何形式。他断言，这些范畴所践行的这种综合，到目前为止仍是“理智的”，这些范畴仅仅是“思想的诸形式”而没有“客观实在性”或者“意义和意谓”（CPR §23 和 §24）。这些范畴要获得客观实在性，康德在 §24 中陈述到，仅当它们综合或者统一的杂多是通过我们的直观形式而被给予的——也就是说，仅当它们对于我们而言用作我们经验形式对象之诸条件时。当它们用以综合这个杂多时——也就是说，“现象”的杂多或者空间和时间中被给予对

象之杂多——它们的综合是“形象化的”。这就解释了，为什么黑格尔在引用的这段话中把“形象化综合”和“直观的诸形式”联系起来。虽然，在这个段落的部分中，他所指的简单而言是“直观的诸形式”（也就是说，一般而言），但他在这段话中提到的空间和时间这个事实接下来就直接表明，他意识到，对于康德而言，“形象化综合”所指的是综合通过我们感性直观的特殊形式即空间和时间而被给予的杂多。

继续向前看，那么，为什么黑格尔主张，根据先验演绎的这个论证，“统觉的原初综合”是“这种形象化综合的原则，或者直观的诸形式的原则”呢？用不同的方式来表述这个问题，他在这里把什么作用归因于与“形象化综合，或者……直观的诸形式”相关联的统觉的原初综合呢？如我们所知道的，康德坚持，在形象化的综合中，这些范畴被应用到通过我们的感性直观形式而被给予的对象上——也就是说，被应用到现象上。尽管这些范畴是被生产性的想象力的能力以形象化的综合应用到现象上，但是这些范畴仍是统觉先验统一的诸先天规则。因此，也许，当黑格尔在这段中写道，“统觉的原初综合统一”是“形象化综合的原则”，简单而言，他的意思是关注这个事实，形象化综合，对于康德来说，就是一种对诸现象的综合，这些现象被先验统觉的能力之诸规则或者范畴所规定。

但是，即使这个解释真的是康德在演绎这部分中所意向的，它也没有澄明黑格尔所主张的在那里发现了“思辨”哲学的踪迹。在我们已经考虑过的这种解释中没有任何思辨性的东西，因为到目前为止，在这个解释中没有任何东西表明任何一种“对立面的原初同一”。也就是说，在其中没有任何东西表明，我们在这一节中关注的这个能力，即生产性的或者先验的想象力的这个能力，或者一种综合，这种综合是先于康德对范畴和直观形式的区分，或者自发性能力和接受性能力的区分。如我们应该很快就看到的，黑格尔把我们已经提供的这种形象化综合的解释确认为既是康德的又是非思辨性的。他认为，对形象化综合的作用的描绘传递了这个信息，即远非一种“对立面的原初同一”，想象力对于康德来说就仅仅是这种能力，它以形象化的综合在“对立面”之间进行联系。如黑格尔所指出的，根据康德的解说，生产性的想象力是“一种中间项，插入在绝对实存的主体和绝对实存的世界两者之间”(FK 73/GW 308)。 113

如果我们更加细致地考察黑格尔对先验演绎这些部分的评论，那我们可以更好地把握他所主张的在它们中发现的某种“思辨性的”东西。返回到我们引用过的那段话，回想下他写到的先验演绎，

> 时间和空间本身被理解为诸种综合统一，并且，生产性的想象力，自发性和绝对综合的活动，被设想为感性原则，之前这个感性原则仅仅被描述为接受性。(FK 69f. / GW 305)

黑格尔所指的作为“综合统一”的空间和时间意味着什么呢？这个所指的确就是康德在 B 160f. 中的注释，在那里，他告诉我们空间和时间是“凭借”综合统一“首先作为直观被给予”。在 B 162 中，康德提醒我们，统一或者结合的功能“在知性中占有一席之地”(已经被诸范畴所支配)。因此在写到空间和时间“凭借”综合统一“首先作为直观被给予”时，康德可能提出了令人震惊的见解，我们的感性直观 (接受性) 的形式本身就在 (因此源于) 知性或者自发性能力中有其“位置”。换句话说，康德可能回过头来认可他在先验逻辑的导论中的核心论题：我们的知识源自“两个根本性的来源”，即接受性和自发性，两个来源中的任何一方都不可能起到另一方的功能，或者都不可能产生另一方 (CPR A 50f./B 74f.)。

但是，有很好的理由认为，康德在 CPR B 160f. 的注释中所表明的并不是，我们的接受性本身是凭借自发性被给予或者产生于自发性。他在这些段落中不只一次的强调，他关注的是解释空间和时

间本身作为“直观”与综合统一的关系，而不是空间和时间作为直观之形式与综合统一的关系（CPR B 160）。[1] 换句话说，康德强调的是，他在这些段落中所关注的是综合或者结合在使得我们的空间和时间之客观表象成为可能上的作用，而不是在使得直观之形式本身成为可能上。也就是说，他希望关注这种方式，即我们在感知现象时呈现的空间和时间诸关系的方式。简单而言，康德在这些段话中指出的是，感知要求的不只是通过我们先天直观的形式被给予我们的一种杂多。我们在空间和时间中感知或者理解感性的杂多，
114 但是感知或者理解额外要求诸种结合的行为。这些结合的行为提供综合统一，凭借这种综合统一，空间和时间“首次被给予”，它不是作为直观的形式，而是作为“直观本身”（也就是说，作为经验直观的对象本身或者作为纯粹直观本身）。[2]

---

[1] 如何解释康德在 CPR B 160f. 中的注释，有一段长长的争论史。我对康德的解释是沿着如下作者的相同思路，例如，Manfred Baum' “Kant on Pure Intuition,” 载于 *Minds, Ideas, and Objects: Essays on the Theory of Representation in Modern Philosophy*, ed. Phillip D. Cummins and Guenter Zoeller (Atscadero, CA: Ridgeview Publishing Company, 1992), 303—315, 以及 Guenter Zoeller' “Comments on Professor Kitcher's ‘Connecting Intuitions and Concepts at B 160n,’” *Southern Journal of Philosophy* XXV, Supplement (1987), 151—155。对于一种不同的解读，参见帕特里夏·基切（Patricia Kitcher）在这本杂志的同一卷中的文章（pp. 214—225）。也参见朗格尼斯（Béatrice Longuenesse）的 *Kant and the Capacity to Judge*, transl. Charles Wolfe (Princeton: Princeton University Press, 1998), esp. 214—225，他提出了有趣的见解，空间和时间是形象化综合的产物，两者作为形式的直观和作为直观的形式。

[2] 在先验演绎的这些段话中，康德主要地关注了我们现象表象得以可能的诸条件。因为那个理由，他主要地在下述意义上关注了“本身作为直观”的空间和时间：它们本身是作为客观地在感知中被表象的直观。根据康德，现象是空间和时间的客观表象。如经验直观的对象，现象被我们感知为具有空间和时间的维度（虽然“内在经验”仅仅具有后者）。但是，尽管康德这段话中聚焦的是这种方式，以此方式，空间和时间“本身是直观”，是客观地在感知中被表象的，根据他的解说，空间和时间在另一种意义上“本身也是直观”。空间和时间也可以是客观地在非经验中被表象或者是“纯粹的”直观。例如，几何学的三角形（不能从感性中借到任何东西）就是纯粹直观中的一种空间的表象（CPR A 20/B 34）。这个三角形“本身就是一种直观”，也就是说，自身就是在非经验的或者（转下页）

康德通过指出知觉或者经验意识要求的不只是在空间和时间中被给予的杂多，来阐明统一在使得我们的空间和时间知觉有可能成为“直观本身”时的作用。另外，它要求，这种经验的杂多（到目前为止“未被规定的”现象）被规定或者被综合。[1]他指出，我们感知一栋房子，不仅仅是在空间和时间中感知，而且也是在进一步理解的各种条件下感知。在理解这种感性杂多时，我们把各种（房子的，或者说房子之部分的）印象联合起来。因为这个联合的行为发生在时间中，它要求记忆或者“再生性的想象力”，这个能力为意识保留了各种不再是当下的印象。相应的，记忆力就是规则支配的：康德写到，它的可能性依赖于这个条件，即“我们[现在]所思的东西与我们之前所思的东西是相同的”（CPR A 103）。换句话说，记忆力要求，即使我们对印象的理解必然是连续性的，但我们理解的诸对象通过时间而持续。那么，我们对这栋房子的理解就被这个条件所支配，这个条件即我们对它各个不同部分的印象是可再生的，并且可再生性是可能的，只要我们预先假定，现象服从于通过时间而持续这个规则。康德确认这个规则是应用到现象的实体范畴。像所有的范畴一样，实体是知性的一个先天概念。它是被生产性的想象力能力应用到现象上的（以形象化综合的行为）。[2]

因此，远非明显的是，演绎中的这些段落保证了这个结论，即当康德写到，空间和时间“凭借”综合统一“作为直观被给予”时，他要么回过头来承认我们的现象知识要求两种独立能力的合作

（接上页）形式的直观之形式中的一种空间表象。参见康德在 CPR A 165f./B 207f 中对这些点的讨论。也参见曼弗雷德·鲍姆富于启发的论文《康德论纯粹直观》（“Kant on Pure Intuition”）（pp. 303—315）。

[1]“未被规定的”，我的意思是还没有受到范畴的综合。我在第三章注释 12（原文注释）中讨论了康德对“现象”这个术语的各种使用。

[2]用康德的话来说，“只有凭借这种想象力”，概念才可能“产生与感性直观的关系”（CPR A 124）。

这个论点，要么与之相矛盾。换句话说，康德似乎在 CPR B 160 中主张的并不是，时间和空间作为直观的形式本身源于知性或者自
115 发性的能力或者被这个能力所给予。更确切地说，他的意思是要关注这个事实，即知觉对于我们而言不仅仅是空间和时间中被给予的感性事物的接受性问题。另外，知觉要求这种自发性的统一或者综合活动。空间和时间这种纯粹的形式是经验直观之可能性的先天条件，但是经验直观只有被范畴所统一时才变成规定的（以及因此，成为知觉或者经验意识的一种可能对象）。

尽管这可以解释，当康德在 CPR B 160f. 的注释中，把空间和时间描述为“凭借”统一“被给予”时的所思所想，我们仍然需要澄清黑格尔对这段话的解释。当黑格尔评论到，在先验演绎中，“空间和时间本身被理解为综合统一”时，他试图告诉我们的是什么呢？我们可以认为这个论述支持了我正说的这个康德没有辩护的观点：这个观点，也即接受性的形式本身被自发性地给予或者产生——这个观点冲突于康德所坚持的两种能力的严格异质性或者不可还原性。换句话说，我们可以受到诱惑而认为，黑格尔主张在第一批判的这些页中发现的自发性和接受性的这种“合理的”或者“原初的”同一，凭借把一种能力还原为另一种能力而获得。然而，如我们应该看到的，黑格尔并没有确认 CPR B 160 这点的思辨性教训，这点即空间和时间本身最终源于自发性或者被自发性所给予（因此在那种意义上“同一”于自发性）。相反，他获得的教训似乎在每个方面都是康德的：从经验意识的立场来看（我们知觉或者经验现象的立场），在空间和时间中显现于我们的东西已经被自发性行为所统一。

支持这个主张的证据——这个主张，也即，黑格尔理解为“综合统一”的空间和时间与康德的意向是一致的——首次出现在《信仰与知识》致力于批判雅各比的章节中。在那里，黑格尔清楚地指出了 CPR B 160（以及其注释）以及关注了康德的一个区分，黑格

尔相信雅各比错误地认为这一区分隐含着矛盾。考虑中的这个区分是在此两者之间：（1）“直观的形式，作为一种纯粹抽象的形式对立于知性的概念，它不是一个对象”，以及（2）直观的形式“可能基于其内在的先天统一而被制作成为一个对象（如在几何学中）”。黑格尔继续写到，当空间被当作一个对象（如，用他的话来说，一种“形式的直观”），其“统一”首先通过“作为想象力的先验综合的知性”而得以可能。很明显地，他告诉我们的正是，空间的形式直观之同一源于知性，以及凭借想象力践行的（形象化）综合而被给予。（在这里，黑格尔明确地向其读者指出了先验演绎的§24。）紧接着关于空间的形式直观之同一（“如在几何学中”）的这个论述，他写道，康德所说的“可感性和先天性”是他的“最重要的点”之一（FK 122/GW 361）。那么，黑格尔在这里所重点强调的 116
这个重要点就是关于作为一种形式直观的空间，而不是作为一种直观形式的空间。[1]

《信仰与知识》的这些话与下面这个见解一致，即黑格尔在先验演绎的这部分中发现的令人感兴趣的东西是康德关于空间和时间的客观表象本性的结论，而不是作为直观之形式的空间和时间之本性。根据康德，如我们已经看到的，如果在空间和时间中向我们显现的杂多是经验意识或者理解的一个对象，那么，它已经服从于自发性统一活动。更确切地说，它已经服从于应用到现象的先验或生产性的想象力的活动，形象化综合的活动。那么，就有理由认为，黑格尔希望强调的正是这点（我们把杂多仅仅感知或者理解为已经被综合的），当他在我们已经考虑的这段话中写到，在先验演绎中，“生产性的想象力，自发性和绝对综合活动，被认为［在先验演绎

[1] 再者，根据康德，空间（和时间）可能或者作为纯粹直观的一个对象被客观地表象（“如在几何学中”），或者作为经验直观的一个对象（如作为一个现象）被客观地表象。在这里，黑格尔对比作为“直观形式”的空间和作为“形式直观”的空间，也许是因为，他认为几何学的对象是空间的客观表象的例子。

中］是感性的原则”。

黑格尔赞赏这个事实，康德在演绎的这部分中把空间和时间当作是“直观本身”，不是当作被这个方式进一步辨明的直观之形式，他以这个方式完整地引用了这句话：“生产性的想象力”，黑格尔写道：“被认为［在先验演绎中］是感性的原则，之前这个感性原则*只是被描述为接受性*”（补充强调）。这非常可能指的就是康德自己在 CPR B 160 中比较了他在先验感性论和先验分析论所处理的空间和时间。在先验感性论（§1）中，康德定义感性为“通过对象激发我们的模式而接受表象的能力（接受性）。”他继续，“诸对象凭借感性被给予我们，并且，它独自给我们产生各种直观，各种直观通过知性被思想，从知性产生诸概念。”而后，在先验感性论中，康德关注的是论证空间和时间的作用在于直观的先天形式，通过此，内在和外在感性的杂多必定被给予我们。[1]

然而，在先验分析论中，康德的任务变成确立我们对对象的感知或者经验的先天诸条件，而不仅仅是接受性的先天条件。如我们已经看到的，他在 B 版演绎后面一半的目标是要论证在我们理解空间和时间中被给予我们的东西时的诸范畴的作用，也就是说，在形象化综合中它们的作用。换句话，这个 B 版演绎中后面一半内容的这种目标是要详细说明，现象的空间和时间之表象的（作为“直观本身”的空间和时间之表象的）、被自发性或者知性能力所贡
117 献的先天的诸条件（CPR B 160）。而后，康德论证，空间和时间之客观表象，要求自发性的综合活动以作为其可能性的一个条件。因此，空间和时间“首先是作为诸直观被给予的”（也就是说作为

[1] 虽然，先验感性论的目标在于，论证空间和时间作为直观形式之作用，但是曼弗雷德·鲍姆指出，康德在先验感性论中把空间和时间作为客观诸表象是“形而上学式阐述”。康德在先验感性论中论证了，从关于作为客观诸表象的空间和时间到这个结论，即空间和时间是我们的感性直观的纯粹形式。参见鲍姆的《康德论纯粹直观》(“Kant on Pure Intuition”)（p. 304）。

客观的诸表象），所凭借的是“综合统一”（因此，“知性规定着感性”）（CPR B 161n）。[1] 因此，黑格尔论述到，感性的形式（在先验感性论中）是作为“接受性”的，它们在先验演绎中被认为是具有其“原则”的，即“生产性的想象力、自发性和绝对的综合活动”。

自发性规定着我们可以在经验直观中感知或理解什么东西，关于自发性的作用这一点不仅仅看上去到目前为止完全是康德的，黑格尔呈现的也完全是康德的。在《信仰与知识》的段落中，接下来的问题就直接是我们在这一节中一直在考察的问题，黑格尔提醒我们，康德的洞见即直观没有形式则是盲目的（FK 68/GW 303）。在更前面的一段话中，黑格尔称赞康德论证了，直观凭自身不足以

[1] 当康德以这种令人费解的评论总结这个注释，我们直观的空间和时间的这个统一“属于空间和时间，并且不属于知性的概念”，他并不与紧接着前面的句子的主张相矛盾，这个主张即直观的统一或者空间与时间的客观表象源自于规定“感性”的“知性”。也就是说，康德并没有返回到这一点，即空间和时间之为“直观本身”的统一源于知性的能力。他写道，我们空间和时间的直观之统一“属于空间和时间”，是为了强调，在演绎的这些段话中，他所关注的论证是，空间和时间，被认为是“直观本身”，它包含着统一。换句话说，康德的意思是强调这点，即，在这里，与先验感性论相反，他把空间和时间当作“直观本身”，而不是作为直观的先天形式。在写到我们的空间和时间直观的统一并不属于“知性的概念”时，康德提醒我们，他在这些段话中的目标尤其是要确立形象化综合的作用。这就是为什么他把我们往回引向 CPR §24，在这个部分中，他介绍了形象化综合和理智综合之间的区分。想想，他在那里告诉我们，范畴“一般而言与直观的对象有关联，不管直观是我们自己的还是任何其他的”。到目前为止，它们的综合仅仅是“理智的”，并且“只是与统觉的统一相关”（CPR B 150）。然而，康德在 CPR B 160 中的论述所发生的语境是，他努力确立在形象化综合中，在综合空间和时间中被给予的诸对象时，诸范畴的作用。在形象化综合中，这些范畴的统一不仅仅与知性相关，而且是我们知觉现象之可能性的一个条件（这种可能性的一个条件，也就是说，是空间和时间的表象之为经验直观的诸对象的）。“[经验的] 杂多的这种综合统一”，他告诉我们，“是作为综合所有现象的一个条件而先天被给予的”。并且，他继续，这个统一的确不是在空间和时间的诸直观或者客观诸表象中被给予的，而是与其一起被给予的（CPR B 160f.）。

提供“看或者意识”之可能性（FK 70/GW 305）。因此，与我们开始思考的东西相反，我们从《信仰与知识》中引用的段落传达了黑格尔对康德这一论题的支持，即我们可能没有独享的经验或者知觉意识，除非在经验中被给予我们的东西服从于这些范畴。独立于自发性的贡献，直观对于我们来说，就如康德所言，是盲目的。[1]

118 另请注意，我们一直考虑的这些段落并不确保我们得出结论，黑格尔在康德生产性的想象力能力中发现的这个“同一性”得以获得，因为它的运思揭示了，接受性实际上只不过是一种自发性模式。它们没有证据证明，黑格尔寻求让我们相信，我们认为独立被给予的诸直观的东西实际上仅仅是概念的种类而已，或者源于概念。换句话说，黑格尔并没有论证，我们从康德讨论生产性的想象力的作用中收获的东西是，在认识和感知自然时，我们单单依赖于自发性行为。

四　康德的“最高理念”：“主观性的空洞”

如果黑格尔主张在生产性的想象力的运思中发现的这个“原初同一”不能通过这个观念得到把握，这个观念即接受性仅仅是一种自发性的模式，因此最终还原为自发性，那么，对此他的意思是什么呢？一种可能性是这样的：也许，他相信，概念和直观是同一的这个思辨性洞识，仅仅是这个结论，即我们应该从康德的观念即直观没有概念则盲中获得。我们在上面的讨论中知道，黑格尔已发现

[1] 黑格尔写道，这些范畴就是给予“感性的无限性”以“客观性和稳定性”的东西。如果被范畴所抛弃，感性的这种无限性就变成一种“无形式的堆积”（FK 76f./GW 312）。正是凭借这些范畴，“纯粹的感知”被提升到“客观性，到经验”（EL §43）。“思想的规定或者知性的概念对我们经验知识的客观性负责任。”（EL §40）

康德的观点是有说服力的。因此，并非不合理的认为，当他坚持概念和直观的原初同一时，他的意思只不过是确证康德的主张即如果在感性直观中被给予的东西已经服从于自发性行为，经验的意识仅仅对于我们而言是可能的。也许，他告诉我们，概念和直观是同一的，那是因为他相信康德有理由得出结论，没有概念，经验意识之诸直观就根本什么也不是。

然而，对于我们已在第三章审视过的诸理由，黑格尔通过原初同一所做出的这个解释不可能是完全精确的。即使我们在那里有证据证明他赞美了康德的观点，即感知或者经验意识必然是被自发性的诸行为所规定的，我们也就明白了他拒斥了康德对概念形式的特殊解说。根据黑格尔的观念，在论证直观没有概念则盲时，康德得到了证明，但却错误地把概念当作“外在的”。在第三章我们的讨论中，我们发现了，通过概念形式的“外在性”，黑格尔想到了两种假设的结合：第一种假设，概念不与后天经验直观的质料一起被给予，而必须被我们所贡献。第二种假设，我们贡献的这个概念形式不可能被认为反映被给予内容本身的本性。我们明白，康德承认的正是这两种假设，按照黑格尔的评价，他的观念论由此被指控为“主观性”的和怀疑主义的。对于康德为什么感到迫切要提醒 119
我们的解释是，尽管我们必须为了经验的探究而预先假定我们的概念和独立被给予的感性事物之间的一种和谐或者适合，但我们可能从来都不知道如此这样的一种和谐实存。正是出于这个理由，他坚持认为，就被给予的感性内容而言，我们的概念必须依然是“偶然性的”。

因此，根据康德的见解，不可能的是，“原初同一”仅仅是康德的论点即直观没有形式则盲的另一个名称。黑格尔承认康德的这点，即没有自发性的诸行为，我们对感性杂多没有认知或者甚至没有知觉，但是，他拒绝康德对支配这些行为之概念的地位的解说。尤其是，他不相信康德的这个假设，即我们贡献的概念形式不可能被认识为反映独立被给予内容本身的本性。他所质疑的这个先决条件即形式，在这个意义上是主观的——反映的仅仅是我们先天地予以事物的东西，而不是事物本身。如我在第三章最后的段落中所表明的，黑格尔相信，只要这是我们主观形式的知性，我们可能就没有办法从主观的观念论发展到“真正的”或者“绝对的”观念论。

但是，如果原初同一既不是通过把直观还原为概念而获得，也不是通过承认康德的洞见即直观没有概念则盲这一真理而获得，那么，黑格尔如何认为我们要过渡到真正的观念论呢？如果我刚提到的东西是正确的——也就是说，他相信真正的观念论要求对概念形式进行新的解释——那种新解释是什么呢？以及他如何着手辩护它呢？我一直都在敦促着，在我们努力理解黑格尔的原初同一观念时，我们允许自己被他所感兴趣的康德主张所引导，这些主张是关于概念和直观作为经验之诸条件的必然相互依赖性。现在，我想更进一步地寻求这个见解，因为我相信它可以让我们的努力在正确的方向上回答这些问题。

黑格尔在《信仰与知识》接下来的这段话中表达了他对概念和直观相互依赖性的兴趣：

> 康德哲学具有观念论的价值，因为它阐明了，独自的概念或者独自的直观什么都不是，独自的直观是盲目的以及独自的概念是空洞的。（FK 68/GW 303）

现在，假使黑格尔寻求提供另一条替代康德“主观的”样式的观念论的路径，那不可能的是，他认为康德自己解说的概念和直观的相互依赖性完全充分了。那么，不可能的是，黑格尔在这一段落中告诉我们的一切就是，康德正确地强调了，经验要求概念和直观的合作作用，以之为其可能性的一个条件。在写到康德的哲学“具有观念论的价值”时，黑格尔表明的某种东西不仅仅是这个。他告诉我们，如果恰当地被理解，关于概念和直观的相互依赖这点，应该铺平通向真正的观念论形式的道路。他的观点就是，真正的或者绝对的观念论承认，以一种康德主观观念论不承认的方式，单独的概念或者单独的直观根本上什么都不是。120

那么，我们应该从概念和直观的相互依赖性中学到的深刻的或者“思辨的”教训是什么呢？关于直观对概念的依赖，我们已经有了自己的答案，如我们已经看到的，黑格尔并不是要我们相信，直观依赖于概念，因为它们真的就仅仅是概念的种类或者模式了。换句话，他没有辩护这个观点，即仅仅通过思想，对我们来说，有可能产生感性直观。然而，黑格尔相信康德的这点，我们在感性直观中被给予的知觉或者经验意识，要求特殊的概念或者范畴的综合活动。在这个意义上，对于黑格尔来说，直观依赖于概念。如果我们直观的东西是感知意识的诸对象，而不仅仅是一连串的感觉，那么，范畴的规定必然在起作用。

至少直到这点，黑格尔的立场直截了当地就是康德式的。但是这的确不是他解释康德准则的另一半，即“单独的概念是空洞的”这种情况。到目前为止，我们对这个特殊的主张说的比较少，但是康德对它的理解是他克服概念形式之“外在性”策略的关键。如我们应该看到的，他对它的思辨性转变，对他自己发展另一条替代康德的路径是绝对决定性的。

我们从康德“先验逻辑的理念”导论中可以知道，他对这个主张即概念没有直观是空的所思所想（CPR A 51/B 75）。他告诉我们，除非我们的范畴应用到一种特殊种类的内容上，应用到凭借我们的感性直观形式被给予的杂多上，它们就是空洞的，因为它们对我们而言不可能用作知识的诸条件。假如我们的知性是直观的，对范畴应用的这个限制就不是必然的。假如我们的知性是直观的，我们根本就不需要在认识自然时依赖一种独立被给予的感性内容。我们仅仅通过践行我们的直观能力就会有产生我们的知识对象的能力。因此，这些范畴的有效应用对我们而言被限制到空间、时间中被给予的东西上，对于康德来说，这个事实是我们的推理性的——在认识自然时，我们必须依赖于一种独立被给予的感性内容这个事实的——一种必然后果。

至于黑格尔在这些点上的转变，我们不仅仅在上文的第四章第二节中，而且已经在第一章中看到了，他意识到康德予以人类推理性的这些特征。他认识到了，对于康德而言，我们的自然知识既依赖于思想的诸先天功能，也依赖于这些功能对现象的应用[1]。他意识到康德的主张，即我们的知性形式不可能仅仅通过思想产生经验的诸对象。在《信仰与知识》中，他甚至提醒我们这种对我们认知能力的限制，他所凭借的是，释义康德在 CPR B 135 中所论述的，即“通过这个空洞的作为单一表象的我，没有任何杂多被给予”
121 （FK 71/GW 306）。[2] 尽管如此，从康德的关于思想必然依赖于感性直观这个论点来看，黑格尔获得的意蕴远远超越于康德所意向的任何东西。

情况是如此，有一个提示包含在《信仰与知识》专注于康德哲学的这部分最后的段落中。在那里，黑格尔概括了他所反思的康德之思想没有内容是空洞的这个洞见的意义，并有下面奇妙的论述：“康德哲学的最高理念”，他写道，“是彻底的主观性的空洞”（FK 96/GW 333）。初看起来，这似乎是黑格尔做出的一个奇怪的评论，特别是基于康德在规定（通过先天的概念和法则）我们经验的形式时赋予主观性不可或缺的作用。黑格尔试图要告诉我们的是什么呢？

我们首先需要确定，康德体系中的哪种主观性形式，是黑格尔的意思所指的“空洞的”。我们可能从我们前面第四章第三节的讨论中获取我们的答案。我们在那里看到，黑格尔所指的“我思”是“表象着的”和“伴随一切表象的”，是“空洞的同一”（FK 71/

[1] 注意黑格尔在 EL §43 中的论述：这些范畴是“自为地空洞的”以及“仅仅在经验中有其应用和使用”。

[2] 假如不是黑格尔插进“空洞的”这个单词，这段话就会是一个精确的引用。

GW 307)。在康德的体系中，这个“我思”是“空洞的”，因为其运思是不可能制造或者产生直观的。“通过这个作为单一表象的我”，康德写道，“没有任何杂多被给予”(CPR B 135)。因为这个“我思”在这个意义上是空洞的，因此不诉求其功能就可能足以在它的诸概念和它们的对象之间建立一种必然的联系。黑格尔观察到，康德在先验演绎中确保了这个联系，其凭借的是，引入一种自我意识的形式，而不是这个空洞的“我思”，一种自我意识的形式，根据康德自己的描述，就是一种“原初的综合同一”。如黑格尔写道：“不区分康德称呼的统觉的原初综合统一的这个能力和这个进行表象的我，整个先验演绎就不可能得到理解。”(FK 72f./GW 308)

因此，我们有理由得出结论，当黑格尔告诉我们，“主观性的空洞”是康德哲学的“最高理念”时，他指的是，甚至康德已意识到，单单通过诉求这个“我思”的诸运思，先验演绎的这个问题不可能得到解决。根据康德，除了这个“我思”外，通过预先假定一种自我意识的形式——一种自我意识的形式能够把“我思”和感性杂多联系起来——我们才有可能确保各种范畴与经验的这种必然关系(我们才有可能确保它们的“客观有效性”)。那么，“我思”的这种空洞性是康德的“最高理念”，因为它促成了，黑格尔所认为的这种“思辨性的”洞见，即我们的概念和感性杂多之间的一种必然联系，只有凭借一种自我意识的形式而得到保证，根据康德自己的描述，这一自我意识的形式就是“原初的综合”。

黑格尔从来没有主张，康德哲学本身值得被描述为真正的思 122
辨性的。相反，他告诉我们，尽管康德有原初综合的自我意识能力之理念，他无法运用这个全然潜在的理念。最终，康德确认这个能力为根本不是原初的综合。根据黑格尔的解读，统觉的原初综合统一，对于康德而言，最终恰恰是另一种结合或者综合能力。同样地，它并不是接受性和自发性的原初统一或者同一，它只是一种思想的或者自发性的能力。

把他的注意力转向康德处理的生产性想象力的这个能力上，黑格尔论证到，这个能力基本上遭到了同样的命运。先验演绎的这些段落呈现的是这个印象，康德的目标在于把生产性的想象力归类为既不是一种接受性能力也不是自发性能力，而是“属于”两者的。例如，康德在 CPR B 155f. 中写到，想象力“属于”感性，然而，也是“自发性”。[1] 不用奇怪，黑格尔把这些评述解释为进一步的证据，证明康德自己承认这种假定是原初同一的主观性形式的一种必要性。他告诉我们，康德认识到了这种形象化综合的思辨性理念，这综合不是一种结合原初的异质性东西的综合，但是，从这种综合来看，如他写到的，“这个作为思维的主体的我，以及作为物体的杂多，世界首次把它们本身分离开来”（FK 71/GW 307）。但是，康德再一次对这个生产性想象力的（思辨性的）见解没有保持正确对待。他背叛了生产性想象力的这个理念，如黑格尔称呼为一种“真正的”中项（FK 94/GW 330）。最终，对于康德来说，其综合就不是那种东西，“我作为思维的主体，以及杂多作为物体，世界首次把它们分离开来”。更确切地说，它这一综合，如黑格尔所说的，预先假定反题或者“绝对对立”（FK 128/GW 367）。因为康德把形象化的综合（在 B 152 中）描述为一种“知性对感性的活动”，根据他的解说，生产性的想象力最终“放弃了它的中项位置”，如黑格尔提出的（FK 93/GW 329）。生产性的想象力不是“原初的综合”，而是“被定向为理智”或者转变成黑格尔称呼的一种“纯粹的统一”（FK 73f./GW 309）。

---

[1] 康德解释到，生产性的想象力“属于感性”，因为它“给予”诸范畴的这种直观是感性的，而不是理智的。换句话说，生产性的想象力，“对于其理解的杂多而言，依赖于……感性”（CPR B 164）。然而，生产性的想象力同时是“自发性”的，因为其综合，像所有的综合或者结合，是一种“自发性的行为”（CPR B 129）。康德写道：“这种理智综合的统一依赖于……知性。”（CPR B 164）

因此，根据黑格尔，康德哲学的这个“最高理念”就是这种“主观性的空洞”，因为康德认识到了“我思”能力的这种空洞性，这恰好就促动着他引入一种自我意识的形式，这种形式既不是纯粹思想也不是纯粹直观，而是两者的统一或者同一。然而，康德把这个原初综合的统一转变成为一种“纯粹的统一”，并且就黑格尔所关注的而言，这就是为什么他不能够从“主观的”过渡到“真正的”或者“绝对的”观念论。

五　康德式辩解

正统的康德式哲学非常有可能挑战黑格尔对先验演绎缺点的 123
评价。这种康德式哲学将告诉我们，康德一方面把先验统觉确认为“原初的综合”，另一方面把它确认为自发性或者知性的一种能力，认为康德是不一致的就错误了，如黑格尔有时似乎认为的。康德出于简单的理由而不承认这种不一致性，即他没有论证，如黑格尔论证的，作为原初的综合的先验统觉既不是一种自发性能力也不是一种接受性能力，而是两者的“同一”或者“统一”。先验统觉践行一种先天的综合，并且，它是所有其他结合或者综合行为得以可能的一个条件。但是，按照康德的观点，其综合是“先天的”或者“原初的”这个事实，与它起源于知性能力的诸行为完全相符合。进而，这种康德式哲学将指出，先验的或者原初的统觉，如康德所定义的，它完全足以完成他为它设定的任务，这一任务即把“我思”和感性杂多联系起来。根据康德的见解，把“我思”和杂多联系起来的就是一种这样的事情，即阐明（相反于休谟）我们至少有某些与经验的必然性相关联的概念。如我们看到的，康德在先验演绎中提供了这种阐明，他所凭借的是，论证除非感性杂多服从于这些概念或者范畴的这种综合活动，否则对我们来说，可能就根本没有感知的对象或者经验意识。

这里，我的目标不是要评价，先验演绎的价值或者为先验演绎所做的这种特殊辩护之价值。对于我们的目的而言，要充分注意的是，即使我们承认在《纯粹理性批判》这个部分康德呈现的诸目标和假设的精确性，我们也不应该试图得出结论，它足够用以回应黑格尔的反对。一则，黑格尔从来没有试图让我们相信，康德通过原初的或者先验的统觉所意图的一种既不是自发性也不是接受性的能力。如我们之前提到的，他已全然意识到，原初的统觉，如康德对它的辩护，它仅仅属于自发性能力。正是出于那种理由，他从来没有主张，康德在确认先验统觉是“原初综合”和知性的能力上是不一致的。黑格尔观点很简单，就是，在以这个方式思考原初综合统一时，康德错失了其潜在的思辨性的意蕴。黑格尔意识到康德自先验演绎中着手解决的这些特殊问题。他已知道，康德的意图是，他阐明的这种范畴之客观有效性首要地是回应洛克和休谟的经验主义。[1] 也许，甚至公道地说，他相信，相对于康德为自己设定的这些特殊目标，先验演绎的这个论证是完全成功的。

124 我相信，通过指出，就黑格尔关注的而言，这个演绎的成功要付出很大的代价，我们会更精确地描述黑格尔诸种反对意见的这种基础。如我们在第三章中看到的，根据他的解说，我们付出的代价就是主观的观念论。因为，即使我们承认，根据它们，通过被给予的杂多的作用而有可能确定这些范畴的客观有效性，这个最多阐明了，如康德自己反复提醒我们的，它们对于自然的有效性，在于必须被我们所思维或者认识。康德从来没有自诩确定任何超过这个的东西。他从来没有论证，遵从他哲学上的哥白尼

---

[1] 返回到第三章第二节我辩护过的这个主张。例如，黑格尔在 EL §40 中提到，“批判哲学”在论证“普遍性和必然性”通过“思维的自发性”贡献于经验时，不同于经验主义。参见他在 FK 69/GW 303f. 中比较洛克、休谟和康德。

革命，我们具有本身独立被给予的经验事物之必然综合知识。相反，他坚持，我们可能知道，独立被给予的内容仅仅是以我们先天的形式为条件的。他的批判计划是黑格尔不断地重复抱怨的，其意蕴完全在于，尽管它们的作用是经验的必然条件，但这些范畴仍然是主观的。它们仍然是主观的，不仅仅是因为它们起源于我们（作为先天的概念），而是因为康德从它们起源于我们这个事实得出结论，它们的有效性所延伸到的对象仅仅被认为是以我们的主观形式为条件的。[1]

当然，从康德的视角来看，关于对诸范畴有效性的这个限制，没有什么是不可接受的。这个限制是他的哥白尼革命的一个必然的意蕴，他告诉我们，形而上学不可能被拯救。我们为此在第三章第四节中审视了他的理由。我们在那里看到，拯救形而上学，对于康德而言，在我们理解理论知识的诸条件时要求两个主要的新观念：第一，它要求我们认识到，我们的自然知识依赖于概念，也依赖于感性直观，它们两者中任何一个都不是源于另一个，或者任何一个都不还原为另一个。第二，它要求我们承认，我们的思维和直观是以先天形式为条件的。我们经验的被给予的内容必然是以我们的先天直观形式即空间和时间为条件的，把那种被给予的内容综合成为知觉意识和判断的诸对象，只有通过先天的概念或者范畴才有可能。

那么，如果我们假定黑格尔的方向是在康德体系中发现不一致性，那我们就误解了黑格尔的批判。黑格尔能够构想另一种观念论的形式，仅仅是因为他相信，我们不需要认为康德的基本假设是理所当然的。如我们在第一章开始时所看到的，他尤其批判我们的直观和概念是原初地异质性的这个观点。在本章，我一直考虑他这

[1] 如黑格尔在 EL §41 A2 中所写的，甚至，“康德意义上思维的客观性本身都只是主观的”。尽管，根据康德，思想是“普遍和必然的规定，但它们仍然仅仅是我们的思想，并且被一条鸿沟割裂于自在之物”。

么认为的诸理由，他认为，这两种知识来源的一种更好的模式是有用的，一种被康德的“原初综合的”自我意识形式观念所启发的模型。

六 对概念形式需要一种新的解说

125 哲学是观念论的，黑格尔在《信仰与知识》中写到，仅当它“不承认对立双方中的任何一方在其抽象于另一方中自为地实存”（FK 68/303）。我已论证，黑格尔对直观不可能不与概念相关而“实存”的意义的理解，在这种程度上是康德式的：同康德一样，黑格尔坚持，我们对被给予的感性杂多的经验意识或者感知需要综合特殊概念或者范畴作为其得以可能的一个条件。然而，我也表明，黑格尔不同于康德，在于他对我们的概念或范畴依赖于直观的理解上。值得再次强调，这个不同是他的一种“绝对”或者“真正的”观念论形式而不仅仅是“主观的”观念论形式之策略的关键所在。根据我正提出的这个解释，他对康德哲学的整体批判和替代康德哲学的关键所在也在于此。

关于概念依赖于直观的这种特殊的“思辨性的”意义，关于如康德所说的概念没有直观则“空”这个观念的这种特殊“思辨性的”意义，我们能说什么呢？黑格尔写到，“这种纯粹孤立的概念，是空洞的同一”，“仅仅是作为相对地同一于那种与概念对立的东西”（FK 70f./GW 306）。如我已经指出的，要把黑格尔这里的信息解释为仅仅是康德式的，是行不通的——好像他所希望传达的一切就是，从知识的立场看，我们的概念仍然是空洞的，除非被应用到现象上。这个解释无法把握黑格尔所想的一切，主要理由如下：概念和直观因为一种能力而是一种原初的综合统一，黑格尔对这种能力的观念感兴趣是被这种相同的关注所激发的，这种关注一致于他对有机统一体和直观的认知模式的诸观念之兴趣。最重要的是，他寻求避免一种“主观的”观念论。按照他的观点，“主观的”观念论把形式当作“外在的”。形式是外在的，不仅仅是假定它起源于认知的主体。根据黑格尔的定义，如果它起源于认知主体这个事实引导我们得出结论，它不可能揭露独立于实在事物的心灵，它就是外在的。对于黑格尔而言，一种观念论是主观的，因此以这个方式把形式当作外在的，这种观念论就不可能跨过我们的概念和对象之间的这条鸿沟。它在我们的思想形式或者概念与被给予的感性特殊之间的关系中留给我们的是“偶然性”。[1]

因此，当黑格尔敦促我们领会我们的概念依赖于直观时，他的观点不仅仅是，除非我们的概念被应用到特殊类型的内容上，否则我们的概念是空洞的。他相信，仅当我们支持一种新的概念形式的解说时，也就是说，把概念的形式（和其能力）解说为某种不是“外在的”东西，我们才能从一种“主观的“形式的观念论过渡到一种“真正的”观念论。在前面的章节中，我们照面了这种替代性 126
的黑格尔式概念形式之解说的本质的一些线索。在第二章，我们考虑了黑格尔对康德有机统一体观念的迷恋，根据这个有机统一体，一个有机体中的诸部分和整体彼此处于一种相互规定的关系之中。部分或者特殊产生于综合普遍的整体，同样，它们作为已经形成的以及不需要进一步的概念规定而被给予的。然而，我们看到，这个规定也在另一个方向上进展。在有机统一体模式中，部分或者特殊被认为不仅仅好像是被整体合目的性的产生的，它们也被假定为合目的性的维系着整体。

我们进一步审视这个方式，以此方式，概念和直观、主体和客体的这种相互规定关系的观念，在黑格尔描述我们应该如何理解两

[1] 例如，如果我们把生产性的想象力当作“主观的”，也就是说，“仅仅作为主体的属性”，黑格尔写道，那么它对杂多的认知就是“形式的”。“两者［形式的同一和杂多］之间的这种可能的联系……是在绝对对立的范围内的不完整关系。”

种科学即自然科学和理智科学之间的关系时，获得表达。他敦促我们要避免哲学家的错误，例如康德和费希特，他们优先化了理智科学，并在这么做时，抽象于这个问题即如何从自然的立场考虑理智或者主体性。从自然的立场进行抽象的这些哲学家，根据黑格尔，无法把握主体性或者理智不单单是自由的和自我规定的，它也是被自然所规定或者制约的。[1]而且，康德和费希特的这种观念论最终是"主观的"。他们的体系的一个意蕴就是，主观的形式在这个方面是"绝对对立"或者"外在"于内容：主观的形式被认为不受到自然的任何限制，并且起源于经验的领域。对于这些哲学而言，人类理性（或者"思维"）是"绝对的"，因为它能够从共同的实在性中获得彻底的"独立性"（FK 63/GW 296）。[2]

再者，因此，当黑格尔敦促我们领会，康德先验演绎的"最高理念"是"主观性的空洞"时，他的意思不只是，我们需要遵从康德去承认，我们的概念除了应用于现象，否则就是空洞的。黑格尔没有否认康德的这个主张，另外，他希望我们意识到，在"外在"的意义上认为我们的概念是空洞的，这是错误的。除非我们牢记这点——除非我们赞同，激发他批判主观性之空洞性的东西（也就是说，他关注避免这个见解即主观性形式导致怀疑主义的后果）——当他把我们的概念或者范畴描述为一个综合统一体的原初部分，描述为原初地"同一"于直观，以及描述为原初地"沉浸于延伸"之时，我们必定错失了他所追求的东西（FK 89/GW 325）。在以这个方式描述概念形式的本质时，黑格尔的意思
127 是要我们承认它们对于"共同实在性"的欠缺。他表示他要对他

[1] 我在第二章第五节讨论了这些点。

[2] 这里，我说"人类理性（或者思维）"，除了我从《信仰与知识》中引用的这段话，我也考虑了《哲学科学百科全书·逻辑学》中黑格尔的论述，在那里，他批判了他们的二元论体系，因为这个体系承认"自我理解的思想的独立性"（EL §60）。我在第三章第七节讨论了这些点。

在 1831 年版《逻辑学》前言中描述的一个论题发起攻击：这个论题，也就是，“我们思想规定的这种所谓的自为存在”(SL 39/WL 130)。[1]

[1] 在罗伯特·皮平著作的一些段落中，如果读得太快或者孤立地看，似乎表明，根据他的解释，黑格尔对跨过概念与直观之间的鸿沟以及因此提供另一种替代纯然主观观念论的观念论之策略，涉及的恰恰是赞赏康德的观点，即直观没有概念则盲。例如，在《概念与直观：论可区分性和可分离性》(“Concept and Intuition: On Distinguishability and Separability”) 中，皮平承认，黑格尔赞同康德在 B 160 中的注释，这个注释可能被解读为表明了，“任何杂多……要求范畴的统一，如果它要提供任何可能的思想内容” (*Hegel-Studien* 39/40, ed. Walter Jaeschke and Ludwig Siep, Hamburg: Felix Meiner Verlag, 2004/5, 33)。在《把自然抛于脑后，或者为主观主义欢呼：论约翰·麦克道尔》(“Leaving Nature Behind, or Two Cheers for Subjectivism: On John McDowell”) 中，皮平赋予极大的注意力于麦克道尔所接受的这点，即跨过“心灵—世界”的鸿沟涉及充分地理解康德这个洞见的意蕴，即“我们与世界的感性接触通过的东西已经是概念的”(他的著作 *The Persistence of Subjectivity*, Cambridge, UK: Cambridge University Press, 2007, 192)。从皮平在这些讨论中强调的这点来看，即在接受性这边已经存在着自发性了，因此我们可能被诱惑而得出结论，他发现对康德进一步论述的“概念没有直观则是空洞的”没有任何兴趣 (或者想象黑格尔没有发现什么有趣的)。但是，然而，从《把自然抛于脑后，或者为主观主义欢呼：论约翰·麦克道尔》来看，清楚的是，皮平把黑格尔跨过概念与直观鸿沟的策略理解为涉及的，不只是一种对接受性的新解说 (如已经包含着自发性)，而且也是对自发性的一种新解说。麦克道尔担忧，一旦我们支持康德的观点，即直观没有概念则是盲目的 (以及因此没有认知导入)，以及概念在自发性能力中有其来源，那么，我们不得不担忧，我们的观念论遭受“主观性”影响，以及我们没有办法阐明，我们的概念与被给予的感性内容有认知的联系。但是，皮平在这里宣称，有关“主观性”的这个担忧取决于错误地描绘了自发性的本质。麦克道尔的担忧，即我们的概念仅仅是 (“无冲突”) 主观的强加的，完全不能回答被给予的直观内容，换句话说，他的担忧依托于一种作为完全“不受世界制约的”主观性观点 (p. 204)。如皮平在这篇文章中论述的，以及如我在这一章一直表明的，这不是黑格尔的主观性的观念。用皮平的话来说，黑格尔不是把“诸理由的空间”理解为绝对地不受世界制约，而是理解为“一种历史性地构成的人类实践……要予以修订和批判性的纠正”(p. 204)。

第五章

作为原初统一之部分的主观性

> 一些接受认识的主体即心灵或者意识的理论，具有一种内在地揭示实在性的能力，这一能力如果排除了有机体明显的与周围环境的相互作用，那么这些理论就会受到一般哲学的质疑。 128
>
> 约翰·杜威《论确定性》第 VII 章

直到此点为止，我一直辩护的很多主张是相当有争议性的。其中有一个这样的主张，即从康德认知的直观模式和作为有机体之自然的观念来看，黑格尔获得了另一条替代康德概念和直观之间，以及它们各自的能力之间二元论的路径的诸多线索。这个主张也是相当有争议性的，即黑格尔相信，如果我们要避免一种纯粹主观的观念论，并且它本身不能向我们确保对实在事物的知识，那么就必须提供另一条替代路径，正如康德的观念论那样。

但是，我们应该如何理解黑格尔提出的跨越概念与直观之间的鸿沟，还存在着大量的分歧。如我提到的，一个共同的见解是，他确定的这种解决方案以某种方式是还原式的。一方面，有些人论证，黑格尔坚持我们的概念还原为直观。根据这个解读，他克服二元论的策略涉及，让我们相信，心灵及其形式只不过是自然的产物。我们的观念或者概念只不过是作为感觉印象对我的感觉器官冲击的诸结果。我们判断为“合理的”一切完全源自于现实的领域。

然而，我们审视过这个证据，它表明，黑格尔几乎就是康德式的，而且不支持一种还原式的经验主义。在第三章和第四章中，我们明白了，黑格尔追随康德，严格来说，他极力主张没有意识的诸对象可能是独立于概念的。我们对象的知识，甚至我们对它们的感知或者理解得以可能，仅仅是因为意识的综合行为，这些行为受到我们赋予经验的诸规则或者概念的支配，而不是从经验抽象来的。当他敦促我们把自然当作一种“内在的观念性”时，他因此表达的是康德启发的观点，对立于“幼稚的”或者还原式的经验主义。

129 另一方面，有些人论证，对于黑格尔来说，这个还原在这种对立的方向上进展。根据这个见解，黑格尔用还原式理性主义的辅助来跨越概念和对象的鸿沟。这个解释的最极端样式是，因为他的这个观点，即认为认知具有创造性的理智直观能力，它确实地产生感性直观以及因此产生物质对象。但是，黑格尔成为一位超级理性主义者的这个解读忽视了他对经验主义的诉求，忽视了他对这个观点的承认，即我们在认识时依赖于一种我们没有塑造的感性内容。

对黑格尔所谓的还原式理性主义的一种更为合理的解释，承认他对经验主义的诉求。须认识到，与康德一样，他承认，我们认知的模式是推理的，以及其本身就依赖于一种独立被给予的感性内容。根据这个解释，黑格尔此外遵循康德而论证，没有概念就可能没有认识或者思想的对象，我们把概念带给经验，而不是从经验抽象来的。根据这个解读，黑格尔支持康德的这个前提，即关于概念的必然作用，并且黑格尔从它获得这种内在主义的结论即一种真正的外在的概念式内容可能对我们没有任何认知意义。根据这个解读，对于黑格尔来说，人类认识的唯一可能对象就是思想本身。

在黑格尔的著作中，我们的确可以找到一些似乎支持后面这种内在主义解释的段落。例如，黑格尔频繁地告诉我们，一个完全超越思想的这种观念本身恰恰就是一种思想的对象，并且完全是概念的内容不可通达到的思想。在《逻辑学》导论中，他写到，这些被假定（被某些哲学家）外在于思想而实存的事物，“本身就是主观思想的构造物，并且是完全没有被规定的，它们仅仅是一个思想的事物，是所谓的空洞抽象的自在之物”（SL 36/WL I 126）。根据内在主义的解读，这些段落，例如这段，应该确保这个结论，即黑格尔授予外在的概念式内容任何认知意义。这个结论似乎进一步被这些论述所支持，在这些论述中，他把他自己的探究描述为概念的主体问题而不是事物的主体问题。因此，他传达的印象是，他已放弃这种计划，即它阐明我们的思想像是可能告诉我们完全外在于意识的实在性。如他在《逻辑学》中写到的：“对于我们来说，客体可能仅仅是我们赋予它的概念。”（SL 36/WL 125）[1]

但是，内在主义的这种解释具有极大的弱点。它没有办法给予我们以解释，黑格尔反复抱怨的仅仅是主观的一种观念论。内在主义意味着，我们被困于观念的帷幕之后，并且必须接受这个事实，即我们的知识主张可能与实在本身没有任何关系。然而，我们已经看到，黑格尔希望避免的完全就是这种怀疑主义的发生。的确，他 130
承认康德的前提即思想和认识的这些对象对我们而言总是概念化的内容。但是如我们所表明的，他并没有遵从康德从这个前提获得这个结论，即我们知识的有效性的外延仅限于必定是我们所认识的诸对象——这些对象并不是它们本身之所是，而仅仅是以我们的主观形式为条件。他拒斥康德的这种内在主义论题，因为对我们的认知而言的唯一内容就是一种概念化的内容，我们没有理由假定，我们的概念和它们的对象之间的这种关系要比偶然更好。

黑格尔相信，他能够避免主观的观念论，通过拒斥它所依赖的

[1]“概念”，他进一步告诉我们，不是“感性被直观的或者被表象的”，更确切地说，它是思维的“一个产物和内容”（SL 39/WL 130）。“在逻辑学中，我们所处理的东西，”黑格尔在《逻辑学》导论中写道：“并不是一种关于某物的思维，作为我们思维的一个基础而独立实存的某物，不同于它……相反，这种思想的必然形式和自我规定本身就是内容和最终的真理”（SL 50/WL 144）。

一种假定，我已论证了：即康德对概念形式的“外在性”的假定。黑格尔认为自己充分利用了康德潜在的洞见，我们的概念与直观处于彼此相互规定的关系中。他寻求让我们相信，对象或者直观在某种意义上也是理智或者主体性，并且，主体性及其形式在某种意义上也是客体。他坚持主观的形式在“外在的”意义上并不是“空洞的”，它不是“绝对对立”于内容。

到目前为止，我为支持黑格尔拒斥康德概念形式之解说的这个论题提供的最好证据是，这样一种拒斥给予他一种避免主观的观念论的策略。进而，在最后这两章中，我对这个论题给予支持。在本章中，我主要地依赖于黑格尔《精神现象学》和《逻辑学》中的诸讨论，以扩展我对他自己解说自然和认知条件这点的认识。在第六章，我论证，我的解释能使我们阐明，黑格尔持续地控诉康德哲学是循环论证式的和不充分的自我批判。

我们当下的任务是要深化我们对黑格尔解说的概念形式之起源和本性的理解。我们需要更好地把握，他对不仅仅是主体也是客体的主体性或者自我意识的一种模式的所思所想，它不是一种空洞的同一而是一种原初的同一或者综合统一。我在第三章结尾处依赖我们审视的一些黑格尔的主张予以引导。在那里，我们审视了他在《信仰与知识》中对坚持“主体性形而上学”的这些人（例如康德、雅各比和费希特）的“纲领性原则”的批判。这个原则把哲学引向“主观的和经验的”东西之上，以及“证明了理性的绝对性，其独立于共同实在性”（FK 63/GW 321）。我们也在《哲学科学百科全书·逻辑学》中找到了黑格尔对立于这个原则的证据。黑格尔所绝望的是，“我们这个世道的假定之一”是康德认可的“理性独立性，及其绝对内在的自足”（EL §60）。因此，对于黑格尔来说，观念论的这个主观性就与这个假定相关联，即人类理性是“自足的”以及“独立于共同实在性的”。我们可以合理地认为，他反对的所谓理性自足和独立，是他拒斥外在性论题的另一种表达。

本章开始于对黑格尔所反对的这种发自肺腑的主张的考察， 131
即认知是认识事物真理的一种“手段”。奇怪的是，黑格尔表明，这是对思维及其形式或者范畴的错误见解。他在 1807 年的《精神现象学》和 1812 年及 1832 年的《逻辑学》中对这个主题的讨论都阐明了诸多的理由。一则，提醒我们这个事实，即他考虑的错误，不是坚持认识事物之目标，更确切地说，而是坚持清除那种目标的认识之见解。二则，表明了，按照他的观点，这种作为一种手段的认知见解的错误，所依赖的是理性的自足或者独立性这个假定。

一　认知作为一种手段

在《精神现象学》导论开头的几段中，黑格尔概述了，认知本性的一种特殊见解之诸特征，这一见解就是他称之为“自然意识”所具有的。自然意识把认知当作一种认识对象的“手段”来使用，当作一种通达到它所认为的，如黑格尔提出的，认知的“另一面”的内容上（PHG §74）。（在这些段落中，黑格尔指出如此这样的内容是，或者其中之一是：“事物本身”“真理”“绝对”“自在之物”以及“绝对本质”）。他没有提到与自然意识相关联的哲学家的名字，并且如我们将看到的，他赋予这个立场的这些特征与诸多哲学的立场是共同的。在这里和其他地方，他的讨论都提示了，他将康德包括在那些至少部分地承认自然意识之假设的人之列。[1]

根据黑格尔的描绘，认识在两种方式中是自然意识的一种“手段”。一些承认自然意识的支持者认为，认识是一个“能抓住绝对

[1] 我从这些文献中获得了证据以支持这个主张，1831 年《逻辑学》前言和导论，和《哲学史讲演录》第三卷论述康德的部分。

本质”的工具或者器具。另一些人则把认知当作一种消极的媒介，“真理直观穿透它，以为了通达到我们”（PHG §73）。然而，自然意识最终发现，认知是一种手段这个论点的两种样式都无法在获得其最初目标时用到它。最初，自然意识着手运用思想以获得真理或者“自在”之物。但是，自然意识认识到，如果认知是一种积极的工具，它必然重塑或者改变事物，它不让事物成为它自为之所是。另一方面，如果认识是一种消极的媒介，我们通达对象的认知路径就是间接的或者中介的。根据这个模式，我们认识对象只能通过这个媒介。[1]

132 把认知用作一种手段以获得事物之真理注定失败，在应对这种失败时，自然意识进行着自我考察或者自我批判的活动。这里，这种希望就在于，如果我们自己首先熟悉认知本身的本质，熟悉其在认识活动中所贡献的这些概念和规则，那么，我们就能够减掉那种贡献——以及因此就显露事物本身（PHG §73）。但是，自然意识不久就发现，这个策略也不能令人满意。自然意识寻求认识事物，它认为，我们只能通过把认识用作一种手段而认识事物。因此，自然意识通过完全减掉它认为是其通达事物的模式而击败了其自己的目的。能够从自然意识践行自我批判中获得的最重要的就是，手段的知识，而不是事物的知识。

从《精神现象学》导论晦涩难懂的讨论来看，我们至少能够得出如下结论：黑格尔希望我们相信，自然意识的努力在一个确定的方面是弄巧成拙的。自然意识的这个原初的目标，获得事物真理之目标，不可能得到满足。他似乎意指，它不可能得到满足，这个事实以某种方式与其坚持认识是一种手段这个论题相关。

---

[1] 黑格尔也在1831年或者第二版《逻辑学》前言中做出这点主张。他写了这个观点，根据此，“思想”被认为是我们和事物之间的一个“媒介”。他说这个观点的意思是，这个媒介把我们与事物隔开，而不是把我们和它们联系起来（SL 36/WL I 25f.）。

然而，不清楚的是，黑格尔提出来的从这个困境中解救自然意识的补救办法。他在导论的这些段落中提出了两种不同的建议。有时候，似乎他对自然意识的建议就是，放弃认识作为一种手段的见解。毕竟，那种见解似乎仅仅保证了在获得其认识的目的时的失败。但是，有些段落表明，黑格尔的目标在于敦促自然意识放弃目的本身，而不是如何获得其认识目的的构思。自然意识应该停止努力认识真理或者“自在”之物，相反，它应该以这个事实来充实其自身的内容，即它可能仅仅作为其认知形式之媒介而认识事物。

根据我这里辩护的这个观点，正是第一个解释思路精确地把握了黑格尔的立场。那么，黑格尔希望提醒我们，在把认识当作一种手段时所涉及的这个错误。我将立刻把我的注意力转向那种解释的思路，但是，我首先想要考虑的是，为什么第二种解读表面上看来显得有说服力。再者，第二种解读的这个主张就是，我们从黑格尔批判认识作为一种手段中获得的信息是，错误地认为我们的概念可能通达事物的“客观关系”或者“纯粹真理”。根据这个解读，黑格尔批判的靶子似乎是典型的实在论。因为正是这种典型的实在论者坚持，凭借我们的观念或者概念，对我们而言，有可能认识一个完全独立于意识的实在（完全是认识“另一面的东西”）。如果这个解释是针对性的，那么，我们有根据总结，典型的实在论就是黑格尔敦促我们拒斥的论点。他在导论的这些段落中的目标就是要论证，只要我们坚持认识是一种手段（或者是作为一种消极的媒介或者所谓一种积极的工具）的这种论点，我们可能就没有理由假定，认知在努力予以我们通达事物真理时有可能成功。 133

初看起来，这个解释至少出于两个理由而具有合理性。第一，黑格尔在这些段落中反复地要我们关注这个事实，即自然意识在努力获得事物之真理时不成功。因此，他支持这个印象，即他的目标在于使得我们相信，典型的实在论者的这些努力是徒劳的。第二，认为黑格尔的靶子是典型的实在论的理由在于，他明确地提到了那种论点的一个重要提倡者，也就是洛克。洛克的名字的出现，不是在《精神现象学》导论中（黑格尔在这里没有提到任何哲学家的名字），而是在其他的黑格尔考虑他予以自然意识的诸假设的文本中。例如，在《信仰与知识》中，黑格尔把洛克算作这些人之一，他们在规定我们知识的外延之前，先探究我们认识的手段——黑格尔在那里把这个项目确认为"对诸种认知能力的一种批判"（FK 68/GW 303）。黑格尔从《人类理智论》的导论中引用了长长一大段，以支持他主张洛克对批判的专注。在这个段落中，洛克宣称他的意图是，以探究理智力的"力量"和"能力"，为探究人类知识的外延准备方式。洛克断言，在规定我们认知能力的精确本质和界限时，这个"第一步"就是必然要为了辩护他的知识论而反对怀疑主义的威胁。[1]

然而，如已被证明的，典型的实在论不是黑格尔批判的靶子——至少，不是唯一的。我知道这个，因为有文本证据证明，在他攻击自然意识的立场时，他意指的不仅仅是洛克，还有康德。在《信仰与知识》中提到洛克是发生在专注"康德哲学"文本之部分的开始段落，黑格尔在那种语境中指出洛克的主要点在于强调，康德和洛克的计划有一个共同特征：两者都从事着黑格尔在那里所指的"对有限理智的思考"。[2]根据他的描述，两者都坚持，规定我们知识的本性和界限的这个计划要求探究我们知识的能力以作为一个前条件。在其他文本中，黑格尔对这个事实是明确的，即他在康

[1] 这个段落来自《人类理智论》卷 1，第一章，§7。

[2] 引用了洛克《人类理智论》这段之后，黑格尔写道："以这样的字眼，洛克在《人类理智论》的导论中表达了一项事业的目标，这项事业也可以在康德哲学的导论中读得到，因为康德哲学同样把自身限制到洛克目标上，也就是思考有限的理智"（FK 69/GW 304）。黑格尔在《精神现象学》导论的开头的句子中勾勒出了认知的先天批判这个计划："自然而然地认为，哲学在钻研真正的事情，也就是钻研有效地真正的认知真理之前，有必要对认知达成在先的一致。"他认为这个描绘准确地代表了洛克和康德的这些计划。

德理论哲学中发现了至少对某些自然意识假设的承认。例如，在《哲学科学百科全书·逻辑学》中，他认为，“批判哲学”预先假定，在我们着手认识上帝或者事物的本质之前，我们应该首先探究我们的认知形式。黑格尔写到，这种“批判哲学”强烈要求我们在 134
予以使用之前先认识这个工具（EL §10）。[1] 在1831年《逻辑学》前言的一个特别有启发意义的段落中，他认为“批判哲学”的任务是坚持认为，思想是“手段”，它把我们与事物分割开来。黑格尔说，这个假设造就了这种后果，思想不是把我们与对象联系起来，而是把我们与对象割裂开来（SL 36/WL I 26）。[2]

当然，康德不是一位洛克式的实在论者。他并没遵循洛克以证明，我们的认识形式是手段，通过这种手段，我们得以通达一个完全独立于心灵的实在。康德也没有打算检验这些形式对于独立被给予的实在是否足够。尽管他在第一批判中提供了论证以证明他所描述的先天的概念和带来感知对象的先天的直观形式，他的目标并不是要我们相信，这些形式予以我们通达绝对外在于心灵的内容。如我们已看到的，康德的证明计划没有洛克的计划那么大的野心：思想和直观的先天形式必然是我们认知对象的主观条件。它们是一些条件，没有它们，经验的对象或者“现象”对于我们是不可认识的。因此，黑格尔把康德算作这些认可自然意识诸假设的人之一，这个事实表明了，我们不可能确切地把他对自然意识的攻击描述为仅仅是对典型的实在论的一种批判。[3]

---

[1] 也参见 EL §41 A1。

[2] 在这个前言中，黑格尔并不是广义地写到这个论点，“认知”是一种手段，而是较为狭义地写到这个论点，“思想”或者“思想规定”是手段。对于进一步讨论这个论点，认识是一种手段，参见《哲学史讲演录》中论康德这一章（LHP III 428f./VGP III 334）。

[3] 对于《精神现象学》导论中对黑格尔含蓄地比较洛克和康德的一项有益讨论，参见安德烈亚斯·格莱瑟（Andreas Graeser）的 *G.W.F. Hegel, Einleitung zur Phänomenologie des Geistes: Kommentar* (Stuttgart: Philipp Reclam, 1988), esp. 29—31。

那么，我们返回到我们第一个解读的见解以及考虑下它是否更具潜力。根据这个解读，黑格尔对自然意识的批判的意图在于，不是要力劝我们努力认识事物的认知之“另一面”，而是要劝我们把认知当作一种手段。换句话说，黑格尔的目标在于，不是要我们相信，我们努力的认识注定是要失败的。相反，他的意思是敦促我们放弃以我们的方式解说主观的形式。

如果我们要认为黑格尔批判自然意识的这个解释具有合理性，我们必定会遇到的一个挑战就是，要解释为什么他似乎遴选了些不同于康德和洛克的知识理论予以攻击。黑格尔在何种意义上认为这些哲学家中的每一位都把认知当作一种手段呢？按照他的观点，在何种意义上，它们各自的知识理论都会导致怀疑主义的后果呢？到目前为止，我们知道，黑格尔坚持两位哲学家都从事着一种“认知能力的批判”。但是，在我们上面对洛克和康德的比较中，我们也提到了一个重大的差别。对于洛克来说，批判是为自然意识之原初目标服务的。也就是说，洛克认为他的“对人类心灵的探究”是其
135 努力认识自然的一种本质性的构成成分。他很自信，他能成功地阐明，对于我们来说，有可能认识一个完全独立于心灵的实在。[1]相反，对康德来说，批判的需要完全是因为，哲学家阐明了，我们的诸概念揭示独立于心灵之实在事物的这些努力都是徒劳的。

扩展到后面这点：康德的经典论证，正是实在论的这个假设即我们可能认识完全独立于我们主观形式的诸对象，才把理性置于不可解决的冲突或者二律背反之中。他相信，我们可以避免这些冲突，但是，我们只有彻底地改变我们对我们知识的恰当对象的观念。他在这点上寻求了批判的帮助——完全是为了重新评估，我们应该把什么确认为我们知识的恰当对象。根据他的解说，我们从批

[1] 如我在第三章所观察到的（注释 19）（原文注释），洛克关于我们的观念反映或者类似于完全独立于心灵的内容这种实在论，符合于他的这个观点，即我们的自然知识最多只是可能的知识，而不是“真正本质”的知识。

判中学到，我们可能认识的仅仅是“现象”。现象是通过先天的直观形式即空间和时间被给予我们，并且通过先天的概念或者范畴被思想。我们可能具有其感性属性和关系的经验知识，以及具有为其可能性提供条件之主观形式的必然或者先天的知识。[1]批判教导我们，完全独立于我们先天主观形式之对象的知识对于我们的认识模式的存在而言是没有用的。

因此，康德坚持批判的必要性，是遵从他的认识，即阐明我们的观念或者概念反映完全独立于心灵之事物的本质不可避免地造成了二分。康德并没有用批判去挑战自然意识的这种思想是一种手段的假定。相反，按照他的观点，批判的需要，是因为努力认识完全独立于我们主观形式的事物，需要得到重新评估。对于康德而言，评判的结果是，理解我们知识的恰当对象上的一场“革命”。用黑格尔的术语来表达，对康德解说的批判造成的结果是，我们不得不用对象的知识来取代主体的知识。

再者，对洛克和康德批判的作用的这个比较向我们呈现了下面的困惑。根据我已经概括的这种解释，黑格尔在《精神现象学》这些段落中讨论的目标在于，敦促我们放弃自然意识的认知是一种手段的这个假设。我们应该放弃这个假设，因为它没有留给我们任何方式以阐明，我们可能认识实在或者“自在”之物。但是，如果促动黑格尔论证的东西是避免怀疑主义的希望，为什么他牵涉到的不仅仅是康德也是洛克呢？

这个问题的答案在第三章我们的讨论中得到明示。在那里，我们看到了，黑格尔把洛克和康德体系都确认为他所说的“主体性形而上学”的例子。按照他的观点，两者的体系得以被归类到这个标 136
题之下，是因为两者的体系对我们的知识而言最终都具有怀疑主义

[1] 用康德的话来说，“我们可以认识到的先天的事物仅仅是我们自己予以它们的”（CPR B xviii）。

的意蕴。黑格尔相信，在两者的体系中，怀疑主义是错误解说认知的一种必然的后果。

虽然我们已经详尽地讨论了这些问题，但回想下一些核心要点将是值得的。[1] 如我们看到的，黑格尔相信，怀疑主义遵从康德特别理解的人类推理性的意蕴。黑格尔在回应了康德在《判断力批判》§76 和 §77 中的断言时获得了这个结论，即我们没有理由假定，被给予的感性杂多受到我们的概念规定的影响。在之前我们审视的这个素材中，我们注意到，康德在这些段落中的断言并不简单地遵从这个前提，即在我们认识自然时，我们必定受到一种独立被给予的感性内容的激发。得出怀疑主义的结论仅仅是因为，康德承认下述的这种额外的假设：经验的形式是由我们的认识主体所共享的。换句话说，康德界定，由于形式来自我们，我们没有根据认为，它揭示了被给予的感性内容本身的实在性。

至于洛克的情形，我在第三章中看到，黑格尔把洛克的实在论归类到“主体性形而上学”的标题下并不是很严格的说法，更确切地说，他的实在论计划在休谟哲学中“登顶”。我们可以以这个方式概述这点：对于黑格尔而言，洛克的哲学是主体性形而上学的一个实例，因为他的哲学弱点就在于休谟的怀疑主义。在黑格尔告诉我们现代经验主义发展的历史中，休谟的怀疑主义被认为背离于洛克的前提，即我们的对象知识要求的，不仅仅是感性印象的被动接受，而且也是心灵的运思。休谟论证，如果我们充分地关注到结合、抽象、再现等这些运思所起到的作用，我们将被迫承认，诸观念的这个起源同样地必须与我们认知能力的积极贡献有关，也与感性输入的被动接受有关。尤其，如果我们充分地理解想象力在扩大感性数据上起到的作用，我们最终将不得不承认，我们可能没有理由假定，我们的观念反映自然之实在本身。

[1] 我正在回想的这些点，已经在第三章第三节到第六节中得到讨论。

如黑格尔对它的描述，我们从哲学史的这个特殊时期获得的教训就是，在批判洛克时，休谟阐明了我们概念的这种终极的“主观性”。[1]

因此康德和洛克实在论共有的这个假设在休谟那里达到顶峰，根据黑格尔，这个假设就是，正是基于我们认知能力的这个贡献，我们可能无法证明我们的主张，即把自然认识为一种完全独立于心灵的内容。如我在第三章中提到的，这个共同的假设解释了，为什么黑格尔把洛克和康德体系都归类为“主体性形而上学”的实例。

在上面审视的基础上，我们有根据得出结论，黑格尔攻击自 137
然意识的这些主张是他反对一种特殊形式的怀疑主义的表达。这个结论应该没有任何惊奇之处，它与我们在这本著作中一直发挥的总体解释思路保持一致。按照黑格尔的观点，自然意识带来的问题在于，其目的并不是要认识事物。这个问题不是假定，在我们努力认识事物时，我们依赖于思想形式或者概念，以及感性印象。更确切地说，这个问题是假定，由于我们把思想形式带到我们认识的行为中，我们认识的这些努力都不可能得到满足。这就是黑格尔予以自然意识的错误。这就是他遴选出的东西，以之为把认知当作一种手段的关键性缺点。[2]

---

[1] LHP III, 372/VGP III 278; EL §39.

[2] 迈克尔·福斯特已论证，黑格尔在《精神现象学》和其他地方首要地全神贯注的，不是我已在这些段落中描述的“现代的”“无知之幕”的怀疑主义，而是（例如塞克斯都·恩披里克［Sextus Empiricus］）更具威胁性的古代人“同类的”怀疑主义。这可能是正确的。但是，我在这里聚焦于黑格尔所关注的这类他认为蕴含在洛克和康德哲学体系中的怀疑主义。参见 Forster's *Hegel's Idea of a "Phenomenology of Spirit"* (Chicago and London: University of Chicago Press, 1998), 128。福斯特更多的兴趣是谈论他之前的著作中也谈论的这个主题。尤其是参见他的 *Hegel and Skepticism* (Cambridge, MA, and London: Harvard University Press, 1989) 中的第一章。

二　作为“空洞的”和“外在的”思想形式

在第五章第一节中，我们把黑格尔在《精神现象学》导论中引起他攻击的动机确认为自然意识的这个假设，即认识是一种手段。黑格尔寻求弥合认识主体和完全独立于心灵的实在之间的鸿沟。要达到这个目的，他敦促我们放弃的，不是努力运用概念获得实在事物，而是仅仅以我们的方式认知的观念。他相信以我们的方式认知的这个观念就是认知之为一种手段的这种观念。

我们现在需要更精确地详细叙述黑格尔对这种认知进行解说的一些特征。如果我们把注意力在此转向他在《精神现象学》中讨论的，我们进一步发现，这个精确的点提示，他认为自然意识陷入歧途。黑格尔告诉我们，有一个问题是自然意识“理所当然地”认为的。这个问题是，“绝对”是“一方”，而“认知”是“另一方”（PHG §74）。这就是这些段落再现的一个主题，并且这个主题也在其他著作中显示了，例如，在《逻辑学》导论中。黑格尔在一个段落中说到，质料和形式被（他在那里称呼的）“日常的”或者“现象的”意识理解为具有“不同的范围”（SL 44f./WL I 37）。一方面，日常的意识假定，思想的内容是“外在的”思想。它判断诸对象据其自身就是完整的，它们被认为具有一种“全然超越的思想”。
138 另一方面，思想被假定为是内容的“另一方”。黑格尔写道，对于日常意识而言，与内容相关联的思维并不会成为自身的“另一方”或者“外在于”自身（SL 44f./WL I 37）。日常意识假定，这些我们在努力认识时贡献的形式是“空洞的”，也是“外在”于每个质料或者内容的（SL 44f./WL I 36f.）。

我们在第四章第四节中审视过黑格尔对思想形式之空洞性的论述。在那里，我们看到，他确认了两个意义，在这两个意义上，思想形式可以被描述为空洞的。第一，它们的空洞性可以被认为源于这个事实，即它们本身不被认为能够产生感性内容。它们履行其作为认识形式的功能，或者用作“实在认知”的诸要素，仅当其被应用到独立被给予的感性内容上（SL 44/WL I 37）。在这个方面，它们的空洞性就是我们认识模式之推理性或者依赖性本质的一个后果。如我指出的，黑格尔赞同康德，我们的自然知识，不仅仅要求我们认知能力的践行，而且也要求思想形式应用到一个独立被给予的感性内容上。他并不质疑推理性论题的这个方面。但他承认，我们的思想形式或者概念在这个意义上是空洞的。

但是，我们也在第四章看到，从黑格尔论述思想形式之空洞性的论述中提炼出的一个进一步的点——这一点更尖锐地聚焦了他对康德和对作为一种手段的认知这种观念进行批判的最终靶子。[1]这个进一步的点就是，思想形式是空洞的，仅仅因为它们不能产生感性内容。如果，如黑格尔所说的，它们被认为是“外在于”内容或者是内容的“另一方”，它们就是空洞的。在这个进一步的意义上，在控诉我们思想形式或者概念之空洞性时，黑格尔重新提出了他对我们在第一章第五节考虑的这个假设的反对：“绝对异质性”的这种假设，根据此，我们的概念并被认为是“原初同一”之部分。如我在第四章中表明的，要在这个意义上假定概念或者思想像是外在的，对于黑格尔来说，就是要预先假定它们“独立于共同实在性”（FK 63/GW 296）。[2]作为独立于共同实在性，我们的诸概念被认为没有把它们的本质和起源归因于被认识的对象，归因于认识的过程，归因于认识者和被认识的东西之间的关系。尽管在人类的知识上有进步，但这个进步并不被认为影响这些思想形式本身。这些思想形式如果真的是外在的，那它们就对探究的这种进步不负

[1] 参见我在第四章第五节到第七节的讨论。

[2] 黑格尔在《信仰与知识》这段话中所说的确实是，康德、费希特和其他的启蒙哲学家都认为“理性”“独立于共同实在性”。尽管如此，在这个相同的讨论中，黑格尔写到这些哲学家赋予“纯粹概念”之地位，也即，“绝对同一性和空洞性”。他们坚持“无限的概念”和“经验”之间的“严格对立”（FK 62f./GW 296f.）。

任何责任。

139 如果这个解释是对的，我们可以得出结论，在批判这个观念即认知是一种手段时，黑格尔的靶子是我们概念的空洞性的第二种解说。按照他的观点，要把认知当作一种手段，就是要假定我们具有的思想形式在这个外在的意义上是空洞的。就是要把黑格尔不相信它们具有的一种本质归属于这样的思想形式。我要表明的是，根据他的理解，正是这个思想形式的观念导致了怀疑主义的后果，怀疑主义困扰着自然意识和“主体性形而上学”。

在康德哲学中，这种对思想形式外在性的承认以多种方式显示出来。最明显的，他坚持某些概念不是源于经验而是先天的。按照他的观点，这样的概念或者范畴是被思维和认识主体赋予经验的。作为先天的，它们的有效性不仅是偶然的，更是普遍的和必然的。进一步而言，康德对外在性的承认明显出现在他的这种解说中，即在他批判的观念中，发现我们先天形式的合适方法。因为康德相信我们的某些思想形式（也就是，这些范畴）的这种固定的和已经被给予的本性，他相信，他探究这些形式需要一种特殊的方法——这一种方法不是根据把仅仅可变的实在当作它们对象的探究模式而建构的。那么，不是依赖于经验科学之方法，康德为他探究认知形式之本质要求一种根本不同种类的探究。

接下来，我们将发现，黑格尔的确在康德批判我们的认知能力的观念中发现了他承认外在性形式的踪迹。当我们在第五章第一节中考虑批判的这种需求时，我们观察到，黑格尔把洛克和康德算作这类人，它们要求批判我们的认识手段。黑格尔将洛克算进来，也许是因为，甚至洛克都坚持，我们认知能力的这个考察必须在我们可以充分地规定我们知识的外延和本性之前得以贯彻。而且，对于洛克，就如同对于康德而言，我们对诸认知能力的这种探究并不只是在经验科学中的另一种践行，它是在元层次上对任何自然科学得以可能的这些条件的一种探究。

这两位哲学家，当然康德更清楚地论证，我们的认识主观形式的这种在先考察必须是某种别的东西，而不仅仅是经验研究的更广泛应用或者延伸。康德坚持，对我们最根本的思想形式之本性和作用的这种发现和终极证明必须是“先验的”，而不是经验的。根据他的观点，仅仅凭借一种先验的证明，我们就能够确立这些概念的特殊地位，没有这些概念，我们不可能思考或者认识诸对象。如我们将看到的，黑格尔认为这个先验地演绎纯粹概念或者范畴的计划是一种承认形式外在性的典范。因为康德主张，他的先验演绎能够证明的这些概念是先天的以及同样是绝对独立于“共同实在性”的。

我已表明，在攻击这个论点，即认知是一种手段时，黑格尔 140
的意图是要挑战形式空洞性的这个第二种见解——它们是外在的空洞性的。如果我的见解是正确的，我们有理由期待，他也质疑一种特殊的元层次认知探究的这种理念，这种认知适合于发现和演绎“外在的”思想形式，并且，与经验的科学分开。接下来，将会很清楚，黑格尔的确发起了这样一种挑战，这种挑战的形式就是对批判计划的反对。如我们在第五章第一节中观察到的，当自然意识发现其最初的认识事物之努力不成功时，自然意识要求批判。但是，按照黑格尔的观点，批判是坚持认知是一种手段这种观念的这些人的失败之策。他试图显示，批判的这种失败可以归因于其对这种观念的坚持。

三　康德的批判

我刚才提出，黑格尔在康德的批判观念中发现了他坚持外在性形式的这种论点之证据。我也表明了，黑格尔在外在性形式的这个论点和认识是一种手段这个论点之间获得了一种联系。对于黑格尔来说，当我们把认识当作一种手段时，我们揭示的就是我们对形式的这种外在性的承认。

在这一节，我的任务是，强调康德批判的一些基本特征。这应该就使得康德把形式当作外在的方式更加的清楚明白。因为它也应该深化我们对黑格尔反对这个批判的这一靶子的理解。至少，批判，在一种确定的描述上，依赖于对概念形式的一种错误的看法。因为这个理由，批判作为一种知识模式是失败的。批判不仅不能提供给我们对象的知识，根据黑格尔的分析，它同样不适合于产生认识主体的知识这个任务。

141 康德是在狭义和广义两个意义上使用“批判”这个术语。狭义地定义，“批判”是指，他确认理论认知的先天诸概念和原则的计划，诸概念和原则对我们的自然认知是构成性的。[1] 如果原则的对象是各种现象，以及如果它是我们经验现象得以可能的一个条件，在理论探究的语境中，这原则就是构成性的。[2] 因为这种理论认知之构成性的先天诸原则源自于知性的这种能力，根据康德，在狭义的意义上，批判限于其对那种能力的考察。[3]

[1] 参见康德的 1790 年 CJ [167] 序言。

[2] 我在第一章第二部分讨论了康德对构成性的和调节性的理论原则之间的区分。虽然，我们对自在之物的概念（更精确地说，我们的“理念”）最多在理论探究的语境中仅仅是调节性的，根据康德，它们可以在实践的或美学领域有一种构成性的使用。参见他在 CJ [168] 的 1790 年前言中对这个主题的讨论。

[3] 奇怪的是，康德把这部关注确定理论认知的构成性的诸先天概念和原则的著作命名为《纯粹理性批判》，假使它是这种知性能力，按照他的看法，它与这些概念和原则相符合。虽然，康德称这项研究为《纯粹理性批判》，在那里，他把它的任务描述为一种“纯粹知性”的批判（CPR B 345/A 289）。他告诉我们，他寻求为纯粹知性诸对象规定先天诸概念（诸范畴）的客观有效性。而且，他告诉我们，他的目标是“探究纯粹知性本身，其可能性以及其所依赖的认知能力”。在 1790 年版本的 CJ [168] 前言中，康德解释，为什么他以第一批判冠之《纯粹理性批判》。他提到，他在第一批判中关注的是，“确保”这个包含认知的构成性原则的领域，即这个知性的领域，以对抗所有其他的竞争者。他的思想似乎是，因为理性倾向于侵犯知性的这个恰当的领域，（转下页）

但是，另外，康德使用“批判”这术语也代表更广泛地“探究先天认知的可能性和界限”。那么，广义地定义，批判探究的不仅仅是理论知识的这些条件，而且也是支配实践和审美领域的探究的这些条件。同时，我们对自然的认知依赖于知性的先天概念，实践认知的基础在于理性的先天概念（自由的概念）。根据康德，理论的和实践的认知形式的中介，是判断力的一种先天原则。因此，在广泛或者一般的意义上，批判探究三个研究领域的这些必然先天诸概念和原则。如他写到的，批判（在广泛的意义上）探究“能够成为先天原则的这些判断能力，不管它们可以做何种使用（理论的或者实践的）”（CJ 194）。

根据康德的定义，批判在一种高层次的抽象上得以贯彻。按 142
照他的看法，它不是预告特殊的自然物体的行为之批判事业，或者确认支配它们运动的特殊因果性法则的批判事业。在实践的领域，批判的任务不是去发现，一个至高的存在者的这个理念对个体生活的具体影响，或者发现帮助或者阻碍道德实践的这些经验条件。相反，批判详述这些概念和原则，没有它们，物理学、伦理学和美学领域是不可能的。这就是，康德为什么把他的《纯粹理性批判》描述为（例如）“方法论”而不是“科学的一个体系”。他在那里研究的目标就是要阐明形而上学之科学的“内在结构”（CPR B xxxvi）。在理论哲学的语境中，他告诉我们，批判是“作为一种基础巩固科学之形而上学的进步所必要的准备性活动”（CPR B xxxvi）。[1] 更

（接上页）它必须受到批判。那么，《纯粹理性批判》的一个核心任务，就是要揭露纯粹理性的自然和持久地倾向于与纯粹知性的作用相竞争。理性试图表现为“构成性的”概念，而它充其量只是“调节性的”理论探究（CPR A xii, A 735/B 763）。因此，康德在第一批判中把他的任务描述为，对知性和理性这两种能力之本性和界限的一种探究。注意，他在作为论述先天直观形式之空间和时间的作用的文本中的论证，并不恰当地属于他所定义的这个批判的计划。

[1] 对于康德把批判描述为一种“准备性的”或者“入门的”练习的进一步论述，参见 CPR B 26/A 12f.，A 841/B 869。

一般地说，批判是考察所有的“这些能够成为先天诸原则的判断能力”。在这个广泛的意义上，用康德的话来说，批判是“哲学的入门”(CJ 194)。

如我刚提到的，康德用批判来确定先天的诸概念和原则。[1]他把先天的诸概念和原则描述为“绝对”独立于经验的（CPR 导论 B 2f.）。作为“绝对”独立于经验的，这样的概念和原则不仅仅是独立于我们这里和这时所观察的东西。那么，它们并不是从已经证实的归纳推理中产生的“一般规则”。更确切地说，先天的诸概念和原则是“绝对”独立于经验的，因为它们决不为其来源或者证明而依赖于感性的证据。而且，按照康德的观点，正是这些概念和原则的先天性，确保了它们的“必然性和严格普遍性”。[2]作为“绝对必然的”，各种先天的认知提供了他所说的“一切逻辑上的（哲学的）确定性”的标准和例子（CPR A xv）。

我在第四章看到，康德论证，先天概念和原则被一种非经验的或者“先验的”自我意识形式赋予经验（CPR B 132）。关于我们先天概念和原则起源的这个论题解释了，康德为什么有时把批判描述为一种“自我认识”上的练习（CPR A xi, A 735/B 763）。如他在《纯粹理性批判》A 版前言中写到，他在那里的计划不得不“仅仅与理性本身及其纯粹思维打交道”。他不需要“远远超越于自己去看”以对他的诸认知能力获得“彻底的了解”，他说，因为他在自己身上就遇到它们（CPR A xiv）。[3]完全是因为，他不得不“仅仅

[1] 康德也把批判联系到先天的综合认知上，但是，我们不需要立刻关注这点。（例如，参见 CPR A 13/B 27。）

[2] 康德写道：“严格的普遍性是指，一种特殊的认知来源，也就是一种先天认知的能力。必然性和严格普遍性因此就是先天认知的可靠标志。”（CPR Intro B 4）

[3] 也参见 CPR B 26/A 13。比较笛卡尔《科学中正确运用理性和追求真理的方法论》（*Discourse on the Method for Conducting One's Reason Well and for Seeking the Truth in the Sciences*, 1637）的第一部分和第二部分。他说到，他花费了多年时间“钻研世界这本书”后，他“决心……也钻研他自己”。因此他决定（转下页）

与理性本身及其纯粹思维打交道”，康德继续告诉我们，他的证明在于断言，他的批判事业的结果享有“完满性”和“确定性”（CPR A xiv）。[1]“这里，没有什么东西能够逃离我们”，他写道：“因为理性完全从自身产生的东西是不可能被隐藏的。”（CPR A xx）[2]

那么，到目前为止，我们知道，康德的批判寻求确定的这些概念和原则，就是被给予的探究领域的结构性概念和原则，对于探究领域的可能性是必要的。我们也知道，这些结构性概念和原则是先天的，同样是普遍地和必然有效的。但通过何种程序，康德相信他 143
能够确定这些先天的概念和原则呢？换句话说，根据他的解说，批判的这种方法是什么呢？刚才，我们提到，他把批判描述为一种“自我认识”上的练习，但是现在，我们想要洞见他认为自我知识是如何获得的。

康德批判方法的这个主题是相当复杂的，并且很容易把我们带偏。其复杂性部分地与这个事实有关，即康德并不依赖于单个的论证策略以得出他的不同结论。那么，“康德方法”所指的就是某种抽象的东西。而且，很难获得康德各种不同方法论策略之间的清晰界限。在这个章节的剩下段落里，我要充分地谈论康德的某些论证活动何以激发了黑格尔的批判。我们后面将考虑黑格尔批判的问题。我对康德的诸方法及其差异的特殊性的处理将会相对粗糙些，因为如我们将看到的，特别困扰黑格尔的是康德赋予他的批判计划的总目标和野心，这些目标和野心伴随着他的各种不同方法论策

（接上页）停止研究，而是去“与自己的思想对话”。如他写道：“我的计划从来不是超越以及试图改变我自己的思想，以及建立完全我自己的一个基础。”（第二部分）唐纳德·克雷斯（Donald Cress）译 (Indianapolis: Hackett Publishing Company, 1998), 6—8。

[1] 在 Prolegomena 中，康德以这个方式提出这点：形而上学“可能达到如此这样的完整和确定，以至不需要进一步的改变或者能够通过新发现获得增长，因为这里的理性本身就具有其知识的来源”（p. 366）。

[2] 康德在 CPR B 26/A 13 也写到这点。

略。在为接下来的论述做准备时，我也应该提及，我把我的论述限制到康德理论哲学和实践哲学领域的方法上。第五章第四节开始，我进而论述这个情形，康德和黑格尔鲜明地辩护各自对批判的条件和批判可能获得的东西的不同解说。

康德把他的论证方法之一描述为“分析性的”或者“渐退性的”。这个方法开始于某种“已经被认识为可靠的”概念或者假设。它要求细致分析那种概念或者假设，而后，渐退性地论证其可能性之诸条件（Proleg §4［275］）。这个方法在康德《纯粹理性批判》前言中已经很明显。在那里，他宣称，他的意图是拯救形而上学或者为形而上学留出空间。他说，很明显，形而上学需要拯救，因为人类理性不能从威胁其运用的自我矛盾中摆脱出来。当理性主张知识的最终经验本性之时，这些自我矛盾或者“二律背反”就出现——当它根据如此之类的主题而宣称，如是否物质是简单的或者无限可分时，或者是否联系自然事件的因果链有或者没有第一开端或者原因时。当理性奉承自己，它可以解决如此这类的问题时，它就陷入不可解决的矛盾之中。康德主张，这个就是他那个时代摧毁形而上学权威性的“战场”（CPR A viii, B xiv）。[1]

康德提示，他将通过阐明哲学可以走上科学的安全之路而拯救形而上学。他提到，他的阐明从数学和物理学领域获得启发。数学和物理学已经享有科学的地位，他断言，完全是因为这两门科学依赖于先天的诸原则。作为先天的，这些原则是普遍地和必然地有效的。然而，根据康德的理解，数学和物理学都没有独断地予以这些
144 原则无条件的有效性。相反，它们的普遍和必然有效性被限制到认知形式上，例如我们的认知形式，它们依赖于通过纯粹直观形式即空间和时间而被给予的诸对象。换个方式来表达，康德在数学和物理学这些科学中发现了先天的诸原则，这些原则不是概念的或者逻

［1］也参见康德在 CPR Intro B 24 中的论述。

辑的真理。换句话，他发现建立在数学和物理学基础上的诸原则是先天的，也是综合的。[1]

由于这些科学是“现实地被给予的”，康德说，我们有理由得出结论，它们“一定是可能的”(CPR Intro B 20)。因此，数学和物理学可以提供一些有关我们也可以确保形而上学何以作为一门科学的线索。关键在于确定，与数学和物理学共同之处在于，形而上学依赖的这些原则既是先天的也是综合的。形而上学可以作为一门科学而被拯救，康德的理由是，只要它遵从数学和物理学，把其原则的有限性限制到经验的对象或者“现象”上 (CPR B xviii)。[2]

注意这个方式，康德的论证以此方式在这个实例中开始。他一开始就把分析方法作为第一步。也就是说，他首先把一些或者一系列“已经被认为可靠的”事实分离出来，这些事实是，他相信任何像我们这样的理性本性都会赞同的。不需要去质疑，形而上学处于一种危机状态，并且当它试图解决有关终极实在的问题时，到目前为止，它不能避免永久的冲突或者二律背反。没有任何理由去质疑纯粹的数学或者纯粹物理学的可能性，由于如康德所说的，它们都已经是现实的。我们可以确信，两个领域的探究已经享有科学的地位，并且它们的基本原则都是先天综合的。

康德在第一批判中努力阐明经验的特殊的先天综合原则的有效性，我们在康德的努力中发现了这个方法论策略的进一步例子。例如，在实体永恒性（“第一类比”）原则的例子中，他的出发点再一次是，他相信他有理由认为是理所当然的某种事实或一系列的事实。在这个例子中，他从一些假设开始，这些假设甚至连他的

[1] 至于康德从数学的历史中获得这个教训的证据，参见 CPR B xff。

[2] 康德使用术语“形而上学”是模糊性的。在 CPR 的 B 版前言中，他确定了“形而上学的两个部分”。第一个部分仅仅关注，显现我们具有先天的法则以奠定我们自然知识的基础。第二部分所具有的对象是不受限制的或者超验的（ CPR B xviiif. ）。

对手大卫·休谟都不可能质疑，特别是这些假设，即我们感知变化，以及没有潜在永恒的感知的存在，就不可能感知到变化（CPR B 231/A 188a）。康德进而论证，如果我们承认其可能性的这些条件，那么这个没有争议的事实才有可能被充分地解说。按照他的观点，要承认这种可能性的诸条件，就是要接受一个没有引起休谟关注的事实，也就是，我们把我们对变化的感知带入一个先天的规则中，即实体永恒性的先天综合规则。

145 在康德实践哲学中，相似的论证活动起着作用。例如，他在《道德形而上学的奠基》前言中告诉我们，他的出发点就是一种普遍被接受的道德义务的观念。[1] 如他写到的，

> 每个人都必须承认，一个法则，如果它要在道德上坚持，也就是作为义务的根据，它就必须带有绝对必然性，例如，“不能撒谎”这个命令，并不是仅仅适用于人类，似乎其他的理性存在者不必遵从它。

如这段话所提示的，康德判断它是没有争议性的，所有的理性自然物都赞同，只要把它当作“绝对必然性”予以贯彻，这一法则就在道德上适用。那么，他告诉我们，如果我们回到这个事实之可能性的这些条件上，我们发现，“义务的这一根据”可能不是自然的或者经验的，更确切地说，而必须“在纯粹理性的概念中……先天的”被寻求（G 389）。

康德分析方法的这三个例子具有何种共同的特征呢？在每个例子中，康德的目标是要确立，经验形式或者探究的特殊领域的基础，是先天综合原则。要达到那种目的，他采用了这种批判的方法，因为他从事着探究我们的认知和实践的诸能力。如在我们考虑

---

[1] 康德在《道德形而上学的奠基》中写道，他所参与的计划是解释“普遍被接受的道德概念”（G 445）。他说，道德的诸概念在共同理性中有其起源（G 411，也参见 G 394，397）。他在《实践理性批判》（CpR 27，36，155）和在 CPR A 807/B 835 中做了相似的主张。

的这些例子中阐明的，他开始于，分离某种或者一系列可能被认为毫无疑问的事实，这些事实是任何理性自然物（或者“共同理解”）都会赞同的。[1] 他开始于这些事实，分析它们，因此弄清楚它们所依赖的诸条件。通过分析“每个人必须承认”的道德义务的概念，他规定，理性的先天概念必须建立在其基础上。通过分析甚至休谟都承认的我们感知变化的事实，他能够发现是其可能性的一个条件的这种先天原则。通过分析这四个二律背反的这些概念，他揭示，每个正题和反题都取决于我们人类知识恰当对象和范围的错误假设。

之后，随着分析的澄清性工作的进行，康德继续进展到他的分析进程的第三和最后一步。通过从一个被认为理所当然的事实倒退，他可以证明其可能性的诸条件，例如，他的批判方法的这个证明性的构成部分之目标在于确定，我们有理由认为我们自己作为存在者受到先天实践法则的约束。在理论领域，其目标是要阐明，如果我们的知性能力无法提供经验对象之永恒性的这个先天规则，对
变化的这种感知就是不可能的。另外，它的目标是要阐明，形而上 146
学的确作为一门科学可以得到拯救，因为，像物理学和数学那样，它取决于先天综合的法则。

然而，之前我提到了，分析的方法仅仅是康德论证策略中的一种。有时候，他运用一种他描述为“综合的”或者“渐进的”方法。[2] 如我们刚刚看到的，《纯粹理性批判》包含着分

[1] “共同理解”和“人类共同理性”使得人们洞见到一些普遍地和必然地有效的原则，因此，应该不会混淆于康德在《道德形而上学的奠基》中指出的“大众意见”。他在那里写道，大众意见可以产生的一切，“就是各种混杂观察和各种半理性化原则的令人生厌的大杂烩”（G 409）。

[2] 要注意康德明确在第一批判中额外使用的一种方法：在他论二律背反的章节中，他提到了他使用的一种“怀疑的方法”，因此他“观察”或者也许甚至“引发”了两种论断之间的争论，以为了确定“争论的对象是否也许仅仅是一种幻觉”（CPR A 423/B 451）。

析论证的例子。尽管如此，康德把第一批判的论证策略描述为作为综合的一个整体。[1] 举一个他的综合或者渐进方法的相对明显的例子：在先验感性论中，康德渐进地论证了空间的地位，以之为一种先天直观形式。他概述了我们的空间表象之积极的特征，他想象这些特征不可能被莱布尼茨的“关系的”理论或者牛顿的“绝对主义的”理论所提供。反对莱布尼茨，康德论证，空间对于我们而言的表象总是单一的这个事实意指，空间必须是一种纯粹的直观形式，而不是概念形式。他反对莱布尼茨进一步论证到，不可能把我们具有的空间的概念或者理念解说为仅仅指我们在空间中观察到的对象之间的关系。他争辩道，我们把对象观察为空间上相关的，这个事实本身就是证据，它证明了我们把我们的经验带入空间的先天直观中。反对牛顿，康德坚持，没有足够的证据支持这个论题，即，空间是一个“绝对”实在的容器。按照他的观点，我们最多可以确定，空间是人类经

[1] 康德在 Prolegomena 中做出这一点。他告诉我们，他在那种研究中的方法是“分析的”，相反于《纯粹理性批判》中的“综合的”方法。他在 Prolegomena 写道，他开始于“某种已经被认识是可靠的东西，从这种东西出发，我们可以自信前行，并且上升到这些还没有被认识的来源，并且发现的人将不仅仅解释什么是已经被认识的，而且也将呈现一个有很多认知的领域，这些认知则都来自这些相同的来源”（§4, p. 275）。后面几段，他以这个方式描述分析的进程：“人们从被寻求的似乎是被给予的东西中进展，并且上升到这些单独就是可能的条件。”（§5, p. 276n）（也参见他在 1800 年《耶拿逻辑》§117 中论述的分析的或倒退式的方法。）相反，《纯粹理性批判》的这种“综合的”论证则是“渐进的”或者向前的运动（Proleg §5, p. 276n）。

康德在《道德形而上学的奠基》中提供了两种方法之间的差异的一个清楚例子。在前言中，他提到，这本著作的前两个部分是“分析的”，第三个部分是“综合的”。《道德形而上学的奠基》开始于“善良意志”这个概念，康德说，这一概念对共同理解有用。作为这个著作的一个结果，他在这本著作前两个部分解释了那个概念，我们在第二部分的最后段落中最终了解到，善良意志这个概念将依赖于自律这个概念。那么，第三部分的这种“综合的”研究就开始于自律这个概念，以及那么就开始着手证明我们自己的作为自律的理念。

验的一种先天形式。[1]

在第五章第四节，我们将考察这些段落，它们揭露了黑格尔关注的康德对分析方法的依赖。尤其将会很清楚，他不能接受康德自信的所谓无懈可击的“共同理解”的诸假设。但是，黑格尔并没有遴选分析方式予以攻击。在《哲学科学百科全书·逻辑学》中的一项迷人的论述中，他告诉我们，分析的方法和综合的方法两者都是有缺陷的。他说，两者对于“从某种外在地被预先假定的东西出发”，都有错 (EL §231)。[2] 147

我们将发现，黑格尔批判这两种方法的真正靶子在于，康德相信每一种方法都能支持这种类型的结论。不管康德开始于“共同理解”的这些假设，以及倒退式地论证以揭露它们的必要条件，还是相反渐进地辩护（例如）时间与空间的表象之本质的积极特征，他的期望都是相同的：他相信，他能够阐明，一种特殊的探究领域依赖于先天综合原则的一个基础。康德坚持，如果他的批判方法是要确定这种类型的结论，它必须依赖于不只是观察。按照他的看法，一种纯然的经验探究能够产生不比归纳所确保的诸规则更好。那么，它可能从来没有在这种严格的意义（诸规则是普遍的和必然有效的）上证明法则。康德也告诉我们，他的批判方法不可能单单凭借概念分析而进展。虽然他的批判性反思利用了概念分析，概念分

[1] 如果康德在先验感性论中的论证策略的这个描述是正确的，那它就具有接下来的有趣意蕴。它表明，他对作为先天直观形式的空间和时间之本性的论证不需要被认为依赖于几何学和代数学这些科学的有效性和本质的一些先决条件。也就是说，它表明，不是从某种也许毫无争议的事实（在这个实例中，一个关于几何学和代数学这些科学之有效性的事实）以及从倒退式地论证空间和时间作为其可能性的必然条件开始着手，相反，康德先验感性论中的论证开始于讨论空间和时间表象的诸特征。对于辩护先验感性论中康德方法的这个解释，参见埃米莉·卡森（Emily Carson）《纯粹理性批判中的代数学》（“Arithmetic in the Critique of Pure Reason”），未发表论文。

[2] 黑格尔对“分析”和“综合”的方法之间的这个区分的论述最初是在 EL §227 中。

析给予我们唯一的洞见就是没有矛盾的逻辑上可能或者可思考的东西。然而，康德的目标就是要确认先天的诸条件，不是逻辑上可能的，而是对像我们的知性的推理模式而言的理论上或者实践上或者审美经验上的可能条件。这里，我们最需要的是牢记，他相信他的特殊批判性反思的形式（不管是渐进式地还是渐退式地）能够确立关于我们经验的普遍和必然条件的诸主张。他相信，他可以发现一个形式，它是固定的，因此决不受惠于偶然的、历史的实在。

四　认识之前认识的不可能性

当我们一开始在第五章第一节中考虑黑格尔对批判的回应时，我们重点强调他的控诉，即可以提供的最大批判是，知识是“主观的”：知识不是对象的知识，而是我们带给它们的这些主观条件的知识，认知的这些形式的知识。批判把“我们从其关注的对象的认
148 知引导……回到形式的方面”（EL §10）。因此，根据黑格尔，我们可能希望从批判中获得的最多，就是制约我们事物之知识的这些主观的形式，然而，批判不可能告诉我们有关独立于这些形式而被考虑的事物之本性。

然而，如我早前在第五章第三节表明的，黑格尔对批判的反对要比此更加的激进。因为他也主张，批判甚至都无法产生主体的知识。他把这个失败归因于这个事实，即批判根本就不是一种知识的切实可行的形式。这个更加激进反对的诸踪迹是很明显的，例如，在《逻辑学》中冠题“这门科学的开端必须是什么？”的部分中，黑格尔在那里写道：“要想在科学之前澄清认知的本性，就是要求在这门科学之外来考虑它。”但是，他说，这个要求不可能得到实现 (SL 68/WL I 67)。在《逻辑学》的导论中，他告诉我们，表明逻辑学教给我们思想的规则而无关思想是什么，是“无能的”。主

张“逻辑是某种可能在之前被宣称的东西”（SL 43f./WL I 35），是无能的。在《哲学科学百科全书·逻辑学》中论述时，黑格尔清楚地认为康德的“批判哲学”的任务是，他写到，认知的这种探究“不可能以其他的方式发生，而不以认知的方式”。他提到，想要在我们认识之前就有认知是多么的“荒谬”，正如“经院哲学家在冒险下水之前就学会游泳的方案”（EL §10）。[1]

这些论述表达了黑格尔对认知本质之先天探究之可能性的质疑，如他所说，这一探究被认为发生“在科学之外”。假定这个“在先”的探究可能得到实现，根据他的说法，是“无能的”或者“荒谬的”。我们元层次的探究认知的这些条件，“不可能以任何其他的方式发生，而不以认知的方式”。

但是，准确地说，这个荒谬是什么呢？包含在这个暗示中吗？即我们可以从一门科学的现实实践中分离出一种元层次的对那门科学之可能性的诸条件的考察。黑格尔试图告诉我们的是如此吗？即，采取一种批判的视角，试图弄清楚探究的一门特殊科学或者领域的这些潜在假设，是没有意义的。他所建议的不是整个地拒斥批判的实践吗？

不可能的是，黑格尔不是要我们相信批判探究的彻底无效性或者荒谬性。这个不可能是他的信息，因为他自己甚至都运用了某种类型的批判。我相信，如果我们推断，黑格尔质疑的是某种批判的观念——他发现这一观念是康德典范地进行的，我们就更加切题了。他在对批判性反思的本性的一种确定的理解中发现了某种不一致的东西，如对它可能获得什么以及对作为批判思想家的我们是谁的理解。

要辨别出黑格尔反对的这些确切根据是困难的。因为，如果

[1] 也参见 EL §41 A1，在那里，黑格尔指出：“想要在具有任何认知之前就有认知的错误计划。”

我们认为，他的意思在于质疑康德分析进程的第一步，那么，我们需要某种方式以解释这个事实，即在他自己的主要著作中，他开头部分都显得大同小异。也就是说，似乎黑格尔自己的批判性考察的开端，恰恰同康德经常做的相同——通过遴选出某种共同一致的或
149 者毫无争议的假设，某种他相信的冠以理所当然的事实。例如，在《精神现象学》中，他开始于这个假设，我们“最正确的”自然认知单单依赖于感性印象的被动接受，而不是以概念为媒介。他表达这个假设，是每一个有限的理性自然物都可能同意的。在《逻辑学》中，他的出发点所意味的同样是没有争议性的。《逻辑学》开始于纯存在这个概念，完全是因为其空洞性或抽象的无规定性，这一概念可能合理地被认为可用作这门科学的不受约束的或者绝对的根据。

但是，如果它不是黑格尔所拒斥的康德分析方式的出发点，那么，也许他的意思是质疑康德所依赖的概念分析。这个见解也被证明是不可信的，因为黑格尔在他自己利用这个相同的工具上遵从康德。《精神现象学》中这些各种不同的进展，没有对关键概念的分析将会是不可能的。进展的每一步——例如，从“感性确定性”的观点到“知觉”到“力和知性”的观点——的结果都来自他凭借概念的分析弄清楚他所开始的系列概念之这一或者这些条件。同样地，《逻辑学》中有关辩证的发展的情形也是这样。从“纯存在”和“无”进展到“变”等，都要求黑格尔自己运用概念的分析。

在第五章第五节，我表明，黑格尔发现的错误是，当我们进行批判时，对我们所从事的这种活动的某种理解，以及对我们相信我们有权授给我们批判性反思之结果以这种地位的某种理解。我们看到，对于康德而言，批判时常开始于对某种共同同意的假设的确认，所有的理性（或者所有有限理性的）存在者可能都同意的某一种假设或者系列假设。康德坚持，我们可能对我们的出发点很自信，因为我们有能力去抽象我们普遍和必然同意的各种主

张——“每个人必须同意的各种主张”——从一切偶然的东西中抽象。进而，我们可能相信，一旦我们最初的各种假设准备就绪，我们可能让它们得到分析，并且弄清楚它们所依赖的这些条件。我们可能确信，我们从我们的对关键概念的分析获得的这些结论，同样地，将对所有的思维主体都是可接受的。最后，我们可能相信我们最终证明的计划的这些结果。因为我们假定我们有能力揭示以及最终辩护一个被给予的探究领域的这些可能性条件。我们可能确定，这些条件是“绝对必然的”，因为它们是“绝对独立”于经验的，并且因此是先天的。它们享有严格的普遍性而不仅仅是“经验的”或者“比较的”普遍性（CPR Intro B 3f.）。我们有资格这么自信，因为，用康德的话来说，“完全产生于自身的理性不可能被隐藏起来”。

在第五章第五节将会很清楚，黑格尔更加激进地反对的批判——他质疑康德的批判观念甚至可能造就的主体知识之理由——其目标直指康德对他自己的抽象能力的信任水平。这就是做出这种断言之后的东西，他断言，我们认识之前可能没有“认识”。150
不是说，他否认所有不同的批判性反思的可能性。相反，他质疑这个假设，我们可以从支配某种科学或者领域之探究的现实实践的这些规范中，绝对地分离出我们对某种科学或者领域之探究可能性的这些条件的元层次反思。换句话说，他怀疑，我们可以从一个阿基米德点，从绝对“独立于共同实在性”的一种立场来进行批判。（FK 63/GW 296）

有关我们抽象能力的这些怀疑给予我们某种洞见，即对黑格尔自己的批判性反思之立场的洞见。它们对于他自己的观点，即我们有权授予我们最基本的概念和原则以这种地位，具有一些意义。也许，它们也表明一个解释，即，在《逻辑学》第二版前言中，为什么他宣称，他在那个文本中树立的目标是，阐明我们的思想规定的这种“所谓的自为存在”是“非真理的”（SL 39/WL I 130）。

五　黑格尔论思维的开端

到目前为止，这是我们回顾这一章的讨论过程的一个好地方。我们第五章第一节开始于，考虑黑格尔对这个论点的反对，即认知是一种手段。自然意识着手认识“真理”或者“自在之物”。然而，它不能够认识“真理”或者“自在之物”，因为它把认知当作一种手段。在回应这个失败时，自然意识把它的注意力转向认知本身，它对我们的认知诸能力进行考察或者批判。但是，不久，它就发现，它所从事的这个事情也是不能令人满意的，因为能够提供的最大的批判就是，知识不是事物的知识，而是凭借我们的思考和认识它们的这些主观形式的知识。

在第五章第二节中，我们寻求理解，为什么黑格尔相信认知是一种手段这个论点削弱了自然意识认识事物的努力。我们看到，根据他的解说，我们把认知当作一种手段（或者是一种消极的媒介或者是一种工具），我们，实际上，都是在“外在的”意义上或者在内容的“另一方”认为思想及其形式是“空洞的”。用黑格尔耶拿著述中的话来说，我们假定，思想是“绝对对立于”内容的，并且，因此就不是“原初同一”的部分。当我们返回到第五章第一节考虑这点时，我们通过澄清所能够提供的一切就是接下来的这个见解：在把思想形式描述为“外在的”或者“绝对对立于”内容时，黑格尔的意思是质疑这个假设，即我们占有一些具有一种前给予的和固定的本性的概念。如此这样的形式被认为没有把任何其起源归因于它们被应用到的这些对象上或者归因于认识的行为上。而且，如此这样的形式凭借日常的探究或者科学经验的探究都不应该是可认识的。我们仅仅通过进行一项特殊的元层次的考察才能了解它们，即对日常的也对科学的探究之可能性的主观条件进行一项考察。

151 要更准确地详细叙述这个意义，即黑格尔在这个意义上相信康德的批判计划依赖于认知是一种手段这个假设，那我们就要在第五章第三节中确定某些康德批判的关键性特征。如我们看到的，对于康德来说，批判是一项元层次的考察。在他的理论哲学的语境中，它的目标在于规定我们认知自然的本性和界限。在他实践哲学的语境中，它寻求确保实践义务的根据。我们也看到，康德坚持，认知的这些基本的形式凭借着批判揭示为先天的。事实上，他相信，批判揭露了以及也确保了在理论、实践和审美领域探究之基础上的人类主体性的前给予的和固定的贡献之有效性。因为，康德发现，在这些领域基础上的诸概念和原则是先天的，他的批判样式就是黑格尔所认定的“外在性”以及因此“空洞性”的主观形式的一种模型。

在第五章第四节中，我们考虑了支持这个论点的证据，这个论点即黑格尔相信，批判的这个计划以某种方式取决于一个错误，他相信这一错误特别威胁着诸如康德这样的典型的批判样式。但是，我仍然不能准确地确定黑格尔理解的这个错误是什么。我们仅仅知道，它以某种方式与一个思想的外在性的论点相关。

如果我们现在把我们的注意力从黑格尔对这个批判的计划和认知之为一种手段的这个观念的批判性论述中转移开，并且相反，我们聚焦于他敦促我们把这种认知的解说置于其合适的位置上，我们可能获得某种进展。这本身并不是简单的叙述，并且存在着这个风险，即，在讲述它时，我们将会偏离方向。在这一章剩下的部分中或者在下一章中，我的目标不是提供对黑格尔关于我们各种不同认知形式的条件和本性的积极观点进行广泛的探讨。我仅仅想要充分地表明，黑格尔进一步澄清其康德批判的立场。到本章结束时，我通过考察黑格尔给予我们相当集中地讨论自己另一种解说的文本来总结本章。我所考虑的这些讨论出现在《精神现象学》和1812年《逻辑学》两书的开头几页中。如我们再次把我们的注意力指向黑格尔在这些思想之本性和批判之条件的文本中积极描绘的，重要的是，我们不会失去对下面这点的洞见：黑格尔相信，在为认知是一种手段的这个论点提供另一种方案时，他可以避免这个论点所蕴含的怀疑主义形式。也就是说，他相信，他能够提供给我们一种思想的描述，以及思想与避免扩大怀疑主义鸿沟的内容之间关系的描述。

在回顾康德《纯粹理性批判》前言的论述中，黑格尔在《逻辑学》1812 年版前言的开头几段中宣称，形而上学处于危机的状态之中，它“已经从科学的行列中消失”。他接着说道，需要“彻底地重新开始”，一种“科学进程的全新概念（SL 27/WL I 16）”。尽管，试图从《逻辑学》的这些段落的文辞中推断，黑格尔的意图是要歌颂康德，不久，我们就了解，他把康德置于主要对手的地位 152 上。黑格尔告诉我们，形而上学所陷入的这个危机就是“放弃思辨思维”的一个后果。没有对理性心理学或者宇宙论所处理的主题有任何兴趣，这种情况基本上得归咎于康德（SL 25/WL I 13）。康德被谴责，根本上而言，因为批判哲学的一个核心要义就是，思辨形而上学的对象是我们的知识无法通达的。[1]

黑格尔在这些段落中表达的这个控诉，我们之前就遇到过。这个熟悉的指控就是，康德哲学最终是一种怀疑主义的形式，因为它否认我们有事物本身的知识。然而，对于我们的当下目的而言，具有更大意义的是这个事实，即这些段落包含着黑格尔解释这种形而上学危机的一些线索。因为他继续告诉我们，这个危机就是这个事实的一个后果，这个事实即哲学家——包括康德——都是无效地自我批判。在 1831 年版本《逻辑学》前言中，他写道，它就是探究我们最基本的假设的“逻辑思维的事业”（SL 42/WL I 33）。“彻底

[1] 我在这里写道，黑格尔坚持，在过去 25 年里，康德“基本上”得对形而上学的“没落”负责，因为黑格尔在这些开头的段落中告诉我们，这个时代的实践思想也得承担某种责任。例如，这些“现代的教育家”有错，因为他们太狭隘地聚焦于实践的训练。

性似乎要求，开端应该在任何其他的东西之前被考察，这个开端是作为一切事物得以建构的基础。”（SL 41/WL I 33）但是，当考察哲学家自己的“先决条件和偏见”时，他们典型地有所不足。例如，他们简单地预先假定，“无限不同于有限，内容不同于形式，内在的东西不同于外在的东西，媒介不是直接性”（SL 41f./WL I 32）。[1] 或者，他们从“次一级的科学例如数学”中借用不加鉴别的方法和基本概念（SL 27/WL I 16）。他们预先假定，这些科学已经是完美有序的科学。[2]

初看起来，似乎黑格尔的意思仅仅是，哲学家们——包括康德——都是有错的，因为他们并没有严格地控制他们独断的义理。他们需要保证，探究之初，他们要充分地弄清楚他们的基本假设，以及有很好的理由认为，这些假设是所有的理性自然物可能都赞同的。但是，黑格尔所反对的要比这个更有趣。他不仅仅断言，哲学家们需要更谨慎地考察批判的这些高标准，相反，他的意思是质疑这些标准本身。如将很快就很清楚，他的论述的整个靶子是对批判性研究可能是什么的某种理解。

在《逻辑学》前面的几页中，黑格尔提醒我们，哲学家努力 153
以“构想的”“定义”来表达一门科学以“公认的和熟悉的”“对象和目标”为开端的部分，有着悠久的历史（SL 49/WL I 42）。他说，有些思想家，把一种“特殊的内容”例如“水、一、努斯、理念、实体、单子”当作他们的第一原则。另一些思想家从一个有关认知本身之本性着手开始（SL 67/WL I 65）。没什么关系，哲学家

[1] 黑格尔在这个语境中提到了这个事实，即康德简单地从亚里士多德那里借到了他的逻辑。康德假定，自亚里士多德以来，普通逻辑既没有失去也没有获得其根据，它“结束和完成了”（SL 51/WL I 46）。黑格尔在 EL §42 中重复了他反对康德的这个指控。他在那里告诉我们，康德简单地从“普通逻辑”借到了他的范畴。

[2] 黑格尔在这里提到，他已经在《精神现象学》前言中论证了这点。他在 SL 53/WL I 48 中再次重复了这个主张。

都典型地开始于他们所相信的他们有权认为理所当然的某种假设或者一系列的假设。他们相信自己有能力确认“最普通的”范畴和方法，这些范畴和方法可能被每一个理性的或者有限的理性自然物所证实（SL 32/WL I 21）。换句话说，他们假定，他们可以从这些只是反思意见和最多具有一种限制性价值的东西中分离出对所有理性自然物有效的诸范畴和方法。他们可以做出这种分离，因为他们有能力穿透现象或者阴影的领域。

然而，黑格尔主要著作中的每一部的主要目标都是要挑战这个对批判性探究的本性的描绘。例如，在他的《逻辑学》中，他比较了他自己理解的“一般的思维”科学与他告诉我们的这种标准解说。他说，这种标准解说假定，“思维仅仅是一种认知的形式，逻辑则从所有内容中抽象出来”（SL 43/WL I 36）。换句话说，它假定，

> 思维就其自身而言是空洞的，并且作为一种外在的形式出现在上述的素材中，用它来充实自身，并且，仅仅因此而要求内容，以及因此成为真正的认知。（SL 44/WL I 36f.）

在反对这个描述时，黑格尔坚持，思维不是一种“空洞的”或者“外在的”形式，“它抽象于一切内容”。按照黑格尔的说法，在逻辑学的发展和阐述的任何时刻，其概念或者法则都不是空洞的内容——甚至不是这门科学的基础。黑格尔在这里并不主张，在这门科学的发展和阐述的每一个阶段，逻辑的概念和法则都是空洞的，直到它们现实地被应用在我们思考对象之上。更确切地说，他主张，在这门科学的任何时刻，这些逻辑的法则和概念在外在的意义上都不是空洞的。在任何时刻，这些逻辑的法则和概念都不是一种特殊的反思行为的产物，通过这种反思行为，偶然的和仅仅有条件的有效性的一切都被抽象出来。根据我正提出的这个解释，黑格尔归于这些从事批判的人的错误之一就是，归于这种思想家以超常的抽象能力——分离的能力。在探究的一开始，这些概念和方法可能

得到所有的理性自然物的证实，这些理性自然物来自偶然有效的东西。如在《哲学科学百科全书·逻辑学》的段落中所表明的，我们之前考虑过，他似乎发现了康德批判方法之错误的证据，不管康德运用了分析的还是综合的论证策略。[1]

而且，在《逻辑学》前面的这些页中就有些提示，黑格尔对 154
进一步的一个错误进行了批判。他怀疑这个假设，即当从事批判探究时，我们可以获得对我们的先决条件的完美理解，我们可以让它们对我们自己完全透明。我们错误地认为，在探究一开始，我们就具有深刻的知识。我们高估了我们的自我认识的范围。

我之前就提到了，在黑格尔的每一部主要著作中，他的出发点似乎都与康德的出发点相同。他把他以之开始的概念和方法描述为康德通常所做的——最为熟悉的和共同接受的，描述为他因此最有理由认为理所当然的。并且，像康德那样，黑格尔采用了分析的方法，以用于弄清楚这些概念和方法的这些条件。而且，他遵从康德，因为他最终的目标在于合理地证明他的逻辑学、意识的科学和法权的科学。

但是，关键在于，我们不要忽视了这个事实，即在黑格尔的哲学中，通过分析的进程，从最初共同被接受的诸假设，进展到合理证明这点，进行得完全不同于康德所做的。对于两位哲学家来说，分析反映了我们以之为开始的共同的概念和方法，并且，把这些他们所依赖的诸条件弄清楚。但是同时，在康德哲学中，分析的运用有益于证明或者确保我们以之开始的这种共同假设的合理性。在黑格尔的情形中，分析揭露了我们探究以之为开始的这些假设不是我们一开始所认为的假设。换句话说，分析揭露了，我们在我们最初的自我理解上的错误。并且不仅仅如此：在弄清楚我们最初无法理

[1] 在我们在第五章第三节中考虑过的这段中，黑格尔告诉我们，分析的和综合的这两种方法，对于“从某种外在被预先假定的东西开始”是错误的。（EL §231）

解的原初假设时，分析提醒我们需要去修订它们。相反于帮助最终证明我们以之为开始的诸假设的合理性，黑格尔运用的分析，具有削弱或者“消除”它们的影响。

这个信息一而再地在黑格尔的著作中传达着。例如，《逻辑学》开始于一个概念，它被认为作为这门科学的绝对根基是合适的，即纯存在这个概念。我们认为纯存在这个概念有资格作为绝对的根基，因为我们假定，他表达了抽象直接性，以及同样，它并不依赖于在先的根基或者条件。但是，一旦我们分析纯存在这个概念时，我们就发现，我们认为，通过“纯存在”所意指的某种完全未被规定的东西，我就犯错了。因为经过反思，我们发现，我们实际上把这个“纯存在”的概念当成是至少具有这个规定：我们通过“纯粹存在”所意指的某种东西不是“无”。如黑格尔所提出的，分析揭露了，“纯存在”这个概念“本身就是反思的一种表达”（SL 69/WL I 68）。因此，回过头看，我们了解到，我在我们原初理解的出发点上犯了错误，我们没有我们认为我们有的这种自我理解。我们假定，“纯存在”可以用作为我们科学的根基，因为它的抽象直接性。然而，我们了解到，“纯存在”毕竟不是绝对的无规定的。因此，我们不得不放弃这个期望，即我们可以把我们的科学奠定在
155 一种抽象的直接性根基上。我们不得不向前行进以探寻一个更充分的根基。

《精神现象学》也传达了这种类型的教训。意识以一种假设开始探寻知识的这些条件，这一假设，即它相信它可以理所当然地认为，我们通达自然的最可靠的认知路径得以获得，凭借的是，黑格尔所指的“感性确定性”，通过感性印象的被动接受，没有被概念所媒介。意识假定，这个直接的或者没有媒介的通达事物的路径是“最正确的”、最好的通达事物自身的手段。但是经过反思后，意识发现其出发点——初看起来似乎是自明的和可靠的一个出发点——不是意识最初认为的东西，因为反思后，意识承认，我们不

可能说它是我们认识的东西——我们甚至不可能通过感知来选取我们知识的对象——不借助概念的帮助。那么，意识凭借着分析发现，感性确定性根本就不是知识的一种形式。在发现其错误时，意识前行继续探寻更充分的根基。

因此，如它已经被证明的，我之前在康德和黑格尔的批判性方法中强调的这些方法论上的相似性充其量只是表面上的。因为，如黑格尔对它的运用，分析并不用到最终奠基我们以之为开始的所谓普遍和必然有效的诸假设的这种目的上。相反，它使得它们的偶然性很明确。因此，它为探寻一个新的根据设定了理由。在揭露我们的无知时，分析另外唤醒了我们一种新的自我理解。我最初认为我们认识了我们的出发点，我们认为我们的先决条件是完全透明的。我们认为，由于我们所依赖的东西只不过是理性"完全从其自身"产生的东西，没有什么东西可能"逃离"我们或者"仍然躲着"我们（CPR A xx, B 26/A 13）。但是，我们发现，这个自我观念也是错误的，并且，我们没有资格像我们一开始那样自信。

六　黑格尔的批判

我已经详细叙述了黑格尔不同于康德批判观念的两个方面。第一，黑格尔所运用的批判不会导致最终证明我们的探究以之开始的这些共同的、熟悉的假设。相反，批判削弱了它们，它揭示了它们是不可靠的和需要修正的。第二，对黑格尔而言，批判让探究一开始就认识我们自身的主张落空。我们认为，在我们的逻辑开始于纯存在的这个概念时，我们正是从一种抽象的直接性开始。然而，反思后，我们发现，事实上我们通过"纯存在"所意指的是某种规定的东西，某种不是"无"的东西。我认为，开始于感性确定性时，我们所描述的是认识事物的最正确手段。但是，最终我们了解到，事实上，我们承认这个观点，即知识要求诸概念的运用，并且感性确定根本不是知识的一种形式。

156 在阐述黑格尔的批判方法时，我在《逻辑学》和《精神现象学》讨论的原文开始处获得了些例子。但是，每一种文本都讲述着一系列开端的历史。每一文本都记录了哲学家努力奠基其科学时的错误开始的历史。那么，黑格尔似乎想要传达的信息——他相信我们从谨慎地研究哲学史中获得这个教训——就是，哲学家努力从共同的和熟悉的东西开始，从每个理性自然物必定承认的诸假设开始，到目前为止，这些努力遭受相同的命运。我们认为我们可能理所当然地认为的探究之开始的这些假设，我们认为精确把握我们科学普遍和必然条件的这些假设，被证明是偶然的。批判，如黑格尔所进行的，暴露了需要进一步超越这些批判。同样的例子就是关于我们主张的自我认识。哲学的历史记录了一系列自我观念，每个最初都假定把握了有关我们作为思维的或者认识的或者意志的主体的真理。但是再而三地，历史教导我们，认为自己在开始就具有的这种自我认识，以某种方式是有缺陷的，并且，我们并不像我们所认为的那样认识自身。

因此，在探寻知识的根据时，黑格尔对逻辑学和意识的科学的历史的讨论，包含的一个信息不仅仅是在其历程的某个特殊时刻理性的失败。这些历史揭露了，他所相信的东西是一个长期的条件。黑格尔关于历史的一个总体信息就是，人类理性不能贯彻笛卡尔确认的在探究开始时一门科学的普遍和必然概念和方法的实验，这些概念和方法一劳永逸地奠定那门科学的基础。人类理性不可能在这个努力上取得成功，因为确定一门科学真正普遍和必然的根据这个任务需要我们所不具有的抽象能力。那么，黑格尔传达的有关历史的一个总体信息就是，人类理性不能够完全脱离现实，它不可能

摆脱这些让它与“共同实在性”相关的先决条件。[1] 在这个意义 157
上，它不是一种“空洞的”或者“外在的”“抽象于一切内容”的形式。[2]

黑格尔有关历史的第二个总体教训关注的是我们对自我认识的主张。由于，对我们而言，不可能把我们自己的思想转移到一个完全外在的有利点，我们也不可能在探究一开始就完全意识到我们的先决条件。在《逻辑学》的一个富有启发的段落中，黑格尔在那个文本中描述了自己独特的出发点，他写道，开端，“还不是在开始

[1] 这里，我引用了《信仰与知识》中的一段，我们在第三章已经讨论过的。黑格尔写到了这些人（例如康德、雅各比和费希特）的“纲领性原则”，他们坚持“主体性形而上学”。这个纲领性原则是要超越“主观的和经验的”东西，以及“证明理性的绝对性，独立于共同实在性”。（FK 63/GW 296）

这里，在表明黑格尔坚持人类理性不可能完全脱离现实，以及完全使自身摆脱把它与共同实在性连接的这些先决条件时，它显现，我正在挑战斯蒂芬·霍尔盖特（Stephen Houlgate）的论点，即黑格尔要求那种哲学是“彻底地自我批判的”，就等于要求“彻底的无先决条件”（*The Opening of Hegel's "Logic"*, p. 25, p. 27）。但是，根据霍尔盖特的描绘，我发现了“彻底的无先决条件”的两种解释。在写到黑格尔《逻辑学》的开端时，霍尔盖特有时似乎要归于黑格尔我正在论证反对的这个立场，也就是，对我们而言，没有先决条件而开始探究是有可能的。例如，霍尔盖特写道：“黑格尔的《逻辑学》开始于彻底地搁置我们所有的关于思想和存在的先决条件。”(p. 57) 霍尔盖特在另一段中告诉我们，黑格尔要求哲学是没有先决条件的，这需要“我们准备搁置或者放弃我们已经假定是正确的思想和存在，并且准备通过放弃所有我们的假设而造就的纯存在这个最简化的思想而前行”（p. 67）。然而，在其他的论述中，霍尔盖特以一种不同的（以及按照我的观点，更准确的）方式描述了这个“无先决条件的”出发点。用他的话来说，“无先决条件的思想……开始于全然的无规定性和直接性，而后，牵出自身，可以说，如这些不同的范畴被展开，并且最终形成整个的圆圈——所有范畴的统一——全然的无规定性回过头来看被理解为是必然的，但是唯一的，开端”（p. 50）。根据这个描述，开端就不是无先决条件的，更确切地说，我们开始于对我们正假定的一切都无知（或者，另一种说法，我们开始于对我们通过纯存在意指的一切都无知）。我们的先决条件是回顾性地向我们揭示的。

[2] 因为根据这点，思想并不是“外在的”，并且，其形式并不是“准备好了的”。例如，参见，EL §28A。

就真正地被认识”（SL 72/WL I 71）。[1]这个论述不仅仅是承认他自己的知识的界限，或者他自己理解的科学的基本法则和概念的界限。更确切地说，他把这个论述指向任何一种使得我们的科学以之开始的这些假设完全透明的主张。在《逻辑学》前面的这些页中，黑格尔提醒我们，他在《精神现象学》前言中强调的一点，也就是，这种“常识的或者熟悉的东西，完全，因为其是熟悉的，从而不为人所认识”（PhG §31）。[2]那么，对于黑格尔来说，我们从哲学的历史中了解到，不仅仅我们科学的探究，而且我们进行批判的元层次的努力，都一直伴随着一种确定的盲目性。这个盲目性不仅仅是这个事实造成的，即，在探究一开始，我们还没有谨慎分析我们共同的和熟悉的诸假设。在关注伴随着批判的这种偏颇的盲目性时，黑格尔所需要的不仅是分析。他主要关注的这种盲目性或者无知，按照他的观点，是我们有限的抽象能力的一种必然结果。如他所说，完全因为批判总是从“某种意识形态的范围内”进展，我们不可能一开始就完全意识到我们的先决条件（PhG, Intro, §89）。[3]

158 如我之前表明的，黑格尔从来没有敦促我们放弃努力批判性地思考或者确定我们科学的这种内在结构和必然的诸条件。当他坚

[1] 这段话出现在《逻辑学》的“科学必须开始于什么？”这个部分。在他的《哲学科学百科全书·逻辑学》中，黑格尔解释，为什么他在《逻辑学》中并不是开始于“概念”（他说的是“存在”和“本质”的“真理”）。他写到这个：“我们不可能开始于真理，因为真理，在其形成之初，还没有得到任何保证，因此，被思考的这种真理必须在思维之外证明自身是真理”。相反，《逻辑学》的开端是“概念”，他考虑了“存在和本质自身的辩证发展，以及他意识到了它们如何在概念的统一中消除自身”。（EL §159A）

[2] 黑格尔在《逻辑学》中如下表达了他的提醒：“逻辑的对象及其表达可能完全对受过教育的人是熟悉的，同时，他并不遵循……它们是在理智上被理解的。”（SL 33/WL I 22）

[3] 论述黑格尔“意识形态”观念的意义，参见 Terry Pinkard, *Hegel's Phenomenology: The Sociality of Reason*, 5f.，以及 Michael N. Forster, *Hegel's Idea of a Phenomenology of Spirit*, 119—123; 299ff.。

持“我们认识之前，可能没有认识”，对本身就不是一种认知的认知不用批判，他意图传达的这个信息不是这个。他并不建议，在进行批判时，我们开始于某种别的东西，而不是我们判定为普遍和必然有效的这些共同的和熟悉的假设。如我们刚才提到的，他把这种哲学史描述为开始于“公认的”和“熟悉的”诸假设的一系列努力，并且，他在哪里都没有表明，我们可以以另一种其他的方式开始。的确，他在《逻辑学》中写道：

> 任何一门科学都做出的一种绝对开端所始于的这个定义，不可能包含任何别的东西，除了确切地和正确地表达的被设想为这门科学的公认*的*和*熟悉的*目标和目的。（SL 49，WL I 42，首次补充强调）

因此，我们从“我们不可能在我们认识之前就认识”这个事实所获得的意指的这个信息，既不是我们应该放弃批判性探究，也不是我们应该开始于不是我们所相信的我们有理由认为理所当然的这些假设。更确切地说，这个教训是，我们需要调整我们对批判可能获得什么的理解。如黑格尔所说，假使批判性反思总是发生在“某种意识形态的范围内”，以及假使批判出于那种理由而总是在偏颇的黑暗中得到贯彻，我们需要改变我们的期待，即批判能够实现康德允诺的提供给我们的“完满性”和“确定性”（CPR A xiv）。[1] 我们需要重新评估这个假设，即在进行批判时，“没有什么东西能逃离我们”（CPR A xx）。

---

[1] 当然，黑格尔自己也做出了他自己的完满性的主张，例如，在《精神现象学》的最后一部分，他宣称精神已经获得“完全的自我意识”（§802）。但是，我接受了黑格尔所说的话，他在《法哲学原理》前言中写到的，由于没有哲学能够“超越它自己的那个世界”，我们对有关接下来发生的事情的期待总是反映了我们与一个特殊的时代和一系列哲学的承诺相关联。那么，我们对完满性的观点，总是与某种特殊系列的目标和期待有关，这些目标和期待揭露了我们受到现实历史条件的约束。至于有说服力地辩护这个解释即黑格尔论哲学和历史“终结”的线索，参见 Joseph McCarney, *Hegel on History* (London: Routledge, 2000)。

七　概念对直观的双重依赖

贯穿整部著作，我一直在论证，把黑格尔描述为拒斥康德归于人类推理性的所有特征，是错误的。黑格尔认为，我们的认知模式，因为是推理的，所以是（如康德所说的）一种“依赖性的”认知模式（CPR B 72）。与康德一样，他认为，在认知自然时，我们的概念或者思想形式必定被应用于一种独立被给予的感性内容上，因为我们不可能从我们的概念，制造或者产生感性直观。在这方
159 面，我们的概念是空洞的。而且，在这个方面，黑格尔对人类认知的解释保留了康德概念和直观的二元论。

但是，我也已经表明了，尽管黑格尔质疑康德予以我们推理性的某些特征。他质疑他相信对康德观念论具有怀疑主义意蕴的这些特征，以及因此谴责它是“主观性”的。尤其，黑格尔拒斥康德的这个假设，即，由于我们把概念的形式赋予认知，我们必须在其与被给予的感性对象的关系上争辩“偶然性”。也就是说，我们可能没有理由主张在认知的另一方面完全认识诸对象。

根据我已经辩护的这个解释，黑格尔相信避免这种样式的怀疑主义的关键在于，拒斥康德形式之本性的观点。黑格尔希望我们相信，概念形式在“外在的”意义上不是空洞的，它既不是预先被设定的也不是固定的。对于黑格尔来说，细致地研究哲学史揭露了，甚至这些对我们似乎最稳定和可靠的概念或者范畴都展现出，他称之的“内在的可塑性”（SL 49/WL I 30）。他清楚地陈述，他的《逻辑学》的一个核心目标就是要让我们相信这个事实。他告诉我们，在那部著作中，他讨论的意图在于阐明，我们思想规定之“所谓的独立自为存在”是“非真理”的。（SL 39f./WL I 30）

在这个论点的基础上，即我们在前给予的和固定的意义上具有些“外在的”概念或者范畴，黑格尔同样把它判定为批判性反思之本性的一种不太可能的观念。因为这个主张，批判给予我们通达

探究一个被给予的领域得以可能的这些普遍和必然条件之路径，依赖于这种假设，我们具有超乎寻常的抽象能力。它预先假定，在思维中，我们可以越过或者超越我们的时代：我们可能到达一个绝对独立于“共同实在性”的有利点。如我们已经看到的，黑格尔质疑，人类理性能够达到这种超然的程度。按照他的观念，对于我们来说，不可能抽象出一种元层次的探究形式，这种形式决不会反映我们的时代对日常的和科学实践的欠缺。这就是，为什么他频繁地把这个探究的出发点描述为总是依赖于一种“先决条件”。[1] 正是如此，所以他主张，不是开始于一个阿基米德点，每一个出发点就是一个“结果”。[2] 那么，对于黑格尔来说，不仅仅思想依赖于作为认知的一个条件的一种独立被给予的内容，而且，思想也依赖于那种内容的本性。

如我已经提到的，我的解释与黑格尔批判和替代康德路径的某些精心安排的表述步调不一致，因为我已否认了黑格尔为避免主观的观念论所开的药方，即一种理智直观的所有创造性能力都确切地归于
人类的认知。如此这般的一种理智没有理由关注，其理念或者概念可 160
能仅仅是偶然地与其对象相关联。它可以确信其概念和对象之间的这种关系是一种完美和谐的关系。它可能对此绝对自信，因为它具有神一样的能力，以在其思维和认识它们的行为中产生其对象。

另外，我已否定了黑格尔相信的更加可能的观点，他可以通过全神贯注于康德关于概念在我们的意识和经验对象中的作用之洞识的这些意蕴而避免偶然性问题。康德的洞见是，思想不是一个概念上被媒介或者规定的对象，那就没有思想的对象。一个全然外在的概念的内容（“事物本身”或者“自在之物”，如黑格尔有时称呼的）既不是我们认识的可能对象，甚至也不是可思考的。因此，这样一

[1] 如他在 EL §1 中写道的：“一个开端……产生一个先决条件，或者，更确切地说，它本身就是。”

[2] EL §13。也参见 EL §22 A，在那里，黑格尔断言，哲学没有建立什么新的东西。在《精神现象学》有相似的段落，参见 pp. 12，20。

种内容对我们而言就没有认知的意义。根据这个解读，黑格尔论证，如果我们完全赞同关于概念之作用的这个事实，我们将无法通过表象主义的标准来衡量我们知识的价值。我们将不再着手规定是否我们知识的这些对象符合于“事物本身”。如果我们完全赞同康德的关于概念作用的洞识，我将放弃表象主义以支持内在主义的符合论。

我已经表明，我们可以阐明黑格尔的这个第二种解释的不充分性，我们凭借的是，牢记它让我们没有办法揭示他重复控诉的仅仅是主观的观念论。内在主义无法弥合概念和直观之间的鸿沟，它判定努力弥合鸿沟是徒劳的。内在主义放弃自然意识在意识的“另一方”认知对象的目标。相反，它自身满足于“主体性形而上学”。根据黑格尔的描述，这种形而上学斥责我们作为认识的主体是悲伤的和实现不了的。在我们审视过的素材中，我们已经照面了足够的证据以证明黑格尔抵制这种类型的怀疑主义的发生。

根据我已经辩护的这个解释，对于黑格尔来说，弥合概念与直观的鸿沟，要求我们拒斥这种假设，概念的形式是“外在的”。那么，它要求我们激进化康德承认的思想之依赖性的本性。不仅仅我们的概念依赖于独立被给予的感性内容，如果它们要用作认知的诸条件，它们也依赖于那种内容本身的本性。甚至，我们最基本的和普遍的概念也是从一种“原初的同一”的能力而来，这一能力不是一种纯粹的自发性而且也部分地是接受性的。我们的概念来自一种理智，如黑格尔所说的，这一理智“同时是后天的”，这一理智要摆脱自然和历史是有条件的，而不是完全不受约束的或者绝对的。(FK 79f.，89/GW 316，325f.)[1]

[1] 鉴于我们在这里强调的，我认为黑格尔认可人类思想的依赖性本性，似乎，我正在把我们概念和规范的起源的一种纯粹因果性的解说归于他，根据此，它们只不过是源于我们感性输入的被动接受性。如约翰·麦克道尔和其他人已经指出的，这样一种解说给予我们的是，没有办法去揭示我们的感知信念如何对经验负责。也就是说，他给予我们的是，没有办法揭示自然如何践行对这些信念的一种合理制约。(麦克道尔对这个问题谈论了很多，例如，在《心灵和世界》(转下页)

通过强调《逻辑学》1831年版前言中的一段，我总结这一章，161
补充支持我已经辩护的这个解释。在这个段落中，黑格尔给予我们进一步的洞识，他拒绝把认知作为一种手段之基础。他提醒我们，他所相信的是我们关于思想之本性犯的一个错误。我们的错误是，无视或者忽略了思想和我们的感觉、兴趣和激情能力共有的一个特征（SL 35—37/WL I 24—26）。黑格尔说，我们典型地假定，我们的思想形式或者范畴完全受到我们的操控，并且，当我们思考事物且应用它们时，我们可以"凌驾于"它们之上，也可以支配它们。我们可以操纵它们以为我们的目的所用。（我们可以把它们当作工具或者手段。）如他在这里所表明的，我们就因此陷入这种错误中，即认为我们的思想能力在这个方面完全不同于我们的感觉能力。在感觉和激情中，我们正确地承认，虽然我们可以在某种程度上引导和控制它们，我们也必须让我们自己适应它们。换句话说，我们正确地意识到，我们的感觉和激情并不是完全由我们所支配的。我们承认，感觉、兴趣和激情不仅仅服务于我们，而且我们也必须服务于它们。如黑格尔说，我们在某种程度上"被套在"它们上，它们"拥有我们"。作为"独立的力量和权力"，我们的感觉和激情设定

（接上页）[*Mind and World*]中。）但是，在这里，我并不认为，黑格尔坚持，我们的概念仅仅是接受性的产物，相反，我归于他的是，这个较弱化的论点，即我们的概念不是纯粹自发性的产物。我应该持续担忧，甚至这个较弱化的论点也没有给予我们办法以解释我们的概念或者规范如何可能对经验负责，这就是因为我们坚持了一种错误的标准，这个标准需要确保感知信念的规范性。用麦克道尔的术语来说，我们坚持了这种神话，他（追随塞勒斯）指出这种神话就是"内源性给予的"神话（《心灵与世界》，p. 135）。规范性可以被确保，因为根据这个神话，我们具有一种自发性的形式，它摆脱自然或者独立于自然是绝对的。用黑格尔的术语来表达，这个就是思想的绝对"外在性"的神话。我在"McDowell's Hegelianism,"载于 *European Journal of Philosophy* 5, no. 1 (April 1997, 21—38) 中讨论了黑格尔对麦克道尔思想的影响，以及在"Hegel, McDowell, and Recent Defenses of Kant,"载于 *Journal for the British Society of Phenomenology* 31, no. 3 (October 2000, 229—247) 中讨论了。后文重新发表于 *Hegel: New Directions*, ed. Katerina Deligiorgi (Chesham, UK: Acumen Press, 2006, 49—67)。

了各种限制，我们可能不能完全控制也不能完全把握。

在这些论述中，黑格尔再次试图使我们相信这种绝对异质性论点的人为性。如果思想与感觉和激情共有他在这里所概述的这些特征，它不可能仅仅是一种自发性的表现。它不仅仅是法则的给予者和创造者，它一定也被掌控和采取行动。也就是说，它必须部分地是接受性的。如果思想像感觉，它的规则和法则既不是完全对我们透明，也不是完全处于我们的控制之下。我们在运用它们时做出的这些选择不是被完美的知识所支持，并且，不是一种不受约束的自由的表达。那么，黑格尔似乎要表明，没有任何思维或者我们思想形式的应用不受到现实自然的和历史的力量的制约，因此没有不符
162 合于现实自然和历史力量的。这里的一个意蕴就是，批判的活动，以及其结果，并不完全取决于我们。[1]

---

[1] 罗伯特·皮平在近期的研究中关注了黑格尔发现的思维（统觉的自我意识）和感觉（尤其是，欲望）之间的紧密关系（参见他的 *Hegel on Self-Consciousness: Desire and Death in the "Phenomenology of Spirit"* [Princeton: Princeton University Press, 2011]）。黑格尔在《精神现象学》"自我意识"部分的第 167 段对自我意识与"欲望本身"进行了确认。从这个来看，皮平获得了这个结论，黑格尔希望讲清楚这点，自我意识是一个自我构成的（一种自发性行为）任务，而不是一种自我观察或者内省的被动产物。我同意黑格尔对自我意识的描述，但是，我这里讨论的《逻辑学》中的这段话表明，对黑格尔确认自我意识和欲望的进一步揭示（我怀疑皮平会同意这一解释）。作为欲望的自然物，我们也高度依赖自然物，以及事实上我们自己就是某种我们还没有完全受操控的东西。我们的自发性或者自我构成的行为是受约束的而不是绝对的。我们的理性或者合理性是不纯粹的，而不是纯粹的。因此，我同意伊尔米雅胡·约维尔（Yirmiyahu Yovel）的观点，黑格尔的合理性"包含着非理性、偶然性和否定性，以之为整体的构成要素"，在 *Hegel's Preface to the "Phenomenology of Spirit": Translation and Running Commentary* (Princeton and Oxford: Princeton University Press, 2005, 60）中。沿着相似的思路，保罗·雷丁（Paul Redding）强调，黑格尔这些"彻底荒谬的"本质。用他的话来说，"我们甚至不应该认为某种东西类似于康德规范的统觉的先验统一，它是完美的和摆脱了嵌入因果性的'化身'和个体性的问题"。参见他的 *Analytic Philosophy and the Return of Hegelian Thought*, p. 228。

第六章

康德批判的循环论证式本性：康德论证二律背反

康德哲学……被用作惰性思想的一种靠垫，这种思想相 163
信一切事物都已经得到证明和解决，从而获得安慰。

《逻辑学》(SL 62n/WL I 59n.)

在第五章中，我们提到，黑格尔挑战了康德给予批判计划的这种特殊的期望。黑格尔挑战了康德的假设，即，如果我们仔细地考察我们的思维、认识和意志能力的本性，我们可以发现我们探究的不同领域之可能性的先天条件，这些条件，对于我们知性的推理模式而言，是普遍的和必然有效的。如我们看到的，黑格尔相信，这些期待依赖于对我们抽象能力的过高的评估。康德假定，在进行批判时，我们可以成功地把我们的纯然偶然的信念与这些被每种正常合理的知性所证实的东西分离开来。我们可能获得对我们的先决条件的充分觉察，并且，公道地审视它们中的每一个。在这些方面，我可"在我们认识之前认识"。我们有这个能力，因为作为思维的或者反思的存在者，我们可以达到一个有利点，它是"外在的"或者完全"独立于""共同实在性"。

如我已经表明的，黑格尔对批判性反思之本性以及其可能获得的东西进行了辩护，提供了一种截然不同的解说。他否认，一种完全外在的观点是我们可以获得的，他质疑任何一位思想家可以完全越过她的时代以及获得对共同实在性的完全摆脱。相反，他论证，甚至，最具批判性的反思都欠缺现实的领域。出于那种理由，它们也伴随着某种盲目性。

如果黑格尔反对康德批判的这种总体表述是正确的，它应该孕育出解释性的成果。它应该帮助我们解密黑格尔对康德的更加局部性的批判，这些批判指向康德的具体论证。在最后一章中，我们考虑黑格尔对康德处理二律背反论证的批判。尤其是，我们将聚焦于
164 他的指控，即康德的处理是循环论证式的，并且正因为此，没有进行足够的自我批判。

在我们推进之前，有必要回想下我在导论中强调的一点。黑格尔对康德处理二律背反的这种循环论证式本性的控诉，是他指向大量的康德论证中的一个控诉。也许，这个控诉在他批判康德的定言命令语境中是我们最为熟悉的。康德论证，如果我们的公理和行为只有在其具有确定的形式，即普遍化的形式，它们才符合定言命令或者至高的实践法则。然而，根据黑格尔的观点，实际上，康德在他的特殊义务的推导中依赖的不仅仅是形式要求的普遍性，他另外预先假定了内容。换句话说，康德的特殊义务的推导依赖的是一些假设，最著名的是关于理性的本性以及其目的。根据黑格尔的解释，康德简单地预先假定了这些额外的假设的有效性，他假定它们可能被每一个理性的自然物所证实。以这个方式，他的论证是循环的或者预先假定内容。[1]

黑格尔告诉我们，循环论证也是康德在第一批判中知性的纯粹概念或者范畴的推导。关于从判断的诸形式中推导出十二个范畴，用黑格尔的话来说，康德的哲学让“事情变得容易了”。康德通过检查不同的判断形式而获得先天的概念，但是他简单地从已经在

[1] 例如，黑格尔在 1821 年版《法哲学原理》的 §135 中做出这个指控。也参见他在 1802—1803 年《自然法》文集中的讨论，NL 77f./461f.。(《论自然法的科学处理方式，它在实践哲学中的地位及其与实证法学的关系》)

“普遍逻辑”中“被给予的”判断性的解说中借来（EL §41）。[1]

最后引用一个例子，黑格尔指控，康德物质实体之属性的论证也是循环论证的。在论证排斥力（但不是吸引力）是直接包含在物质的概念中时，康德揭示，他以循环论证的方式支持牛顿的观念即物质的不可渗透性。[2]

我提及这些例子的目的是要简单地例证我之前的观察，即黑 165
格尔指控康德的循环论证不是局限于他对康德处理二律背反的批判。黑格尔似乎坚持，循环论证或者预先假定内容是康德推理的一个总的特征。黑格尔强调这个康德推理的特征，我相信，因为他认为它揭示了某种有关反思本性的可能使我们感兴趣的事情。至少，它揭示了，康德对于批判的这些期望不可能实现。

要进一步阐述后面的这一点：黑格尔要求我们关注康德的循环

[1] 论康德范畴的“非关键的”推导，也参见 SL 51/WL I 46，SL 595/WL II 268f。如斯蒂芬·豪尔盖特（Stephen Houlgate）提到的，黑格尔控诉的，不仅仅是康德从传统形式逻辑（亚里士多德的）借来这些判断形式，而且也是他接受了传统逻辑的这个假设，即判断的这个形式就是真理的一种形式。参见豪尔盖特的 *The Opening of Hegel's "Logic"*（pp.13—16）的讨论。至于进一步分析黑格尔相信康德继承传统的或者“普通的”逻辑的一些假设，参见罗伯特·汉娜（Robert Hanna）的“From an Ontological Point of View: Hegel's Critique of the Common Logic,” *The Review of Metaphysics* 40 (1986): 305—338。

[2] 补充一下这个批判的细节：黑格尔回应的是，康德《自然科学的形而上学奠基》第二章命题 5 的主张，尽管吸引力和排斥力都“同样”属于“物质概念”，但我们外在直观感觉的诸对象证明了这个结论，即只有排斥力（而不是吸引力）是“直接地”包含在那概念之中（MFNS, pp. 508—510）。黑格尔论证的是，我们对外在对象的感觉提供的支持物质的排斥力的证据只不过是其倾向于在被推开时提供阻力。那么，康德对吸引力和排斥力地位的不同对待，阐明了，尽管他努力提供了不同于牛顿物质观念的另一条路径，但他仍然承让了牛顿对物质的定义即本质上的不可渗透性。因此，康德的牛顿主义规定了，他认为感性数据所揭露的东西。参见，黑格尔在《逻辑学》“吸引力和排斥力”章节中所讨论的，SL 174—184/WL I 195—208。我在我的论文“Hegel's Critique of Kant on Matter and the Forces,”载于 *Proceedings for the VIII. Internationaler Kant-Kongre?*, vol. 1, part 3 (1996), 963—372 阐述了这些问题。

论证，以为了揭露康德无法通达一个有利点，这个有利点是完全外在的或者完全在内容“另一方”的。换句话，黑格尔希望明确康德的批判性反思如何受到现实领域的影响。在这么做时，他相信他也可以提出了对此的质疑，即质疑康德主张发现了我们不同领域的绝对固定的和不变的探究之可能性的诸条件。他可以让我们相信，康德辩护的普遍和必然的诸概念和规则更精确地被描述为“可塑的”。

用另一种方式来描述，黑格尔寻求关注康德形式主义的“空洞性”。康德的形式主义主张，我们不同领域的探究的基础是诸规则和概念，完全因为它们的形式或者先天地位，对于推理性的理智——例如我们的理智——来说，它们是普遍的和必然有效的。不同于仅仅是有条件有效的或者仅仅对于某种特殊文化或者历史时期有效的。这些规则和概念，根据康德的解说，是“每个人都必须承认的”。[1] 黑格尔揭露康德形式主义空洞性的计划本质上是计划阐明，形式主义主张是不可能实现的。康德主张这些概念或者规则是纯粹形式的，它们的基础就是他诉诸的这些问题，这些问题揭示了（像其他的所有思想家一样），他是“他那个时代的孩子”。[2]

我们在第一章第四节考虑过康德对二律背反论证的处理。在那里，我们关注的是，要强调这些论证的作用，即在提醒康德的我们推理性的事实以及那种事实对我们知识所蕴含的界限时的论证。在当前这一章，我们对康德处理二律背反的兴趣是非常不同的。我们的目标是要探究黑格尔指控康德对这些论证的处理是循环论证的。在这么做时，我们将把我们对黑格尔反对康德批判的总体性解释应用到这个特殊的事例上。因此，我们对黑格尔论述二律背反的考虑将是研究实例。它将允许我们检测我们对他批判康德哲学总体解释的这种解释力。

[1]《道德形而上学的奠基》前言（G 389）。

[2]《法哲学原理》前言（PR 21/26）。

一 《纯粹理性批判》中的二律背反论证

在《实践理性批判》的一个段落中，康德写道："纯粹理性的 166
二律背反是人类理性可能陷入的最有益的错误"（CPrR 107）。当理性断言自相矛盾的主张以及可能发现没有根据以拒斥任何一种主张，以之为错误的，它就陷入了二律背反之中。按照康德的观点，二律背反提醒我们这个事实，即理性已经犯下某种类型的错误或者处于某种幻象的控制中。因此，二律背反提供的益处就是"激发"哲学进行"理性自身的批判"（Proleg 338）。在 1798 年 9 月 21 日致克里斯蒂安·加夫（Garve）的一封信中，康德揭示，事实上，正是他自己对二律背反的反思，引导他发现这个批判哲学。[1]

康德给这些二律背反贴上"宇宙论的"冲突的标签，因为它们的对象是感性的世界或者一系列的现象（CPR A 408/B 435，Proleg 338）。[2] 这些论证关注如此这般的问题，如这些系列的现象是否在时间上有一个开端，这些系列的现象是否有一个第一推动，以及是否特殊的现象或者实体是无限可分的，而不是由简单事物构成的。根据康德的表述，这些二律背反源于理性要求在这些系列现象中的"绝对完满性"（CPR B 443/A 416）。更确切地说，它们源于理性努力地探寻，为了这些系列的各种条件，即"无条件的条件"这种形式的绝对完满性。为了寻求完满性，康德写到，理性被接下来这个假设所引导："如果有条件的东西是被给予的，那么，全部条件的总和，以及因此无条件的绝对，也是被给予的，通过它，有条件的东西才是有可能的。"（CPR A 409/B 436）[3] 然而，在寻求这些系列现

[1] *Kant: Philosophical Correspondence 1759—1799*, transl. and ed. Arnulf Zweig (Chicago: University of Chicago Press, 1967), 252. In Akademie volume XII, 255.

[2] 另外，康德断言，只有四个系列的二律背反，对应着"四个类别的范畴"。（CPR A 415/B 442）

[3] "这里，现象被认为是被给予的，并且理性要求它们可能性的条件之绝对完满性。"（CPR B 443/A 416）

象中的绝对整体性时，理性不可避免地陷入一种“自然的矛盾”中（CPR A 407/B 433）。例如，在第一个二律背反的情形中，理性寻求一种无条件的条件时，产生这个主张，即站在正题这边，这些系列的现象在时间上有一个无条件的开端或者第一开端。但是理性认为自身同样在论证这个时得到证明，即论证，站在反题这边，这些系列的现象不受条件的限制，因为它在时间上是无限延伸的。如每个宇宙论冲突的情形，第一个二律背反的正题和反题的这些证据都有“充分的根据”（CPR B 535/A 507）。[1] 但是，因为每一个二律背反的正题和反题都是互相矛盾的，两边都不可能是正确的。

167 康德告诉我们，与理性的所有“辩证推理”一样，这些二律背反都是“不可避免的”幻象（CPR A 339/B 397）。[2] 它们“不是人类的诡辩而是纯粹理性本身的”（CPR A 339/B 397）。因此，这些二律背反要求我们关注的不仅仅是具体的人的错误推理，而是人类理性的本性。[3] 这些二律背反在人类理性中有其基础。这个事实解释了，为什么它们迷惑了自古以来的哲学家。康德发现，这些冲突在他自己的时代以莱布尼茨和牛顿的相互竞争的观点形式再次出现。[4] 如他提到的，莱布尼茨和牛顿的这些论证表达的仅仅是，一方的“柏拉图主义”的理性主义的新术语，以及另一方的

---

[1] 也参见 CPR B 529/A 501，在那里，康德写到，每一方都得到“证明”。在 CPR A 421/B 449 中，他告诉我们，每一方都取决于“有效的和必然的根据”。

[2] 也参见 Prolegomena（p. 338）：“所有最微妙区分的形而上学技艺都不可能避免这个对立”。再进一步，他写道，这个二律背反是“不可避免的以及从来都不会终止的”（Proleg 339）。

[3] 康德认为这些二律背反，“不是任意地被发明的，而是建立在人类理性的本性之基础上的”（Proleg 339），也参见他在 CPR B 24 中的论述。

[4] 例如，康德指出，第二个二律背反的正题是“单子论者的”或者“莱布尼茨主义的”（CPR A 439—442/B 467—470）。对于不把康德对二律背反的处理解释为狭隘地专注于莱布尼茨和牛顿观点的诸种理由的讨论，参见 *Michelle Grier, Kant's Doctrine of Transcendental Illusion*(Cambridge: Cambridge University Press, 2001), 182ff.。

"伊壁鸠鲁主义"的经验主义（CPR A 471/B 499）。

康德把自己对二律背反的回应与"独断论的"和"怀疑主义的"回应进行了比较。他说，这些回应的每一种，都是"健康哲学的死亡"（CPR A 407/B 434）。独断论者坚持冲突中的一方，并且固执地拒绝听取另一方。怀疑主义者用绝望或者"无望"来回应二律背反，她太仓促地屈服于康德相信的事实上的"纯粹理性的安乐死"（CPR A 407/B 434）。如我们之前刚看到的，二律背反唤醒康德的既不是独断论也不是怀疑主义的，而是需要探求解决方案。二律背反像他表明了，论证的双方都取决于一个错误的假设。

尽管康德对二律背反的回应指的不是怀疑主义的，但他告诉我们，他在寻求解决这些冲突时运用了"怀疑主义的"方法。与屈服于绝望不同，他把怀疑主义方法定义为"以确定性为目标"（CPR B 451/A 424）。它在哲学冲突的基础中寻找荒谬的证据所在。在运用怀疑主义的方法时，康德说，我们假定了一位"公正的裁判员"的作用，并且"观察"或者甚至"引发"竞争主张之间的一场冲突。我们的目标是要明确，争辩的对象是否也许仅仅是一种"幻觉"（CPR A 423/B 451）。应用到宇宙论的这些冲突上，康德认为怀疑主义方法最终揭露冲突的双方都是"诡辩的"或者"辩证的"（CPR A 462/B 490）。每一方都对人类知识的恰当范围作出了一种荒谬的假设。一旦这个荒谬的假设被揭露，这些二律背反就从真正的矛盾转变成为伪理性的论证。它们不再造成对理性使命的威胁。

这就完成了我们所审视的康德宇宙论冲突的总体表述和他解 168
决他们的策略。接下来我们的任务是更具体的阐述二律背反的两个例子，我们从第三个二律背反开始。如我们在第一章第四节中考虑这个二律背反所看到的，在这个例子的冲突中，重提两种因果关系的观念，反题的一方主张："世界上所有事物的发生都完全遵循自然法则”（CPR A 445/B 473）。完全不同的是，正题的一方断言，除了自然的因果性，必定存在一种“自由的因果性”（CPR A 444/B 472）。作为相互矛盾的，这两方不可能都是正确的。康德应用了他的怀疑主义方法，并且问到，这个“自然的反题”被认定是处于冲突中，其对象也许仅仅是一种“幻觉”。每一方都作出了一种知识的主张。也许情形就是，每一方主张认识的对象都不可能被认识。

这种幻觉或者幻相在正题这一方是最明显的。正题断言，一种因果性形式的知识是“自发的”，因为它是从自身开始一种状态的一种能力，以及它不要求在先的原因。如康德觉察到的，这个因果性的模式——一种“自由的因果性”——并不遵从自然法则在时间中处于另一个规定它的原因之下（CPR A 533/B 561）。因此，正题断言，康德所确认的知识是一种“先验的观念”。也就是说，它断言一个外在于这些系列现象的原因的知识，这一原因是经验或者观察从来都不可能帮助我们发现的原因。

不太明显的是，反题这一方同样断言外在于这些系列现象的对象的知识。它声称知道，不存在与这些系列现象相符合的第一原因。它断言自然的知识是一系列现象在原因或者条件这一边的无限回溯。根据康德的分析，这里的问题是，一种无限倒退系列的原因本身不是一种可能的经验对象（CPR A 488/B 516）。以不同方式陈述这点，当我们寻求的自然知识是这些系列现象的全体时，我们实际上着手认识的一个对象是超越经验之界限的。

那么，第三个二律背反的双方都是一种被揭露为诡辩的假设。这种假设是，我们可以外在于空间和时间的限制而认识对象，这些对象就是“自在之物”。应用这个怀疑主义的方法，我们获悉，由于二律背反的每一方都承认这个假设，每一方都是荒谬的或者“伪理性的”。因此，这个二律背反揭示的是，其本身表达的并不是某种真正矛盾的东西。

现在，我们转向第二个例子：第二个二律背反关注的是实体的本性或者构成。正题断言：“世界上每一个构成的实体都有由简单部分构成，并且除了简单或者简单构成的东西，没有什么东西实存。”（CPR A 434/B 462）否认这个断言，反题主张：“世界上没有什么构成的事物是由简单部分构成的，并且世界上任何地方都不存在任何简单的东西。”（CPR A 435/B 463）

再者，根据康德的分析，这两个主张之间的这种矛盾被证明 169
是“辩证的”而不是真正的。如在第三个二律背反中，每一方预先假定外在于这些系列现象的东西是人类知识的可能对象。反题，实际上在坚持一种无限可分的世界对我们而言是感知的一种可能对象时，作出了这个假设。康德提到，一个整体的划分是由“渐进的分解”所构成（从受条件限制到条件的一种倒退）。这个反题承认这个观点，这种倒退是无限的。然而，康德指出，尽管包含在对这些系列直观中的这些部分是经验的可能对象，整体的这种无限分解就不是经验的可能对象（CPR A 524/B 555）。如他写到的，一个现象的先验划分总体上可以达到什么程度，根本就不是经验的问题（CPR A 527/B 555）。在主张实体最终是由简单构成时，正题同样在要求对并非我们经验可能对象的对象的知识（CPR A 437/B 465）。康德解释，一个绝对简单的对象会是一个没有空间的和/或时间的范围的对象。这样的对象存在于我们经验形式的界限之外。[1]

如我们在第一章中看到的，康德判断，被二律背反的双方都接受的这个幻相就在于过高地估计了我们的认知能力，这些论证的每一方都假定，我们有可能认识不在空间和时间中给予我们的对象。换句话说，每一方都接受这种“先验实在论的”论点即我们可能认知“自在之物”。根据康德，我们“解决”这些二律背反，并且因

---

[1] 用他的话来说，这样一种对象的“经验直观”将包含，“绝对没有这种杂多，其要素是彼此外在的以及是被捆绑成为一个统一体的”（CPR A 438/B 466）。

此把它们变成仅仅是“辩证的”对立，我们凭借的是，认识到我们的知识被限制到现象上，也就是说，限制到通过我们先天的感性直观形式给予的对象上。那么，我们通过承认先验观念论的真理，我们就解决了这些二律背反。因为根据先验观念论，我们没有理由假定，那些仅仅是“理性的理念”的东西是“实在事物的概念”（CPR A 643/B 671）。

二　黑格尔论康德的二律背反：初探

黑格尔有关康德对这些二律背反的处理的评论不完全是批判性的，他以一些赞美的话来开启他的反对。在《哲学科学百科全书·逻辑学》中，他确认，康德的洞识即在理智的规定中存在着“本质上的和必然的”矛盾，是“现代哲学中最重要的和最深刻的发展”（EL §48）。[1] 他主张，这个洞识超过了“旧形而上学”的视角，具有重大的进步，根据“旧形而上学”，矛盾只不过是“偶
170 然混淆”的一个符号，它根源于“一种错误的推论和推理”（EL §48A）。但是，黑格尔也告诉我们，康德对二律背反的解决是“微不足道的”，如同他的洞识是“深刻的”（EL §48）。以某种方式，康德无法从他对这些论证的反思中获得正确的结论。

在不同的文本中，黑格尔都展现了他对康德这个问题的批判，其中两个指控是核心的。一个是，康德对这个论证的解决是“主观的”。黑格尔说，康德在“思维的理性”中而不是在对象本身中发现矛盾是错误的（EL §48）。在一个特别令人困惑的段落中，他论述，康德把这个矛盾定位于理性，因为他“对世界上的事物的温

[1] 至于另一种赞美的表达，参见 SL 190/WL I 216。

柔”（EL §48）。[1]

黑格尔对这个最初的批判的所思所想，远非显而易见的。康德的确在理性中发现矛盾的来源。根据他的分析，矛盾存在的根据就是这种荒谬的先验实在论的假设，即我们可能认识自在之物。但是，黑格尔表明，正是这种完全“主观地”处理二律背反，妨碍了康德把握它们的“真正的和积极的意义”，也就是说，“一切实在的事物自身就包含着对立的规定”（EL §48A）。[2]

在我们考虑过黑格尔的第二个和不太神秘的指控后，我们将在第六章第三节返回到第一个反对。第二个指控是，康德对二律背反的处理是循环论证式的。他在《哲学科学百科全书·逻辑学》接下来的这段中表达了这个批判：

> 康德予以他正题和反题的这些证据必须被认为是伪证明，因为应该被证明的东西总是已经包含在形成出发点的先决条件之中。（EL §48A）

黑格尔在《逻辑学》中更广泛地讨论了康德的二律背反，在此，他重复了这个控诉。我们可以通过考虑他对其中一个证明的评论而传达他控诉的基本动机。我们聚焦的将是第二个二律背反，我们之前审视过的。然而，这一次，我们将更详细地展现康德呈现的论证。

康德如下构想第二个二律背反的正题：“世界上每一个构成的

---

[1] 在《逻辑学》中，黑格尔以这个方式提出这点：“他对世界表现出一种过度的软弱，让世界摆脱矛盾，而后，把这个矛盾转化成为精神、理性，在那里，他被允许保留未被解决。”（SL 236f./WL I 276）至于相似的论述，参见 SL 191/WL I 217。在《哲学史讲演录》中，黑格尔写到，根据康德，“如果事物自身矛盾，那将是一种遗憾”（LHP 451/VGP III 359）。

[2] 有时，黑格尔这样提出这点，他说，每一“概念”都是一个包含着对立规定的统一体（例如，参见 SL191/WL I 217）。在 EL §48 中，他写道：“二律背反发现本身……在所有种类的所有对象中，在所有的表象、概念和理念之中。”至于进一步相似的段落，参见 EL §81A1; SL 238/WL I 276。

实体由简单部分构成，除了简单部分或者由简单构成的东西，任何地方都没有任何东西实存。”（CPR A 434/B 462）对这个正题的证明使用了归谬法的策略，即从肯定其对立论点出发来推导出其意蕴。要让我们容易理解这个证据，我们将它分为五个步骤：

171 第一步：首先，我们要否认正题，并且断言“构成的诸实体并不是由简单部分构成”。（这里，康德提供了对正题的一种简略的否认。从第二步来看，很清楚，他的意思是第一步也否认了简单物的实存。）

第二步：在这一步，康德要求我们考虑否认简单物和构成的实体两者实存的意蕴。他说，如果我们否认简单物的实存，并且也清除构成物，那么，“根本就没有任何东西被留下来”，并且“没有实体将被给予”。康德的这个论述意图提醒我们这个事实，即，由于这个二律背反的正题预先假定实体的实存，它也必须承认简单物的实存或者“简单物构成的东西”的实存。如果我们确认了正题，但否认简单物或者构成的实体的实存，我们就陷入自相矛盾之中。

第三步：康德要求我们考虑这种可能性，即简单物不实存，但是构成物仍然存在。换句话，他要求我们假定，不可能“在思想”中清除构成物。

第四步：然而，康德进一步论证，我们可以在思想中清除构成物。如他写到的，“构成物仅仅是实体的一种偶然关系”。实体“本身是自立的存在”。除了构成这样一种“仅仅是一种偶然关系”，实体“必须仍然存在”。

第五步：然而，如果假定正题即实体实存，并且，我们另外承认有可能在思想中清除构成物，那么，情况必定是，一旦我们清除了思想中的构成物，某种“留下来的东西仍然存在而没有任何构成部分，也就是说，简单物”。用康德的话来说：“从这个来看，接下来的直接就是，世界上所有的事物都是简单存在者，构成物仅仅是这些存在者的外在的状态。”（CPR A 436/B 464）我们第一步中开始的这个假设就是错误的，它是矛盾的，因此，正题就被阐述为是正确的。

回过头来关注黑格尔的批判，他告诉我们，康德对这个二律背反的证明是“完全正确的”，但，这是一种“多余的同义反复”（SL 193/WL I 220）。这个证明的结论陈述着，世界上所有的事物都是简单的存在者，并且，那种构成物仅仅是实体的“偶然的”或者“外在的状态”。用黑格尔的话来说，“这里，我们看到……构成物的偶然性已经被附加引入以及使用于证据之后，它是作为一个结果而提出的”（SL 194/WL I 221）。毫无疑问，黑格尔认为，康德是在我确认为的第四步中附加提到的，在那里，他把构成物定义为“只是实体的一种偶然的关系”。黑格尔指控，构成物仅仅在这个证据中被定义为不是“自在的和自为的”，而是其他事物的一种“外在的”集合。换句话说，构成物被认为是依赖于在先的*自为存在*的诸部分的实存，并且，这个假设本身没有得到辩护。实体被预先假定为是剩下的东西，是自为存在的东西，同时，构成物被辩护为一种偶然的属性。黑格尔主张，假使这样定义，那就不需要麻烦地提供一个证明。用他的话来说，“主张诸部分的简单性就仅仅是同义 172
反复”（SL 194/WL I 221）。如他写到的，

> 这个证明……的错误并非诡辩，还是不必要的扭曲的复杂性，它仅仅用来提供一个证明的外在形式，而不是澄明这个事实，即，被认为是一个结果的东西，实际上作为证明环节而附加地被给予了。我们被给予的绝对不是证明，而仅仅是一个先决条件。（SL 194f./WL I 222）

那么，黑格尔指控康德的证明只是“同义反复”，因为结论的真理被预先假定在证明的前提之中。

然而，似乎，康德回应这个指控的一个辩护准备好了。如某人已经表明的，黑格尔似乎忽视了这个事实，即，康德在《纯粹理性批判》中展现出来的这些证明——不只是第二个二律背反，

而是所有四个二律背反的论证——都不是他自己的。[1] 如我们之前观察到的，康德强调了这些冲突的“不可避免的”和“完全自然的”特征（CPR B 433f./A 407）。他从来没有把这些宇宙论的冲突描述为他自己的发明。相反，他把它们表述为，一方面，代表了“纯粹的经验主义”或者“伊壁鸠鲁主义”，另一方面，代表了“柏拉图主义”或者“纯粹理性的独断论”（CPR A 466, 471f./B 494，499f.）。因此，即使我们同意黑格尔的这些证明是“多余的同义反复”，也不可能主张康德就犯了同义反复的错误。

但是，这个拯救康德的努力最终不能令人满意。如果我们可以阐明这一点，我们也许可以如何为黑格尔的批判赢得一个更有同情性的支持。这里，两点是值得强调的：第一，正确的是，康德从来没有主张，这些论证是他自己的发明，同时他确证了这个观点，即它们的悠久历史揭示了理性本性自身的一种重要特征。用他的话来说，这些二律背反所关注的“不是人们可能仅仅在其选择时提出的一个任意的问题，而是*每一个人的理性*在其发展的过程中必定必然地反对的一个问题”（CPR B 449/A 422，补充强调）。他进一步告诉我们，二律背反就是一个“完全自然的对立的……理性本身陷入的以及事实上不可避免的”（CPR B 433f./A 407）。的确，康德预言，这些冲突将一直存在，甚至在他已经揭露它们所依赖的幻相之后（CPR A 422/B 449f.）。

[1] 例如，康德的这个辩护被亨利·阿利森提出来。根据阿利森，康德并不是呈现他“自己的论证”，更确切地说，他所呈现的论证是掌握着先验幻相的“理性宇宙论者的”，在阿利森 *Kant's Transcendental Idealism: An Interpretation and Defense*（503, 注释 16）中。二律背反的双方的这些论证不是康德自己的，而更确切地说，是那些先验实在论的对手们的，马夏尔·盖鲁（Martial Gueroult）在他的论文也辩护了这点，参见“Hegels Urteil über die Antithetik der Reinen Vernunft,” in *Seminar: Dialektik in der Philosophie Hegels*, ed. Rolf-Peter Horstmann (Frankfurt am Main: Suhrkamp Verlag, 1978, 287)。我在我的论文“Hegel's Strategy and Critique of Kant's Mathematical Antinomies,” *History of Philosophical Quarterly* 8, no. 4 (October 1991, 423—440) 第二部分开始讨论阿利森和盖鲁的论证。

第二，正确的是，康德发现这些论证是有缺陷的，因为它们承认先验的实在论，同时情形不是如此，即他判断这些论证是完全不可接受的。如我们在第六章第一节中提到的，他把两方的这些证明 173
确认为有“充分的根据”（CPR B 535/A 507）。用他的话来说，这些论证的每一方“不仅仅是没有矛盾的，而是甚至在理性自身的本性中就遇到其必然性的条件”（CPR A 421/B 449）。

因此，在呈现四个二律背反的这些证明时，康德简单地记录了其他人的论证，并且，关于他们各自的优点，他完全是中立的，这种表达是不准确的。在他看来，从它们所是的样子来看——即从它们基础的幻象中抽象出来看——这些论证的正题和反题是矛盾的。康德确认这些论证为矛盾的，因为他接受了这些论证依赖的关键概念之定义。如果他不接受它们的这些定义，以及如果他没有发现这些论证的“充分的根据”，那他就没有理由判断这些二律背反威胁着理性的使命。

三 重思黑格尔的批判

对黑格尔在《逻辑学》中对康德所处理的二律背反的讨论的细致考察，揭示了，他控诉的这些证明的同义反复的本性，事实上不仅仅指向内在于这些论证本身的特征。另外，黑格尔寻求让我们相信，康德的推理以某种方式是同义反复的。以此方式，康德对二律背反的处理是循环论证的，并且，同样是不够的批判。

支持这个解读的一项重要的证据就是，黑格尔在《逻辑学》中论述的康德对二律背反的解决，“预先假定，认知具有的思想形式只是有限的范畴”（SL 191/WL I 216）。尤其是在评论第二个二律背反时，黑格尔控诉道，这个论证，站在正题这边，开始于离散性的“片面的”断言，以及站在反题这边，开始于连续性或者无限可分性的同样“片面的”断言（SL 190/WL I 216）。他写道：“整个二律背反都还原为量的两个方面的分离，以及直接断言它们是绝对分离的。”（SL 197/WL I 225）[1] 用他的话来说，“康德的这些二律背反包含的只不过是一个规定对立的环节各自的完全简单的范畴式断言，每一方都自为地被认为孤立于另一方”（SL 192/WL I 218）。

在这些论述中，黑格尔表明，康德讨论的循环论证的本性与他无法考虑这个可能性相关联，这种可能性即对立的观念可以被理解为某种别的东西，而不是“有限范畴”。正是因为康德接受这些定义即这些概念的每一个都是“片面的”，他才认为这些论证是矛盾的。按照黑格尔的观点，在这方面，他对这些论证的处理揭示自身
174 是非批判性的。关于第二个二律背反，康德没有考虑这个可能性，即不是“绝对分离的”，“原子这一方面本身被包含在连续性”（SL 197/WL I 225）。康德不考虑这个可能性，黑格尔在《哲学科学百科全书·逻辑学》中表明，因为他总体上无法赞同，“二律背反发现自身……存在于所有种类的所有对象中，存在于一切表象、概念和理念中”（EL §48）。

通过理所当然地认为离散性和连续性的这些概念必须被理解为“绝对孤立的”，康德因此揭示了，他对“有限范畴”的承认。他一开始就排除了，黑格尔有时指出的概念之“辩证的”本性。[2] 相反，假如我们认为，如黑格尔所说的，“矛盾存在于我们周遭的一切事物中”，我们不愿意倾向于判断这些二律背反威胁着理性的运用（EL §81A1）。那么，我们不需要把我们的努力指向发现这些论证的一个解决方案。康德寻求提供一个方案解决这些冲突，他相

[1] 黑格尔对康德处理的第一个二律背反做出了一种相似的评论：“这个简单的、日常的辩证法依赖于顽固地坚持存在与虚无之间的这个对立。”（SL 103/WL I 109）

[2] 例如，黑格尔在 EL §81 告诉我们，辩证法是我们的“思想规定”之“正确的本性”。

信（也许因为他对“世界上的事物的温柔”），这个解决方案必须是“主观的”，以及因此揭露了理性的一种荒谬。他的纯粹消极的结果，也就是说，他发现，我们解决这些冲突得通过否认我们能够认识自在之物——按照黑格尔的观点，所有这些都是由于无法领会这些论证“正确的和积极的意义”。黑格尔写道，它们的“正确的和积极的意义”指的是，“一切实在的事物都在自身中包含着矛盾的规定”（EL §48-48A）。[1]

四 康德处理第三个二律背反的循环论证

我已经论证，黑格尔对“同义反复”的指控指向的，不仅仅是四个二律背反的正题和反题的单个性的证明，而且（对我们的目的更有意义的）指向的是康德自己对所有这些论证的处理。尤其，黑格尔的指控指向康德对这些冲突之关键概念的理解以及指向他对冲突需要一种解决方案的坚持。我在这一节中提供进一步的证据辩护这个解释。然而，在直接转向那个任务之前，我想要提出接下来对 175

[1] 我已经意指，当黑格尔控诉，康德对二律背反的处理被他的“世界事物的软弱性”所限制，这就是他的观点：康德不愿意承认，二律背反存在于“一切实在事物”之中。这就是为什么康德的方案必定是“主观的”。换句话，他必须把矛盾的来源定位于理性。然而，谈论的更多的是，关于黑格尔的主张即康德因为他的“世界事物之软弱性”而限制了这些论证的讨论。黑格尔似乎也通过这个而意指，康德对这些论证的处理所关注的是具体应用这些论证的问题。也就是说，康德主要关注的是，要规定双方的这些论证是否做出了一些对经验对象有效的主张。他最终判断这些是有缺陷的，因为它们的主张在这个方面失败了。黑格尔说，康德狭隘地聚焦于具体应用的一个结果就是“思想的内容本身并不值得去讨论”（EL §47）。黑格尔在逻辑学中写道：“要考虑二律背反的纯粹性，思想的这些规定必须不被认为应用到世界的，即空间、时间、物质等等的一般观念之中，并且纠缠于其中。”（SL 192/WL I 217，补充强调）

黑格尔批判的重构：对于黑格尔来说，康德对二律背反冲突的处理是非批判性的或者循环论证式的，因为它反映了他自己的哲学所忠实的东西，它揭示了他与一种特殊的知识传统的关联。康德对这些论证的处理反映了这些忠实的东西，尽管他坚持，在运用他怀疑主义的方法时，他的角色是一位“公正的裁判”。康德的哲学偏好在他没有考虑的解决这些冲突的方案中很明显。在第二个二律背反的情形中，他没有考虑这个可能性，即“原子的环节包含在自身的连续性中”（SL 197/WL I 225）。在第三个二律背反中，他没有想到，自由和必然性不是绝对对立的，而是“如果它们彼此分离，各自都不可能有任何真理”（EL §48A）。因为康德承认“有限的范畴”，所以他没有考虑这种可能性，即，用黑格尔的话来说，我们对一个对象的理解就等于说，我们“把它意识为一个具体的对立规定的统一体”（EL §48A）。[1]

我在这一节中把注意力转向第三个二律背反，因为正是参考了那个论证，我可以最有效地提供进一步的支持予以我刚刚已经提出的这个解释。我们将再一次看到，黑格尔在康德对这些论证的分析中发现非批判性的要素。

[1] 沿着这些相同的思路，也可以论证，康德对这些论证的分析在下述意义上反映了他的哲学偏好：他对这些论证的考虑是他称之为“先验的”东西，而不仅仅是“逻辑的”反思（CPR A 269/B 325）。根据康德，先验反思的这个任务，是要规定我们的知识所主张的这种对象，它规定是否我们的对象是一个纯粹知性的对象或者是经验直观中被给予的对象。那么，可以论证，在依赖先验反思的这些资源时，康德对二律背反的处理预先假定两种类型的对象的这个区分。换句话，他的处理预先假定，自在之物和现象之间的先验观念论的区分。我在我的文章中讨论了这个批判的思路，参见“Hegel on Kant's Antinomies and Distinction Between General and Transcendental Logic,” *Monist* 74, no. 3 (July 1991, 403—420)。康德预先假定先验观念论在其处理二律背反时的有效性，这个观念得到保罗·盖耶的辩护，参见他的 *Kant and the Claim of Knowledge* (Cambridge: Cambridge University Press, 1987, 410f)。

如同在所有四个二律背反的情形中，康德主张，第三个二律背反的双方都陷入了矛盾之中。反题断言："世界上的一切事物的发生只根据自然法则"（CPR A 445/B 473）。正题的断言是与反题相矛盾的。反题主张，除了自然因果性，还有一种"自由的因果性"（CPR A 444/B 472）。如与所有的四个二律背反一样，康德坚持，有可能通过确定每一方所依赖的错误假设而阐明这种对立的纯粹辩证的或者幻相的本性。根据他的观点，这个对立被证明仅仅是辩证的，因为，每一方都承认这个幻相即我们能够认识自在之物。换句话说，每一方都承认先验的实在论。

尽管康德相信，第三个二律背反出于上面提到的理由而是有缺陷的，他发现双方的主张在其他方面是有说服力的。我们可以 176
明白，如果我们简单地比较双方冲突的这种主张与他在第一批判中辩护相似的诸假设，情形就是如此。注意，第一，如果我们不承认第三个二律背反反题的基础即先验实在论，那么，剩下来的就是一个原则，康德在第一批判的先验分析论中论证的一个原则，它是经验可能的一个必要条件：他称其为这个原则是"第二类比"。第二类比，像第三个二律背反的反题，证实了自然的因果性。它陈述的是，自然界中发生的一切事情，"都是根据原因和结果之间联系的法则"（CPR B 232/A 189）。这个第二类比不同于第三个二律背反反题的唯一方面就是，他不会另外主张："存在任何不根据自然法则的因果性。"（CPR A 444/B 472）也就是说，不同于第三个二律背反的反题，第二类比并不支持这个观点，我们的自然经验是唯一存在的经验形式。那么，第二类比等同于第三个二律背反的反题，只是没有后者的先验实在论的假设，即我们的现象知识实际上就等于是自在之物的知识。[1]

[1] 康德把第三个二律背反的反题确认为已经成为"独断论的"经验主义的一个原则，因为它假设，自然因果性是唯一存在的因果性形式。用他的话来说，这个反题，"大胆地否认任何超越其直观认知范围之外的东西"（CPR A 471/B 499）。

同样，康德承认第三个二律背反的正题。他已经很明显地在第一批判的前言中辩护了自由的因果性，在那里，他概括了他在那本著作中的总体目标。他在那里告诉我们，他的整体批判计划的一个关键动机，就是要拯救自由（CPR B xxvii-xxx）。而且，他着手拯救的这个自由，本质上等同于他在第三个二律背反的正题中辩护的自由。它就是因果性的“自发的”形式，一种“源自自身”的状态开始的能力，而不是“根据自然法则以另一种原因规定在时间中的自由”（CPR A 533/B 561）。[1] 这个自由不同于第三个二律背反正题中辩护的自由，仅仅是因为，它不被假定为是我们知识的一个可能对象。康德论证，因果性的一种“自发的”形式是理性的一个必然理念。根据他的观点，没有它，我们就没有根据进行实践的归责。[2] 因此，这个特殊形式的自由必须被拯救。但是，虽然这个特殊的自由因果性是一个必然的理念，我们不可能在经验中遇到它，它不是我们知识的一个可能的对象。

值得再次强调这点，康德对第三个二律背反的解决方案并不是要全盘否认正题和反题的这些主张。他揭露它们先验实在论承诺的幻相，但是，他在其他方面接受了双方的这些主张和它们所依赖的这些定义。那么，他解决这种冲突的方案，并不要求修改我们对于坚持反题所蕴含的对自然因果性意义的理解。他的解决方案仅仅揭露了这个假设之基础的这种幻相，这个假设即自然的一种因果性是
177 唯一存在的因果性形式。他的第三个二律背反解决方案也并不要求我们修正自由的定义，即在这个作为“自发的”形式的自由中被表述的一种因果性，它的能力是在时间之外从一个出发点启动因果系列。远非要求修正这个自由的理念，康德坚持它的必然性是一种实践归责的一个条件。他辩护或者拯救那种自由的策略仅仅要求，我

[1] 也参见 CPR B xxviii，在那里，康德指出自由是一种非时间性的规定形式。

[2] 关于先验的自由和实践的归责之间的这个关系，尤其参见康德在 CPR A 533f./B 561f. 中的讨论。

们拒绝这种先验实在论的假设，即它指出一个我们可能经验或者认识的对象。

五　康德哲学之为“惰性思想”的“靠垫”

我刚刚概述的黑格尔批判的表述可以被认为意指，他对康德的控诉只不过等于这个：康德对二律背反的处理的缺点在于，他并不享有黑格尔式的或者辩证的理解关键概念的这些论证的益处。康德应该已经意识到我们所有的概念的“内在可塑性”（SL 49/WL I 30）。如黑格尔所说的，他应该已经理解了，矛盾存在于一切事物之中。在第二个二律背反的情形中，他应该已经承认，“原子的环节自身包含在连续性之中”而非绝对对立的。在第三个二律背反中，他应该已经意识到，“如果必然性和自由彼此相互分离，它们就不是任何真理”，并且“必然性的真理就是自由”（EL §48A, §158）。根据这个解释思路，黑格尔唯一感兴趣的是康德对二律背反的处理，因为它给予他表达对康德某种特殊学说的不满的机会。例如，它允许他强调康德在解说实体之构成和人类自由之本性时的局限性。

黑格尔清楚地认为康德对宇宙论论证的处理在上文提及的方面是有缺陷的。他很清楚地相信，哲学在其自己的时代已经取得超越康德的各种严格对立之进步，并且，已经对实体的构成和人类自由的本性有了更好的理解。的确，黑格尔在他不同的著作中付出极大努力以辩护这些观点的优先性。

尽管如此，我认为有一个更进一步的以及更深刻的关键点在他的批判性论述中。在论述康德处理宇宙论论证的评论时，黑格尔的意思不仅仅是把目标指向康德特殊的形而上学观点（虽然这的确是他的目标之一）。另外，他希望把我们的注意力指向康德论证的这个形式，也就是说，指向它们的不变的循环论证的特征。如我们看到的，黑格尔坚持，在考虑二律背反的这些论证具有充分的根据时，以及在接受它们之所是的关键概念之定义时，康德暴露了他自己的哲学承诺。关于这个论证的反题这一方，他揭示他坚持的自然之经验主义的观念，即自然之为一个没有自由的领域，一个完全被机械因果法则规定的领域，一个被黑格尔描述为“本质上被规定的和无生命的”的领域（如我们在第二章中看到的）（D
178 163，139/69，50）。[1] 关于正题这一方，康德预先假定，如果一系列的现象有一个第一原因或者无条件的条件，它必须外在于系列自身而存在。一个自由的因果性是可能的，他假设，只要它是“先验的”，只要它源于一个外在于时间的出发点。康德并没有对这些假设提出质疑。他理所当然地认为，“人们可能仅仅以*两种方式*来思考有关发生的一切事情的因果性，或者根据自然或者从自由来思考”（CPR A 532/B 560，补充强调）。另外，康德预先假定，因果性的这两个概念必须是矛盾的。他没有想到的是，“如果自由和必然性彼此相互分离，自由和必然性都不会有任何真理”。他不会想到，他认为的由这些二律背反引发的危机可能是他并没有质疑的一些假设的一个后果。[2]

---

[1] 参见第二章第四节。黑格尔主张，“这种经验主义者”把自然当作一种“纯粹的客体”，而不是“主体—客体”或者“概念和存在的同一”（D 163/69）。黑格尔把这个“经验主义的”观念与自然之为“内在观念性”、之为自我规定的、而不是被一种“外在的”形式所规定的观点进行比较（D 165f./70f.）。

[2] 在他的第三个二律背反的讨论中，保罗·弗兰克斯（Paul Franks）也强调了这点，即康德唯一接受的就是这个重提的“解决方案”。如弗兰克斯提出的，康德的解决要求确保“无条件的绝对与一系列条件中的每一个之间的异质性”。也就是说，康德的解决方案要求我们承认，绝对或者无条件的条件外在于这些系列的现象。完全是因为这种无条件的条件（这方面的例子，先验自由）具有外在于系列现象、经验的领域的根据，它并不驳斥这些支配经验领域的法则。弗兰克斯探究了另一种解决这个冲突的可能方案，也就是，雅各比的“斯宾诺莎式的”解决方案，根据这个方案，绝对或者无条件的条件不是“先验”于作为一个整体的经验系列，而是“内在于作为整体的系列范围内”。参见 Franks, *All or Nothing: Systematicity, Transcendental Arguments, and Skepticism in German Idealism*

如我在这一章的导言中所表明的，黑格尔关注康德讨论的这种循环论证式本性，是因为他希望传达一个有关人类认识诸条件的信息。这个信息不是，康德处理这些宇宙论论证应该是不需要被考察的先决条件，以及因此应该在那个方面是更加一致性的批判。换句话说，黑格尔的目标不是要表明，康德错误在于，一方面，因为他允许自己对这些论证的反思是被他对一种确定样式的经验主义的忠实所引导的，另一方面，被他对一种确定样式的理性主义的忠实所引导。甚至，黑格尔的信息不是，康德的处理不应该反映了他对有限范畴的承认。在强调康德诉诸的这些问题时，黑格尔的心里不可能已经有这些目标。如我们从第五章的讨论中所知道的。黑格尔坚持，在思考或者进行批判时，我们不可能只认为一些定义是理所当然的，我们想象这些定义表达了我们科学的“公认的和熟悉的”“对象和目标”（SL 49/WL I 42）。[1] 也就是说，在开启任何探
究时，我们总是“弄出一个预设”（EL §1）。我们弄出一个先决条 179
件，因为它对我们而言不可能抽象出一个完全外在于或者独立于共同实在性的出发点。如他所说的，在这个方面，每一个出发点都是一个“结果”（EL §13）。

那么，问题就不是康德在他处理二律背反的这些论证时的循环论证（或者在他从定言命令推导特殊义务时或者在他解说实体之构成时，等等）。相反，这个问题是，康德没有领会他的论证中的循环论证的本性。以另一种方式来表达，这个问题在于，他对他的批判性反思的期待。例如，这些期待在他坚定不移的承认有限范畴时被揭示出来。在第三个二律背反的语境中，它们在他坚持只存在两种类型因果性和它们必定矛盾时，被揭示出来。进而，康德的期待

(Cambridge, MA: Harvard University Press, 2005), 102f.。

[1] 补充这段话：“任何一门科学其绝对以之为开端的定义*不可能包含*任何其他的东西，除了精准和正确表达的被想象为这门科学公*认和熟悉的*对象和目标。”（SL 49，WL I 42，首次补充强调。）

在他的假设中是明显的，这个假设即，由于自然和自由的这些因果性是矛盾的，它们的对象呈现出一种对理性的潜在威胁，以及呈现出一个必须解决的问题。他坚持，这些假设穷尽了可能的选择。他没有想到，他自己对这些冲突的分析被一些逃离于他批判性审查的预设所支配。

黑格尔相信，康德没有领会他的论证之循环论证式特征，这个事实是特别明显的存在于他对批判性探究之结果所给予的地位中。对于康德而言，对这些宇宙论冲突的一项批判性的考察可能引导发现绝对固定的人类理性的诸特征，这些也具有普遍的和必然的有效性。批判可以引导，一劳永逸地发现我们知识的恰当对象和绝对界限。康德完全相信这点，仅仅是因为他对自己哲学的诸条件不够敏感。他相信，在他真正认知以前，他就认为他可以认知。他相信，作为一位批判性的思想家，他可以假定一位完全公正的裁判的作用。

那么，黑格尔的意思不是，康德对二律背反的处理应不要预设。更确切地说，他的意思是，康德在期望他的分析可能是无预设时是错误的。康德不应该假设，在进行批判时，他可以使支配他自己哲学的这些条件完全的透明。他不应该假定，它有可能从一个完全站在内容的“另一方”的有利点进行批判。因此他不应该期望，他的批判性反思会产生永恒的真理，即一劳永逸地揭示人类理性之界限和本性之真理。黑格尔从来没有质疑，康德努力以一种彻底地严谨的和自我意识的方式贯彻他的批判性探究之真挚。但是他以一种“懒惰”来指责康德——一种思想的懒惰或者懒散，虽然它有高贵的内涵，但它是无效的自我意识或者自我批判，并且“以相信一切都已经被证明和被解决而安慰自己”（SL 62n/WL I 59n）。

如果我们在这些章中的分析是准确的，那么，我的分析就表明，对黑格尔坚持造成康德观念论之主观性的思想能力的解释，同
180 样也造成了他认为康德对批判的成就的评估是不切实际的。思想

的能力和形式的这种相同解说让我们没有办法避免我们的概念和事物之间关系的“偶然性”，它也是康德主张已经获得对我们思维和认识能力之不可改变的诸特征之洞识的基础。尽管康德反复地警告反对理性之思辨性的天马行空，尽管他坚定不移地坚持谦虚地评估我们的认知能力，他仍然对批判的资源过于自信。他太自信于自己作为一位批判性思想家的、抽象出一种完全“外在”于“共同实在性”的能力。

参考文献

Allison, Henry E. (1983), Kant's Transcendental Idealism: An Interpretation and Defense (New Haven: Yale University Press).

——(1992), "Kant's Antinomy of Teleological Judgment," Southern Journal of Philosophy XXX, (Supplement), 25—42.

——(1996), Idealism and Freedom: Essays on Kant's Theoretical and Practical Philosophy (Cambridge: Cambridge University Press).

——(1998), "Beauty as Mediator between Nature and Freedom," in Marcelo Stamm (ed.), Philosophie in synthetischer Absicht (Stuttgart: Klett-Cotta), 539—64.

——(1998), "We Can Only Act Under the Idea of Freedom," Proceedings and Adresses of the APA71, 39—50.

——(2000), "Is Kant's Critique of Judgment 'Post-Critical?,'" in Sally Sedgwick (ed.), The Reception of Kant's Critical Philosophy: Fichte, Schelling, and Hegel (Cambridge, UK: Cambridge University Press), 78—92.

——(2004), Kant's Transcendental Idealism: An Interpretation and Defense (New Haven: Yale University Press).

Ameriks, Karl (1985), "Hegel's Critique of Kant's Theoretical Philosophy," Philosophy and Phenomenological Research XLVI, 1—35.

——(1990), "Kant, Fichte, and Short Arguments to Idealism," Archiv für Geschichte der Philosophie 72: 63—85.

——(1991), "Hegel and Idealism," Monist 74, 386—402.

——(1992), "Recent Work on Hegel: The Rehabilitation of an Epistemologist?," Philosophy and Phenomenological Research 52, 177—202.

——(ed.) (2000), The Cambridge Companion to German Idealism (Cambridge, UK: Cambridge University Press).

Aquila, Richard (1973), "Predication and Hegel's Metaphysics," Kant-Studien 65, 231—5.

——(1991), "Unity of Organism, Unity of Thought, and the Unity of the 'Critique of Judgment,'" Southern Journal of Philosophy XXX (Supplement): 139—55.

Baum, Manfred (1990), "Kants Prinzip der Zweckmäβigkeit und Hegels Realisierung des Begriffs," in Hans-Friedrich Fulda and Rolf-Peter Horstmann (eds.), Hegel und die Kritikder Urteilskraft, 158—73.

——(1992), "Kant on Pure Intuition," in Phillip D. Cummins and Guenter Zoeller (eds.), Minds, Ideas, and Objects: Essays on the Theory of Representation in Modern Philosophy, North American Kant Society Studies in Philosophy (Atscadero: Ridgeview Publishing Company), 303—15.

——(1993), "Metaphysik und Kritik in Kants theoretischer Philosophie," in Klaus Held and Jochem Hennigfeld (eds.), Kategorien der Existenz: Festschrift für Wolfgang Janke (Würzburg: Verlag Königshausen & Neumann), 13—30.

Beiser, Frederick C. (1987), The Fate of Reason: German Philosophy from Kant to Fichte (Cambridge, MA: Harvard University Press).

——(ed.) (1993), The Cambridge Companion to Hegel (Cambridge, UK: Cambridge University Press).

182 Beiser, Frederick C. (1993), "Introduction: Hegel and the Problem of Metaphysics," in Frederick C. Beiser (ed.), The Cambridge Companion to Hegel (Cambridge, UK: Cambridge University Press).

——(2002), German Idealism: The Struggle Against Subjectivism 1781—1801 (Cambridge, MA: Harvard University Press).

Bird, Graham (1996), "McDowell's Kant: Mind and World," Philosophy 71, 219—43.

——(ed.) (2006), A Companion to Kant (Oxford: Blackwell Publishing).

Bristow, William F. (2002), "Are Kant's Categories Subjective?," Review of Metaphysics 55, 551—80.

——(2007), Hegel and the Transformation of Philosophical Critique (Oxford: Oxford University Press).

Deligiorgi, Katerina (ed.) (2006), Hegel: New Directions (Chesham: Acumen Press).

Descartes, Rene' (1998), Discourse on the Method for Conducting One's Reason Well and for Seeking the Truth in the Sciences (1637), transl. Donald Cress (Indianapolis: Hackett Publishing Company, Inc.).

Dewey, John (1930), The Quest for Certainty: A Study of the Relation of Knowledge and Action (London: George Allen & Unwin).

Di Giovanni, George and Harris, H. S. (eds. and transls.) (1985), Between Kant and Hegel: Texts in the Development of Post-Kantian Idealism (Albany: State University of New

York Press).

Düsing, Klaus (1968), "Die Teleologie in Kants Weltbegriff," Kant-Studien, Ergänzungshefte 96, Bonn: Bouvier.

——(1969), "Spekulation und Reflexion. Zur Zusammenarbeit Schellings und Hegels in Jena," Hegel-Studien 5, 95—128.

——(1976), Das Problem der Subjektivität in Hegels Logik (Bonn: Bouvier).

——(1979), "Hegels Begriff der Subjektivität in der Logik und in der Philosophie des subjektiven Geistes," in Dieter Henrich (ed.), Hegels Philosophische Psychologie (Bonn: Bouvier), 201—14.

——(1983), "Constitution and Structure of Self-Identity: Kant's Theory of Apperception and Hegel's Criticism," Midwest Studies 8, 409—31.

——(1986), "Äthetische Einbildungskraft und intuitiver Verstand. Kants Lehre und Hegelsspekulativ-idealistische Umdeutung," Hegel-Studien 21, 87—128.

——(1990), "Naturteleologie und Metaphysik bei Kant und Hegel," in Hans-Friedrich Fuldaand Rolf-Peter Horstmann (eds.), Hegel und die "Kritik der Urteilskraft" (Stuttgart: Klett-Cotta), 139—57.

——(1993), "Die Entstehung des spekulativen Idealismus: Schellings und Hegels Wandlungen zwischen 1800 und 1801," in W. Jaeschke (ed.), Transzendentalphilosophie und Spekulation: Der Streit um die Gestalt einer Ersten Philosophie (1799—1807) (Hamburg: Felix Meiner Verlag), 144—63.

Feuerbach, Ludwig (1986), Principles of the Philosophy of the Future, transl. Manfred H. Vogel(Indianapolis: Hackett Publishing Company).

Fichte, Johann Gottlieb (1962—), Gesamtausgabe der Bayerischen Akademie der Wissenschaften, ed. Reinhard Lauth, Hans Jacob, and Hans Gliwitzky. (Stuttgart: Frommann-Holzboog).

——(1965), Sämtliche Werke, ed. I. H. Fichte (Berlin: Walter de Gruyter).

——(1982), The Science of Knowledge, transl. Peter Heath and John Lachs (Cambridge: Cambridge University Press).

——(1982), Wissenschaftslehre nova methodo: Kollegnachschrift K. Chr. Fr. Krause, ed. 183
Erich Fuchs (Hamburg: Felix Meiner Verlag).

——(1988), Early Philosophical Writings, transl. and ed. Daniel Breazeale (Ithaca: Cornell University Press).

——(1992), Foundations of Transcendental Philosophy (Wissenschaftslehre) nova methodo (1796/99), transl. Daniel Breazeale (Ithaca, NY: Cornell University Press).

——(1994), Introductions to the Wissenschaftslehre and Other Writings, ed. and transl.

Daniel Breazeale (Indianapolis: Hackett).

Fleischmann, Eugene (1965), "Hegels Umgestaltung der kantischen Logik," Hegel-Studien, 3, 181—208.

Förster, Eckart (1987), "Is There 'A Gap' in Kant's Critical System?," Journal of the History of Philosophy 25, 536—55.

——(1989), "Kant's Notion of Philosophy," The Monist 72, 285—304.

——(ed.) (1989), Kant's Transcendental Deductions: The Three Critiques and the Opus postumum (Stanford: Stanford University Press).

——(2002), "Die Bedeutung von §76, 77 der Kritik der Urteilskraft," Zeitschrift für Philosophische Forschung 56, 169—90.

——(2009), "The Significance of §§76 and 77 of the Critique of Judgment for the Development of Post-Kantian Philosophy (Part 1)," Graduate Faculty Philosophy Journal 30, 1—21.

Forster, Michael (1989), Hegel and Skepticism (Cambridge, MA: Harvard University Press).

——(1998), Hegel's Idea of a Phenomenology of Spirit (Chicago: University of Chicago Press).

Franks, Paul W. (2005), All or Nothing: Systematicity, Transcendental Arguments, and Skepticism in German Idealism (Cambridge, MA: Harvard University Press).

Friedman, Michael (1991), "Regulative and Constitutive," Southern Journal of Philosophy, XXX(Supplement), 73—102.

——(1992), Kant and the Exact Sciences (Cambridge, MA: Harvard University Press).

Fulda, Hans-Friedrich and Horstmann, Rolf-Peter (eds.) (1990), Hegel und die Kritik der Urteilskraft (Stuttgart: Klett-Cotta).

Fulda, Hans-Friedrich and Theunissen, Michael (eds.) (1980), Kritische Darstellung der Metaphysik: Eine Diskussion über Hegels Logik (Frankfurt am Main: Suhrkamp Verlag).

Gamm, Gerhard (1997), Der Deutsche Idealismus: Eine Einführung in die Philosophie von Fichte, Hegelund Schelling (Stuttgart: Reclam Verlag).

Ginsborg, Hannah (1990), "Reflective Judgment and Taste," Noûs XXIV, 63—78.

——(1997), "Kant on Aesthetic and Biological Purposiveness," in Andrews Reath, Barbara Herman, and Christine M. Korsgaard (eds.), Reclaiming the History of Ethics: Essays for John Rawls (Cambridge, UK/NewYork/Melbourne: Cambridge University Press), 329—60.

——(2001), "Kant on Understanding Organisms as Natural Purposes," in Eric Watkins (ed.), Kant and the Sciences (New York: Oxford University Press), 231—58.

——(2006), "Kant's Biological Teleology and its Philosophical Significance," in Graham Bird(ed.), A Companion to Kant (Oxford: Blackwell Publishing Ltd.), 455—70.

Görland, Ingtraud (1966), Die Kantkritik des jungen Hegel (Frankfurt am Main: Vittorio Klostermann).

Graeser, Andreas (1988), Einleitung zur Phänomenologie des Geistes: Kommentar (Stuttgart: Reclam).

Grier, Michelle (2001), Kant's Doctrine of Transcendental Illusion (Cambridge: 184
Cambridge University Press).

Gueroult, Martial (1978), "Hegels Urteil über die Antithetik der Reinen Vernunft," in Rolf-Peter Horstmann (ed.), Seminar: Dialektik in der Philosophie Hegels (Frankfurt am Main: Suhrkamp Verlag), 261—94.

Guyer, Paul (1987), Kant and the Claim of Knowledge (Cambridge, UK: Cambridge University Press).

——(1990), "Kant's Conception of Empirical Law," Proceedings of the Aristotelian Society, (Supplement) 64, 221—42.

——(1990), "Reason and Reflective Judgment: Kant on the Significance of Systematicity," Noûs 24 (1), 17—43.

——(ed.) (1992), The Cambridge Companion to Kant (Cambridge, UK: Cambridge University Press).

——(1993), "Thought and Being: Hegel's Critique of Kant's Theoretical Philosophy," in Frederick C. Beiser (ed.), The Cambridge Companion to Hegel (Cambridge, UK: Cambridge University Press), 171—210.

——(1994), "The Systematic Order of Nature and the Systematic Union of Ends," in Hans-Friedrich Fulda and Rolf-Peter Horstmann (eds.), Vernunftbegriffe in der Moderne: Stuttgarter Hegel-Kongre? 1993 (Stuttgart: Klett-Cotta), 199—221.

——(2000), "Absolute Idealism and the Rejection of Kantian Dualism," in Karl Ameriks (ed.), The Cambridge Companion to German Idealism (Cambridge, UK: Cambridge University Press), 37—56.

——(2001), "From Nature to Morality: Kant's New Argument in the Critique of Teleological Judgment," in Jürgen Stoltzenberg and Hans Friedrich Fulda (eds.), Architektonik und System inder Philosophie Kants (Hamburg: Felix Meiner Verlag).

——(2001), "Organisms and the Unity of Science," in Eric Watkins (ed.), Kant and the Sciences (New York: Oxford University Press), 259—81.

Hahn, Songsuk Susan (2007), Contradiction in Motion: Hegel's Organic Conception of Life and Value (Ithaca and London: Cornell University Press).

Hanna, Robert (1986), "From an Ontological Point of View: Hegel's Critique of the Common Logic," The Review of Metaphysics 40, 305—38.

Harris, H. S. (1993), "Hegel's Intellectual Development to 1807," in Frederick C. Beiser (ed.), The Cambridge Companion to Hegel (Cambridge, UK: Cambridge University Press), 25—51.

Henrich, Dieter (1971), Hegel im Kontext (Frankfurt am Main: Suhrkamp Verlag).

——(1978), "Hegels Logik der Reflexion. Neue Fassung," Die Wissenschaft der Logik und der Logik der Reflexion (Bonn: Bouvier), 203—324.

——(1983), Kant oder Hegel: über Formen der Begründung in der Philosophie (Stuttgart: Klett-Cotta).

——(1986), Hegels Wissenschaft der Logik: Formation und Rekonstruction (Stuttgart: Klett-Cotta).

——(1994), "On the Unity of Subjectivity," in Richard L. Velkey (ed.), The Unity of Reason: Essays on Kant's Philosophy (Cambridge, MA: Harvard University Press), 17—54.

Hintikka, Jaakko (1972), "Kantian Intuitions," Inquiry 15, 341—5.

Hoffmeister, Johannes (ed.) (1969), Briefe von und an Hegel. Band I: 1785—1812 (Hamburg: Felix Meiner Verlag).

Horstmann, Rolf-Peter (1972), "Probleme der Wandlung in Hegels Jenaer Systemkonzepti on," Philosophische Rundschau 19, 87—118.

185 ——(1977), "Jenaer Systemkonzeptionen," in Otto Pöggeler (ed.), Hegel (Freiburg and Munich: Karl Alber), 43—58.

——(ed.), (1978), Seminar: Dialektik in der Philosophie Hegels (Frankfurt am Main: Suhrkamp Verlag).

——(1980), "über das Verhätnis von Metaphysik der Subjektivität und Philosophie der Subjektivität in Hegels Jenaer Schriften," Hegel-Studien, 20, 181—95.

——(1984), Ontologie und Relationen: Hegel, Bradley, Russell und die Kontroverse über interne undexterne Beziehungen (Königstein: Hain).

——(1990), "'Kant hat die Resultate gegeben ...' Zur Aneigung der Kritik der Urteilskraft durch Fichte und Schelling," in Hans-Friedrich Fulda and Rolf-Peter Horstmann (eds.), Hegel unddie Kritik der Urteilskraft, (Stuttgart: Klett-Cotta), 45—65.

——(1990), Wahrheit aus dem Begriff: eine Einführung in Hegel (Frankfurt am Main: Anton Hain).

——(1991), Die Grenzen der Vernunft: eine Untersuchung zu Zielen und Motiven des Deutschen Idealismus (Frankfurt am Main: Verlag Anton Hain GmbH).

——(1995), "Zur Aktualität des Deutschen Idealismus," Neue Hefte für Philosophie 35, 3—17.

——(1997), Bausteine kritischer Philosophie. Arbeiten zu Kant (Bodenheim bei Mainz: Philo Verlagsgesellschaft mbH).

Houlgate, Stephen (1986), Hegel, Nietzsche and the Criticism of Metaphysics (Cambridge, UK: Cambridge University Press).

——(1991), Freedom, Truth and History: An Introduction to Hegel's Philosophy (London: Routledge).

——(1995), "Hegel, Kant and the Formal Distinctions of Reflective Understanding," in A. Collins (ed.), Hegel on the Modern World (Albany: State University of New York Press), 125—41.

——(1995), "Necessity and Contingency in Hegel's Science of Logic," The Owl Minerva 27, 33—44.

——(2006), The Opening of Hegel's Logic: From Being to Infinity (West Lafayette: Purdue University Press).

Inwood, Michael (ed.)(1985), Hegel (Oxford: Clarendon Press).

Jaeschke, W. (ed.), (1993), Transzendentalphilosophie und Spekulation. Der Steit um die Gestalt einer Ersten Philosophie (1799—1807) (Hamburg: Felix Meiner Verlag).

Kitcher, Patricia (1987), "Connecting Intuitions and Concepts at B 160n," Southern Journal of Philosophy XXV (Supplement), 214—25.

Locke, John (1975), An Essay Concerning Human Understanding, ed. Peter H. Nidditch (Oxford: Oxford University Press).

Longuenesse, Béatrice (1981), Hegel et la Critique de la Métaphysique (Paris: Vrin). 186

——(1992), "Hegel, Lecteur de Kant sur le Jugement," Philosophie 36, 40—70.

——(1993), Kant et le Pouvoir de Juger (Paris: Presses Universitaires de France).

——(1995), "Kant et les Jugements empiriques: jugements de perception et jugements d'expérience," Kant-Studien 86, 278—307.

——(1996), "The Transcendental Ideal, and the Unity of the Critical System," Proceedings of the Eighth International Kant-Congress I, 2 (Milwaukee: Marquette University Press), 521—39.

——(1998), Kant and the Capacity to Judge, transl. Charles Wolfe (Princeton: Princeton University Press).

——(2000), "Point of View of Man or Knowledge of God: Kant and Hegel on Concept, Judgment, and Reason," in Sally Sedgwick (ed.), The Reception of Kant's Critical Philosophy: Fichte, Schelling, and Hegel (Cambridge, UK: Cambridge University Press),

253—82.

Longuenesse, Béatrice (2007), Hegel's Critique of Metaphysics (Cambridge, UK: Cambridge University Press).

McCarney, Joseph (2000), Hegel on History (London: Routledge).

McDowell, John (1994), Mind and World (Cambridge, MA: Harvard University Press).

McFarland, John (1970), Kant's Concept of Teleology (Edinburgh: University of Edinburgh Press).

Makkreel, Rudolph (1991), "Regulative and Reflective Uses of Purposes in Kant," Southern Journal of Philosophy XXX (Supplement), 49—63.

Malabou, Catherine (2005), The Future of Hegel: Plasticity, Temporality and Dialectic, transl. Lisabeth During (New York: Routledge).

Marx, Karl (1988), Economic and Philosophical Manuscripts of 1844, transl. Martin Milligan(New York: Prometheus Books).

Meerbote, Ralf (1991), "Systematicity and Realism in Kant's Transcendental Idealism," Southern Journal of Philosophy, XXX (Supplement), 129—37.

O'Neill, Onora (1989), Constructions of Reason: Explorations in Kant's Practical Philosophy (Cambridge, UK, and New York: Cambridge University Press).

Parrini, Paolo (ed.) (1994), Kant and Contemporary Epistemology (Dordrecht: Kluwer).

Parsons, Charles (1992), "The Transcendental Aesthetic," in Paul Guyer (ed.), Cambridge Companion to Kant (Cambridge, UK: Cambridge University Press), 62—100.

Petry, Michael (1970), Hegel's Philosophy of Nature (London: Allen and Unwin).

Pinder, Tillman (1987), "Kants Begriff der transzendentalen Erkenntnis," Kant-Studien 77, 1—40.

Pinkard, Terry (1979), "Hegel's Idealism and Hegel's Logic," Zeitschrift für philosophische Forschung 23, 210—25.

——(1994), Hegel's Phenomenology: The Sociality of Reason (Cambridge: Cambridge University Press).

——(1995), "Hegel on History, Self-Determination and the Absolute," in A. Melzer, J. Weinberger, and M. Zinman (eds.), History and the Idea of Progress (Ithaca, NY: Cornell University Press), 30—60.

——(1999), "History and Philosophy: Hegel's Phenomenology of Spirit," in Simon Glendinning(ed.), Edinburgh Encyclopedia of Continental Philosophy (Edinburgh: Edinburgh University Press), 57—68.

——(2000), Hegel: A Biography (Cambridge, UK: Cambridge University Press).

——(2002), German Philosophy 1760—1860: The Legacy of Idealism (Cambridge, UK:

Cambridge University Press).

——(forthcoming), Being at One with Oneself: Hegel on the Final Ends of Life (Oxford, UK: Oxford University Press).

Pippin, Robert B. (1982), Kant's Theory of Form: An Essay on the "Critique of Pure Reason" (New Haven: Yale University Press).

——(1989), Hegel's Idealism: The Satisfactions of Self-Consciousness (Cambridge, UK: Cambridge University Press).

——(1990), "Hegel and Category Theory," Review of Metaphysics XLIII: 839—48.

——(1991), Modernism as a Philosophical Problem: On the Dissatisfactions of European High Culture (Oxford: Basil Blackwell).

——(1997), "Avoiding German Idealism: Kant and the Reflective Judgment Problem," Idealismas Modernism: Hegelian Variations (Cambridge, UK: Cambridge University Press), 129—56.

——(1997), Idealism as Modernism: Hegelian Variations (Cambridge, UK: Cambridge 187
University Press).

——(2004/5), "Concept and Intuition: On Distinguishability and Separability," Hegel-Studien39/40: 25—39.

——(2007), The Persistence of Subjectivity: On the Kantian Aftermath (Cambridge, UK, and New York: Cambridge University Press).

——(2011), Hegel on Self-Consciousness: Desire and Death in the Phenomenology of Spirit (Princeton: Princeton University Press).

——and Höffe, Otfried (eds.) (2004), Hegel on Ethics and Politics, transl. Nicholas Walker (Cambridge, UK: Cambridge University Press).

Pöggeler, Otto (1973), Hegels Idee einer Phäomenologie des Geistes (Freiburg and Munich: Karl Alber).

Popper, Karl (1962), The Open Society and its Enemies (New York: Harper and Row).

Redding, Paul (2007), Analytic Philosophy and the Return of Hegelian Thought (Cambridge, UK: Cambridge University Press).

Robinson, Hoke (ed.) (1992), System and Teleology in Kant's Critique of Judgment, Spindel Conference 1991 (The Southern Journal of Philosophy, Supplement XXX). (Memphis: Memphis State University Press).

Schelling, Friedrich Wilhelm Joseph von (1985), Ausgewälte Schriften in 6 Bänden (Frankfurt am Main: Suhrkamp Verlag).

——(1987), "Ideas on a Philosophy of Nature as an Introduction to the Study of this Science," in Ernst Behler (ed.), Philosophy of German Idealism (New York: Continuum

Publishing Company), 168—9.

Sedgwick, Sally (1991), "Hegel on Kant's Antinomies and Distinction Between General and Transcendental Logic," The Monist 74, 403—20.

——(1991), "Hegel's Strategy and Critique of Kant's Mathematical Antinomies," History of Philosophy Quarterly 8, (4), 423—40.

——(1996), "Hegel's Critique of Kant on Matter and the Forces," Proceedings for the VIII. Internationaler Kant-Kongress I (Part 3), 963—72.

——(1997), "McDowell's Hegelianism," European Journal of Philosophy 5, 21—38.

——(ed.) (2000), The Reception of Kant's Critical Philosophy: Fichte, Schelling, and Hegel (Cambridge, UK: Cambridge University Press).

——(2001), "The State as Organism: The Metaphysical Basis of Hegel's Philosophy of Right," The Southern Journal of Philosophy (Spindel Conference Supplement), 171—88.

——(2006), "Hegel, McDowell, and Recent Defenses of Kant," in Katerina Deligiorgi (ed.), Hegel: New Directions (Chesham, UK: Acumen Press), 49—67.

Siep, Ludwig (1970), Hegels Fichtekritik und die Wissenschaftslehre von 1804 (Freiburg: Karl Alber).

——(1992), Praktische Philosophie im Deutschen Idealismus (Frankfurt am Main: Suhrkamp Verlag).

Smith, Steven B. (1992), "Defending Hegel from Kant," in Howard Lloyd Williams (ed.), Essayson Kant's Political Philosophy (Chicago: University of Chicago Press), 269—304.

Stern, Robert (1990), Hegel, Kant and the Stucture of the Object (London and New York: Routledge).

Stolzenberg, Jürgen (1986), Fichtes Begriff der intellektuellen Anschauung: Die Entwicklung in den Wissenschaftslehren von 1793/94 bis 1801/02(Stuttgart: Klett-Cotta).

188 Tuschling, Burkhard (1971), Metaphysische und transzendentale Dynamik in Kants Opus postumum (Berlin: Walter de Gruyter).

——(1991), "Die Idee des transzendentalen Idealismus im späten Opus postumum," in Forum für Philosophie Bad Homburg, übergang: Untersuchungen zum Spätwerk Immanuel Kants (Frankfurt am Main: Vittorio Klostermann), 105—45.

——(ed.) (1991), Hegels Philosophie des subjektiven Geistes (Stuttgart: Frommann-Holzboog).

——(1992), "The System of Transcendental Idealism: Questions Raised and Left Open in the Kritik der Urteilskraft," The Southern Journal of Philosophy XXX (The Spindel

Conference 1991 Supplement), 109—27.

——(1993), "The Concept of Transcendental Idealism in Kant's Opus postumum," in R. M. Dancy (ed.), Kant and Critique: New Essays in Honor of W. H. Werkmeister (Dordrecht: Kluwer), 151—67.

——(1995), "System des transzendentalen Idealismus bei Kant? Offene Fragen der—und andie—Kritik der Urteilskraft," Kant-Studien 86, 196—210.

Westphal, Kenneth (1989), Hegel's Epistemological Realism: A Study of the Aim and Method of Hegel's Phenomenology of Spirit, Philosophical Studies Series in Philosophy 43 (Dordrechtand Boston: Kluwer).

——(1996), "Kant, Hegel, and the Transcendental Material Conditions of Possible Experience," Bulletin of the Hegel Society of Great Britain 33, 23—41.

——(1998), "Hegel and Hume on Perception and Concept-Empiricism," Journal of the History of Philosophy 36, 99—123.

——(1998), Hegel, Hume und die Identität wahrnehmbarer Dinge. Historisch-kritische Analyse zum Kapitel Wahrnehmung in der Phänomenologie von 1807, Philosophische Abhandlungen, 72(Frankfurt am Main: Vittorio Klostermann).

——(1998), "On Hegel's Early Critique of Kant's Metaphysical Foundations of Natural Science," in S. Houlgate (ed.), Hegel and the Philosophy of Nature (Albany: State University of New York Press), 137—66.

——(2000), "Hegel's Internal Critique of Naïve Realism," Journal of Philosophical Research 25, 173—229.

——(2000), "Kant, Hegel, and the Fate of 'the' Intuitive Intellect," in Sally Sedgwick (ed.), The Reception of Kant's Critical Philosophy: Fichte, Schelling, and Hegel (Cambridge, UK: Cambridge University Press), 283—305.

Wolff, Michael (1981), Der Begriff des Widerspruchs: Eine Studie zur Dialektik Kants und Hegels (Königstein: Hain).

——(1985), "Hegels staatstheoretischer Organizismus: Zum Begriff und zur Methode der Hegelschen 'Staatswissenschaft'" , Hegel-Studien 19, 147—77.

——(1995), Die Vollständigkeit der kantischen Urteilstafel (Frankfurt am Main: Vittorio Klostermann).

——(2004), "Hegel's Organicist Theory of the State: On the Concept and Method of Hegel's 'Science of the State,'" in Robert B. Pippin and Otfried Höffe (eds.), Hegel on Ethics and Politics(Cambridge, UK: Cambridge University Press), 291—322.

Yovel, Yirmiyahu (ed.) (1974), Philosophy of History and Action, in Philosophical Studies Series in Philosophy II, ed. Wilfrid Sellars and Keith Lehrer (Dordrecht/Boston/London:

D. Reidel Publishing Company).

——(2005), Hegel's Preface to the Phenomenology of Spirit: Translation and Running Commentary (Princeton and Oxford: Princeton University Press).

189 Zammito, John H. (1992), The Genesis of Kant's Critique of Judgment (Chicago and London: University of Chicago Press).

Zoeller, Günter (1987), "Comments on Professor Kitcher's 'Connecting Intuitions and Conceptsat B 160n,'" Southern Journal of Philosophy XXV (Supplement), 151—5.

Zuckert, Rachel (2007), Kant on Beauty and Biology (Cambridge, UK: Cambridge University Press).

Zweig, Arnulf (ed.) (1967), Kant: Philosophical Correspondence 1759—99 (Chicago: University of Chicago Press).

索 引

请参考原文页码

译后记

萨利·西季维奇（Sally Sedgwick）的这部著作《黑格尔的康德批判——从二分到同一》在国际学界影响比较大，但是，国内似乎没有怎么提到这本著作。有一个很重要的原因就是，黑格尔的康德批判这个主题在国内的研究非常少。相反，国际上，这方面的研究比较多，这个主题始终是康德、黑格尔研究的热点和焦点之一。有鉴于此，我认为把这本书翻译成中文，还是有必要的。

当然，就我本人而言，重视这个学术问题，还是基于国内学术现状和个人的学术兴趣而考虑的。就国内的情况而言，目前，研究康德哲学的学者越来越多，研究的问题也越来越深入，而真正研究黑格尔的学者并没有多少，每年有分量的黑格尔研究成果比较少。这与黑格尔研究的国际现状严重不符合。另外，在这些研究中，有一种研究思路——“要康德，还是要黑格尔”成为学术研究的一个热点和焦点，这个问题在国际上其实是以康德主义和黑格尔主义的竞争样式呈现出来的。可以说，这个学术问题是比较重要和重大的大哲学问题之一，也符合国际研究的趋势。但是，这个问题在国内的研究始终在一种康德主义和黑格尔主义对立的状态下进行的。几乎所有参与到研究中或者争议中的学者、专家等都认为康德与黑格尔的哲学是对立的，都是在两者对立的前提下来讨论“要康德，还是要黑格尔”的问题。这显然不符合康德哲学的特质，也不符合黑格尔哲学的意图。不能说，康德与黑格尔哲学没有对立，而只有一致，但是，也不能说康德与黑格尔哲学只有对立，而没有一致。这种看法，实际上，都不可能正确对待康德和黑格尔哲学。

我认为，康德与黑格尔对不对立，或者如何对立，有没有一致性或者具有怎样的一致性，需要细致深入他们各自的理论哲学和实践哲学中。对立康德与黑格尔的观点，似乎没有考虑到黑格尔自己对康德哲学的批判。黑格尔在《信仰与知识》、《小逻辑》以及《哲学史讲演录》中对康德的哲学进行了系统的批判。《精神现象学》以及《法哲学原理》也都涉及对康德的批判。但是，我们都知道，如果把黑格尔对哲学史上各种思想的批判都视为对立，那么，最终，我们可能在黑格尔哲学中找不到任何哲学体系的存在，黑格尔哲学最后剩下的东西就只能是个"空壳"或者被认为是"死的东西"，没有任何的价值。如果，我们回到黑格尔与康德哲学对立的原点上，即黑格尔的康德批判上，我们发现，黑格尔的批判的确是批判，但是黑格尔通过批判呈现的并不是要把康德排除出去、对立起来，而是恰恰要跨越这种对立，把康德纳入他的哲学体系之中。简单地说，我们现在所理解的各种康德与黑格尔的对立，实际上，都是黑格尔自己塑造出来的，他把康德批判为主观主义的、二元论的、形式主义的以及经验主义的，等等。在很多人看来，似乎就与黑格尔形成了这些对立：1. 康德的异质性 VS. 黑格尔的同一性；2. 康德的有限性 VS. 黑格尔的无限性；3. 康德的相对性（怀疑主义）与黑格尔的绝对性；4. 康德的主观观念论 VS. 黑格尔的绝对观念论。但是，这些对立是不可通约的吗？如果这样认为，不符合黑格尔哲学的意图。同时，黑格尔给康德贴上的这些标签，对于康德来说，也是不公平的，康德已经无法回应这个问题。

有鉴于此，我推荐萨利·西季维奇的这本《黑格尔的康德批判：从二分到同一》。这部著作的作者专长于德国观念论，特别是康德黑格尔的理论与实践哲学的比较研究。这部著作关注的是黑格尔对康德理论哲学的批判，作者的观点非常不同于康德主义者或者黑格尔主义者的观点，比较中立，也比较中肯，就问题而论问题，不是就主义而论主义。

同时，在翻译这本著作的过程中，涉及非常多的康德与黑格尔著作，引用了很多原著的内容。其中很多的引用，都参考了国内现有的康德与黑格尔中文译本。但是，由于各个译本中的术语表述并不一致，特别是，康德与黑格尔之间的术语翻译更加不统一，相同的词汇在康德和黑格尔的哲学中翻译为中文时，就不一样了。为了术语上的统一，在翻译引文时，做了部分修改。这里，要特别感谢这些翻译康德、黑格尔著作的译者、学者与专家。他们的辛勤工作为我们今天的工作带来了极大的帮助。本文在翻译过程中参考了邓晓芒翻译的康德著作《纯粹理性批判》《实践理性批判》与《判断力批判》，以及黑格尔的《精神现象学》，等等；参考了贺麟翻译的黑格尔《小逻辑》《精神现象学》以及《哲学史讲演录》，等等；参考了邓安庆翻译的《法哲学原理》和范扬、张企泰的《法哲学原理》中文译本；参考了朱更生的理论版《黑格尔全集》(第3卷)；参考了李秋零编译的《康德著作全集》，等等。特别感谢这些专家学者。其他参考的中文译本如未提及，敬请原谅。

在我国的学术评价体系中，翻译实际上是一件吃力不讨好的事情。但是，并不能因为这种情况就不去做。在本书的翻译过程中，我还是得到了大量的支持。尽管本人已经非常慎重和细致地对待这个工作，但本人学疏才浅，可能也会导致翻译过程中存在不同程度的错译、漏译等情况。在此，希各位同仁批判指正。其次，也很感谢我所在的大学以及学院即江西师范大学马克思主义学院。学校和学院为我的翻译出版工作提供了大量的支持，也提供了比较宽松的学术环境，以至于我可以抽出大量的时间专注于翻译工作以及其他自己兴趣使然的工作。如果量化、绩效、考核等诸多不符合学术发展规律的事情过多的话，这些有价值、有意义的但是不怎么符合考评机制的工作就不可能完成得了。

就我个人而言，从复旦大学哲学学院博士毕业之后，已经从教有十几年，十几年的所思所想不仅仅体现在其他的著作和文章中，也体现在译著中，翻译在某种程度上就是解释。原来我关注的是伽达默尔的释义学，但是，大家都知道，伽达默尔的释义学离不开古希腊哲学特别是柏拉图和亚里士多德，也离不开德国哲学的传统，特别是康德、黑格尔以及海德格尔。沿着释义学的思路，进而关注古希腊哲学和德国古典哲学就是理所当然的事情了。这些年特别关注的是康德和黑格尔。当然，随着黑格尔研究的加深，也逐步发现我国的黑格尔研究与国际上的研究相差甚远。有鉴于此，我本人希望能够翻译一套黑格尔研究的丛书“黑格尔研究译丛”，所有书目的选取以及翻译工作，目前都是由我个人完成。也希望这样的“吃力不讨好”的工作有助于推动国内黑格尔研究的进一步深入。当然，也很感谢江西省社科基金的支持，本译著是江西省社科项目“黑格尔的康德批判研究”（22ZX03）的部分成果。

最后，感谢妻子徐淑英女士的大力支持和鼓励，以及感谢我的两个孩子木木和文文。此生有幸，你们的存在让我的生命更有意义，让我的世界更加美好。

图书在版编目(CIP)数据

黑格尔的康德批判:从二分到同一/(美) 萨利·西季维奇(Sally Sedgwick)著;胡传顺译.—上海:上海人民出版社,2023
(黑格尔研究译丛)
书名原文:Hegel's Critique of Kant: From Dichotomy to Identity
ISBN 978-7-208-18368-1

Ⅰ.①黑… Ⅱ.①萨… ②胡… Ⅲ.①黑格尔(Hegel, Georg Wilhelm Friedrich 1770-1831)-哲学思想-研究 ②康德(Kant, Immanuel 1724-1804)-哲学思想-研究 Ⅳ.①B516.35 ②B516.31

中国国家版本馆 CIP 数据核字(2023)第 134813 号

责任编辑 赵 伟 任健敏
封面设计 胡 斌 刘健敏

黑格尔研究译丛
黑格尔的康德批判:从二分到同一
[美]萨利·西季维奇 著
胡传顺 译

出　　版 上海人民出版社
(201101 上海市闵行区号景路 159 弄 C 座)
发　　行 上海人民出版社发行中心
印　　刷 上海商务联西印刷有限公司
开　　本 635×965 1/16
印　　张 19
插　　页 2
字　　数 242,000
版　　次 2023 年 8 月第 1 版
印　　次 2023 年 8 月第 1 次印刷
ISBN 978-7-208-18368-1/B·1691
定　　价 75.00 元